全国高等学校外语教师丛书·理论

U0687429

认知语言学与二语教学

文秋芳等　著

Cognitive Linguistics and Second Language Teaching

外语教学与研究出版社
FOREIGN LANGUAGE TEACHING AND RESEARCH PRESS
北京 BEIJING

图书在版编目（CIP）数据

认知语言学与二语教学 / 文秋芳等著 . —— 北京：外语教学与研究出版社，
2013.12（2023.10 重印）
（全国高等学校外语教师丛书 . 理论指导系列）
ISBN 978-7-5135-3874-9

Ⅰ . ①认… Ⅱ . ①文… Ⅲ . ①认知科学－语言学－应用－外语教学－研究
Ⅳ . ① H0-05②H09

中国版本图书馆 CIP 数据核字（2013）第 306461 号

出 版 人	王　芳	
项目负责	段长城	
责任编辑	毕　争	
责任校对	郑丹妮	
封面设计	覃一彪　彩奇风	
出版发行	外语教学与研究出版社	
社　　址	北京市西三环北路 19 号（100089）	
网　　址	https://www.fltrp.com	
印　　刷	北京虎彩文化传播有限公司	
开　　本	650×980　1/16	
印　　张	18.5	
版　　次	2013 年 12 月第 1 版　2023 年 10 月第 12 次印刷	
书　　号	ISBN 978-7-5135-3874-9	
定　　价	68.90 元	

如有图书采购需求，图书内容或印刷装订等问题，侵权、盗版书籍等线索，请拨打以下电话或关注官方服务号：
客服电话：400 898 7008
官方服务号：微信搜索并关注公众号"外研社官方服务号"
外研社购书网址：https://fltrp.tmall.com

物料号：238740101

记载人类文明
沟通世界文化
www.fltrp.com

目　录

总　序 .... 文秋芳 vii

前　言 .... 文秋芳 xi

绪　论　认知语言学对二语教学的贡献及其局限性 1

　　1. 引言 1

　　2. 认知语言学概述 1

　　3. 认知语言学对外语教学的贡献 8

　　4. 认知语言学应用到外语教学中的局限性及教学建议 12

　　5. 结语 14

第一部分　理论篇 15

第一章　认知语言学的语言观 17

　　1. 语言是由构式组成的理据性符号系统(语言学视角) 17

　　2. 语言是体验性的概念化意象图式(心理学视角) 20

　　3. 语言是社会性的交际工具(社会学视角) 23

　　4. 结语 24

第二章　认知语言学的语言习得观 25

　　1. 引言 25

　　2. 以通用认知能力为机制的概念习得 25

　　3. 以具体的形义配对项为对象的理据习得 29

　　4. 以反复使用为方式的洞察性习得 32

　　5. 结语 35

第三章　认知语言学的外语教学观 37

　　1. 引言 37

2. 以构式习得为教学目标，以理据驱动教学过程 37

3. 以不对称频次输入为教学内容，以显性教学提升效率 41

4. 以体验性与交际性活动为主要教学活动 45

5. 结语 48

第二部分　教学篇 51

第四章　多义实词教学 53

1. 引言 53

2. 二语多义词习得与教学现状分析 53

3. 多义词的认知解释 55

4. 多义词教学中应用认知理论的建议 61

5. 结语 68

附录：教学示例——多义词crawl 69

第五章　介词教学 74

1. 引言 74

2. 国内二语介词习得现状与介词教学的认知观 75

3. 介词意义的认知解释 77

4. 介词教学中应用认知理论的建议 83

5. 结语 89

附录：教学示例——意象图式理论在介词over教学中的应用 89

第六章　时态教学 92

1. 引言 92

2. 时态教学的现状及原因分析 92

3. 时态意义的认知解释 93

4. 时态教学中应用认知理论的建议 98

附录：教学示例——Langacker模型在时态教学中的应用 101

第七章　情态动词教学 104

　1. 引言 104

　2. 国内二语情态动词习得现状及其原因分析 104

　3. 情态动词意义的认知解释 106

　4. 情态动词教学中应用认知理论的建议 112

　5. 结语 122

　附录一：教学示例 123

　附录二：基于力动态图式的英语情态动词道义情态示意图

　　　　 126

第八章　习语教学 129

　1. 引言 129

　2. 认知语言学用于习语教学的核心思想 129

　3. 概念隐喻理论对习语的解释和分析 132

　4. 习语教学中概念隐喻理论的应用原则 136

　5. 结语 144

　附录：教学示例 145

第九章　句式教学 149

　1. 引言 149

　2. 构式的基本特征及其对二语教学的启示 149

　3. 构式语义的认知解释及其对二语教学的启示 157

　4. 教学建议 161

　5. 结语 166

　附录：教学示例 167

第三部分　教学研究篇 171

第十章　时体与情态教学研究 173

1. 引言 ···173

2. 研究概述 ···174

3. 时体的教学研究 ···175

4. 情态的教学研究 ···182

5. 基本评价 ···187

6. 未来研究展望 ···189

第十一章　多义词教学研究 ···································191

1. 引言 ···191

2. 研究概述 ···192

3. 认知语言学介入多义词教学的原理 ·····················194

4. 目标多义词 ···195

5. 研究局限与展望 ···198

6. 结语 ···200

第十二章　多词单位教学研究 ································202

1. 引言 ···202

2. 研究概述 ···203

3. 短语动词教学研究 ···205

4. 习语教学研究 ···210

5. 研究评价 ···215

6. 未来研究展望 ···217

第十三章　构式语法教学研究 ································219

1. 引言 ···219

2. 研究概述 ···220

3. 实证研究评述 ···221

4. 启示及未来研究展望 ···239

附　录　重要术语 ·· 242

参考文献 ·· 256

总　序

"全国高等学校外语教师丛书"是外语教学与研究出版社高等英语教育出版分社近期精心策划、隆重推出的系列丛书，包含理论指导、科研方法和教学研究三个子系列。本套丛书既包括学界专家精心挑选的国外引进著作，又有特邀国内学者执笔完成的"命题作文"。作为开放的系列丛书，该丛书还将根据外语教学与科研的发展不断增加新的专题，以便教师研修与提高。

笔者有幸参与了这套系列丛书的策划工作。在策划过程中，我们分析了高校英语教师面临的困难与挑战，考察了一线教师的需求，最终确立这套丛书选题的指导思想为：想外语教师所想，急外语教师所急，顺应广大教师的发展需求，确立这套丛书的写作特色为：突出科学性、可读性和操作性，做到举重若轻，条理清晰，例证丰富，深入浅出。

第一个子系列是"理论指导"。该系列力图为教师提供某学科或某领域的研究概貌，期盼读者能用较短的时间了解某领域的核心知识点与前沿研究课题。以《二语习得重点问题研究》一书为例。该书不求面面俱到，只求抓住二语习得研究领域中的热点、要点和富有争议的问题，动态展开叙述。每一章的写作以不同意见的争辩为出发点，对取向相左的理论、实证研究结果差异进行分析、梳理和评述，最后介绍或者展望国内外的最新发展趋势。全书阐述清晰，深入浅出，易读易懂。再比如《认知语言学与二语教学》一书，全书分为理论篇、教学篇与教学研究篇三个部分。理论篇阐述认知语言学视角下的语言观、教学观与学习观，以及与二语教学相关的认知语言学中的主要概念与理论；教学篇选用认知语言学领域比较成熟的理论，探讨应用到中国英语教学实践的可能性；教学研究篇包括国内外将认知语言学理论应用到教学实践中的研究综述、研究方法介绍以及对未来研究的展望。

第二个子系列是"科研方法"。该系列介绍了多种研究方法，通常是一本书介绍一种方法，例如问卷调查、个案研究、行动研究、有声思维、语料库研究、微变化研究和启动研究等。也有的书涉及多种方法，综合描述量化研究或者质化研究，例如：《应用语言学中的质性研究与分析》、《应用语言学中的量化研究与分析》和《第二语言研究中的数据收集方法》等。凡入选本系列丛书的著作人，无论是国外著者还是国内著者，均有高度的读者意识，乐于为一线教师开展教学科研服务，力求做到帮助读者"排忧解难"。例如，澳大利亚安妮·伯恩斯教授撰写的《英语教学中的行动研究方法》一书，从一线教师的视角，讨论行动研究的各个环节，每章均有"反思时刻"、"行动时刻"等新颖形式设计。同时，全书运用了丰富例证来解释理论概念，便于读者理解、思考和消化所读内容。凡是应邀撰写研究方法系列的中国著作人均有博士学位，并对自己阐述的研究方法有着丰富的实践经验。他们有的运用了书中的研究方法完成了硕士、博士论文，有的是采用书中的研究方法从事过重大科研项目。以秦晓晴教授撰写的《外语教学问卷调查法》一书为例，该书著者将系统性与实用性有机结合，根据实施问卷调查法的流程，系统地介绍了问卷调查研究中问题的提出、问卷项目设计、问卷试测、问卷实施、问卷整理及数据准备、问卷评价以及问卷数据汇总和统计分析方法选择等环节。书中各个环节的描述都配有易于理解的研究实例。

第三个子系列是"教学研究"。该系列与前两个系列相比，有两点显著不同：第一，本系列侧重同步培养教师的教学能力与教学研究能力；第二，本系列所有著作的撰稿人主要为中国学者。有些著者虽然目前在海外工作和生活，但他们出国前曾在国内高校任教，也经常回国参与国内的教学与研究工作。本系列包括《英语听力教学与研究》、《英语写作教学与研究》、《阅读教学与研究》、《口语教学与研究》、《口译教学与研究》等。以《英语听力教学与研究》一书为例，著者王艳博士拥有十多年的听力教学经验，同时听力教学研究又是她博士论文的选题领域。《英语听力教学与研究》一书，浓缩了她多年来听力教学与听力教学研究的宝贵经验。全书分为两部分：教学篇与研究篇。教学篇中涉及了听力教学的各个重要环节以及学生在听力学习中可能碰到的困难与应对的办法，所选用的案例均来自著者课堂教学的真实活动。研究篇中既有著者的听力教学研究案例，也有著者从国内外文献中筛选出的符合中国国情的听力教学研究案例，综合在一起加以分析阐述。

　　教育大计，教师为本。"全国高等学校外语教师丛书"内容全面，出版及时，必将成为高校教师提升自我教学能力、研究能力与合作能力的良师益友。笔者相信本套丛书的出版对高校外语教师个人专业能力的提高，对教师队伍整体素质的提高，必将起到积极的推动作用。

文秋芳

北京外国语大学中国外语教育研究中心

2011 年 7 月 3 日

前　言

　　《认知语言学与二语教学》深入探讨了认知语言学理论应用到二语教学中的理论依据、教学内容、教学方法及其注意事项。本书将对二语教学作出全新的阐释，为二语教学提供独特的方法。

　　2008 年 Routledge 出版了 Robinson 和 Ellis 主编的 *Handbook of Cognitive Linguistics and Second Language Acquisition* 一书。笔者曾以这本外文书作为我中心 2010 级博士生"二语习得理论"课程的教材。在教学和研读的基础上，笔者认识到，如能认真分析认知语言学的理论，将其合理的成分应用到二语教学中去，这将是教学研究的一个新领域。2011 年春，笔者开始组织写作团队。在自愿的基础上，参与博士生"二语习得理论"课程的 13 名学生成为团队成员。笔者组织大家共同分析了《认知语言学与二语教学》一书潜在的读者需求，并经过反复讨论，最后拟定了本书的框架。

　　全书以"绪论"开篇（文秋芳执笔），旨在为本书读者提供相关背景知识，激发读者将认知语言学理论运用于外语教学的兴趣和热情。主体部分分为理论篇、教学篇和教学研究篇。

　　理论篇共 3 章，是全书的理论基础，分别阐述认知语言学的语言观（李清清主笔）、习得观（阿斯罕主笔）和教学观（刘洋主笔）。语言观决定习得观，习得观又决定教学观，这三"观"互相联系、互相影响，最终影响着我们该如何将认知语言学理论应用到二语教学中去。

　　教学篇是全书的重点，也是全书的亮点。我们选择了与二语教学关系紧密，且有成熟认知解释的语言现象作为例子，说明将认知语言学理论应用到二语教学中去的具体操作。其中包括：多义实词（叶会主笔）、介词（吴白音那主笔）、时态（杨卫健主笔）、情态动词（刘国兵主笔）、习语（杨丽主笔）和句式（杨丽和李增顺主笔）的教学。

教学研究篇包括 4 篇文献综述，报告国内外研究者尝试将认知语言学理论应用到二语教学中去的研究成果。其中包括：时体与情态（章柏成主笔）、多义词（颜奕主笔）、多词单位（李春梅主笔）和构式语法（从句层面）（孙旻主笔）的教学研究。需要说明是，本书不涉及认知语言学的理论研究，我们只关注相关的教学研究。

为了帮助读者了解本书涉及的核心概念，书后附有"重要术语"（杨松主笔）。需要说明的是，认知语言学的重要概念很多，本书只涵盖理解本书的教学篇和研究篇所必需的关键概念，与本书内容无关的则不纳入讨论范围。

本书可作为在读研究生的辅助教材，亦可作为大学外语教师和教学研究人员的参考书。服务于读者是本书撰写的基本原则。为满足这三个群体的要求，本书撰写时力求突出科学性、应用性、操作性、简明性。本书的科学性指的是，源自认知语言学的内容要有根有据；应用性指的是，理论阐述必须与教学实际相联系；操作性指的是，教学篇部分对理论应用的阐释要易读易懂，提供的案例要翔实、可行；简明性指的是，文字清楚明了，阐述深入浅出，杜绝故弄玄虚，"翻译"不留痕迹。

由于参与本书写作的人员众多，撰写过程比较复杂。作为本书的构思者与通稿人，特别需要关注怎样才能使全书前后连贯，内在联系紧密，读起来有整体感，而不是一本论文集。为此，我写作团队尽心竭力。本书的撰写前后花费了将近两年的时间，从草拟提纲、查阅文献、收集资料、静心阅读、深入理解、构思成文、交叉阅读、反复推敲、不断雕琢，直到最后定稿。每位主笔人对文稿的修改不少于 5 次，为此付出了大量心血。当然他们同时也从中收获了很多。

为了加强每个部分内部的协调工作，我为每部分选定了一名协调人：理论篇协调人是李清清，教学篇协调人是杨丽，教学研究篇协调人是章柏成。他们三人负责协调组内文稿的初审和修改；同时他们各自要完成自己的写作任务。三位协调人都表现出高度的责任心和良好的协调能力。其中以杨丽负责的教学篇工作量最大，因为这一部分的写作最具创新性和挑战性。她写出"习语教学"一章的初稿，经我审读后修改成为样章，作为模板，供组内统一参考。她还协助我逐篇仔细审读，成为我的得力助手。

　　这里首先要感谢三位协调员，他们为本书撰写的组织工作付出了大量的时间和精力；还要特别感谢博士后张伶俐，她仔细审读了整本书稿，对不当之处进行了修改，并对文稿中的行文、引文格式与书后的参考文献进行了逐一检查和校对；最后要感谢的是本书责任编辑郑丹妮，正是她专业化的精工细雕，才保证了本书的出版质量。

文秋芳

北京外国语大学中国外语教育研究中心

2013 年 2 月 1 日

绪　论

认知语言学对二语教学的贡献及其局限性

1. 引言

认知语言学诞生于 20 世纪 80 年代末、90 年代初。迄今虽只有约 30 年的历史，但其发展势头迅猛，现已逐步取得了语言学界的话语权。进入 21 世纪后，认知语言学受到应用语言学界越来越多的关注。已经有不少学者撰文、著书，论述认知语言学应用到二语教学中的前景，同时还进行了教学尝试和研究。这些研究一般都声称取得了明显成效（例如 Achard & Niemeier，2004；Boers & Lindstromberg，2006，2008；Littlemore，2011；Littlemore & Juchem-Grundmann，2010；Robinson & Ellis，2008；Tyler，2012）。

本章主要是为本书读者提供相关背景知识，使其感知认知语言学的独特魅力，激发读者将认知语言学理论运用于外语教学的兴趣和热情。本章包括四个部分。第一部分为引言。第二部分概述认知语言学理论，包括认知语言学与其他流派的主要差别，以及认知语言学对语言的独特看法。第三部分说明认知语言学对外语教学可能作出的主要贡献。第四部分指出认知语言学应用到外语教学中的局限性，并提出应对局限性的建议。

2. 认知语言学概述

语言学作为一门独立学科出现在 20 世纪初，先后出现的主要流派有结构主义语言学、转换生成语法、功能语言学和认知语言学。本节主要讨论认知语言学与其他三大流派的主要差别。

2.1 与其他语言学流派的比较

20 世纪 60 年代，以乔姆斯基为首的生成语法开始激烈抨击结构主义语言学。两大阵营彼此对立，针锋相对，最终生成派占了上风，控制了语言学界的话语权。生成派与结构派看似针锋相对，水火不容，但从本质上看，它们都从共时的角度研究语言，都把语言看成是一个独立于现实世界的自治系统。结构派热衷于分析语言内部的纵聚合关系和横组合关系，生成派专心研究理想化个人所拥有的具有无限生成能力的句法规则。它们均不涉及认知语言学关心的语言与现实世界的关系，以及人们的认知活动与语言的联系。

作为后起之秀，认知语言学与功能语言学看似有不少相似之处。两派都将意义看作语言的中心，都认为语言离不开社会、文化情景，都反对结构派和生成派对语言形式化的处理。因此有人认为，认知语言学属于功能语言学，也有人认为功能语言学是认知语言学的分支（王寅，2007）。笔者认为，它们虽享有很多共同点，但有一个本质差异，即功能语言学更多关注的是语言的人际功能和文本功能，对概念功能虽有提及，但并无深入探讨。换句话说，功能语言学并未研究人的认知活动与语言之间的关系。而这一点正是认知语言学研究的基础问题之一。

总体上说，认知语言学与先前的语言学派存在显著差异。结构派认为语言是个符号系统。这个系统拥有由语音与语法构成的双层结构，各自遵循一套规则，彼此互不干扰。各成员之间的关系形成内部的结构体系，并决定了各成员在系统内部的意义。人的语言能力是由外部高频语言刺激与恰当的强化反馈所形成的一套行为习惯。生成派认为语言是由有限的规则组成且拥有无限生成能力的句法体系。该体系独立于语义系统而运行。人的语言能力与其他认知能力分离，由先天的语言习得机制决定。功能语言学认为语言是社会交际的工具，语言的意义依赖于语言使用的情境。人的语言能力源于真实交际的实践。认知语言学认为，语言既反映了人对现实世界的认知过程和结果，又是认知活动的工具。人的语言能力是通用认知能力的一部分，人习得语言与其他认知活动具有相同的规律。

笔者认为，认知语言学与其他学派最突出的差异是，认知语言学提出了语言的三大特性：体验性、隐喻性和理据性。这三大特性互相之间有着密切联系。语言的理据性源于语言的体验性和隐喻性，语言的隐喻性又基于语言的体验性。因此在这三大特性中，体验性是基础、是前提。

2.2 语言的三大特性

2.2.1 语言的体验性

以往的语言学流派研究语言时，都未涉及人的身体体验或人的高级思维活动。认知语言学认为，语言是人对物质世界、精神世界和人际世界的感知和体验，是基于感知和体验基础上的高级认知活动。也就是说，身体的感知和体验是高级认知活动必要的基础。只要稍稍注意，我们就会发现语言中有无数的示例反映着我们身体的经验。例如英语中有 shoulder to shoulder、face to face、eye to eye、hand in hand、arm in arm、cheek to cheek、head to head；中文中有"手拉手"、"肩并肩"、"面对面"。

不同民族对外部世界的体验方式存在差异，这些不同的身体体验也反映在语言上。这里以空间方位为例。中文描述四个方向时，从"东"开始，然后顺时针转，描述的顺序是"东、南、西、北"（方经民，1999）；英语本族语者识知方向的顺序也是顺时针，但起点是 North（北），然后才是 East（东）、South（南）、West（西）。当南、北和东、西搭配时，英文与中文刚好相反，总是把南、北放在东、西的前面，因此中文的"东南大学"，英文是 Southeast University；中文的"西北大学"，英文是 Northwest University。

不少实证研究为我们提供了身体体验参与语言理解的证据。研究表明，当我们阅读文章或是听别人说话时，我们会自动激活相应的感知和运动形象，以帮助自己理解别人的语言信息。Littlemore（2011）综述相关的多项实验研究。例如在 Richardson 和 Matlock（2007）的研究中，受试被要求观看一幅图片，图片上有一条横穿一片荒地的道路。与此同时，受试会听到与图片相匹配的文字叙述。一组受试听到的描述是道路艰难坎坷，崎岖不平；另一组听到的是，道路平坦宽敞，畅通无阻。研究发现，第一组受试的目光在图片上移动的速度比第二组要慢得多。再如在 Gibbs（2003）的实验中，有两组美国大学生被带到农村。他们被要求边走路，边听故事。一组学生听的故事是，一对夫妻关系和睦，生活美满；另一组学生听的故事是，一对夫妻关系出现裂痕，碰到了许多意想不到的困难。研究发现，与第一组相比，第二组学生走路的速度明显放缓。上述两个实验结果都表明，人们在处理文字信息时，同时也在"体验"被描述的情景。

2.2.2 语言的隐喻性

根据认知语言学，语言中的概念隐喻是人类进行高层次思维和处理抽象概念的一个重要手段。例如我们会把时间概念理解成我们身体能够感知、接触到的空间体验（Littlemore，2011）。Lai（2011，转引自 Lantolf，2011）用空间方位描述了中文里的时间概念。中文"前"与"后"分别代表英语中的 far past（例如前天、前年）和 far future（例如后天、后年）。中文的"上"和"下"分别代表英语中的 immediate past（例如上一周、上一年）和 immediate future（下一周、下一年）。

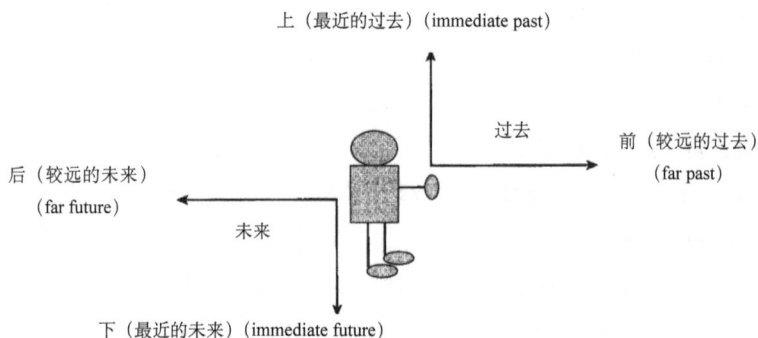

图 1 中文基于方位词的时间概念图 [1]（Lantolf，2011：41）

再如 Lakoff（1990：380-389）详细分析了一批表示气愤心情的习语后，指出这些习语的隐喻实际上与人的身体经验相连，即气愤是热量（Anger is heat.）。这样的热量可以源于液体，也可以源于固体。当它是液体时，气愤就是装在容器里的热液体（Anger is the heat of a fluid in a container.），其特征是热量（heat）和内部压力（internal pressure）；当它是固体时，气愤就是火（Anger is fire.），其特征是热量（heat）和红色（redness）。表 1 中的两组例句分别演示

---

1 在原图上增加了中文翻译。

"气愤是容器中的热液体"和"气愤是火"。

表 1 英语中"气愤"的两种隐喻

	气愤是容器中的热液体		气愤是火
1	She was brimming with rage.	1	Those are inflammatory remarks.
2	You made my blood boil.	2	She was doing a slow burn.
3	I have reached the boiling point.	3	He was breathing fire.
4	He's just letting off steam.	4	Smoke was pouring out of his ears.
5	Simmer down.	5	She was scarlet with rage.

2.2.3 语言的理据性

自 19 世纪末、20 世纪初索绪尔创立了共时语言学以来,人们普遍认同索绪尔对语言任意性的解释,即语言的形式和意义之间不存在逻辑关系。也就是说,它们的配对是约定俗成的,无理可寻。然而认知语言学认为语言具有理据性。也就是说,形式和意义之间是有理可循,有据可查的。语言的理据性可以体现在义—义联系、形—义联系和形—形联系上(Radden & Panther,2004)。

义—义联系主要体现在语义层面上,其中主要有词源理据、隐喻/转喻理据等。例如多义词一般有多个义项,这些义项通常以原型义为中心,经过隐喻、转喻等认知机制,不断向外辐射,最后形成一个辐射型的语义网络。例如 Tyler(2012:135-141)分析了多义介词 to。她指出传统语法都认为 to 的多种意义无序地组织在一起,缺乏逻辑联系。但是按照认知语言学理论进行分析,其中的逻辑关系能够一目了然。以下是 to 的 8 种用法:

(1) The window faces to the east. **Facing a goal**

(2) Harry ran to home base. **Object of attention**

(3) Jaime gave the flowers to Pilar. **Receiver**

(4) Rafael was always kind to us. **Receiver of experience**

(5) This lettuce tastes delicious to me. **Receiver of perceptual experience**

(6) Sofie worked to the limits of her abilities. **Limit**

(7) The store was so crowded. People stood shoulder to shoulder at the sales table. **Contact**

(8) Danny nailed the board to the fence. **Attachment**

乍一看，上面 8 个句子中 to 的意义互不关联，杂乱无章。但根据认知语言学的原型理论，在 8 个意义中，面对着目标（facing a goal）（见图 2）是基本义，F 代表动作的启动者，G 代表所要注视的东西，箭头表示 F 所要面对的方向，这是人对现实世界中方向的感知（Tyler & Evans，2003）。其他 7 个意义由基本义延伸，形成一个辐射性的网络（见图 3）。延伸意义可以分为 4 条语义链：（1）指示注意的终点（object of attention）；（2）指示接受者（接受物体者/接受体验者）；（3）指示感知体验者；（4）指示所要达到的目标（限度—接触—附着物）。

图 2　to 的中心意义

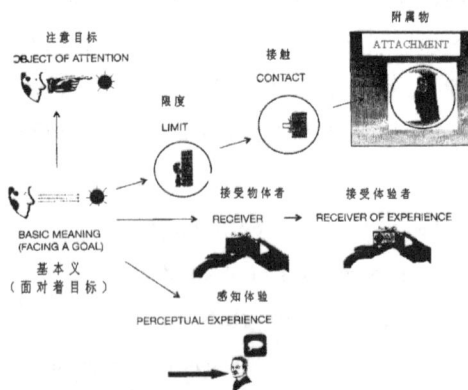

图 3　介词 to 的意义网络 (Tyler，2012：137)

（注：此处增加的中文为英文的译文）

在现实生活中我们经常把一个物品从一个地方移动到另一个地方，例如：

They move the bookshelf from Jane's room to Henry's.

We push the cupboard from one side to another side.

这里 to 指示说话人关注的运动终点。同样例句（2）中 to home base 也是表示跑的终点。简言之，基本义表示静态的注视目标，延伸义表示的是动态目标。类似的句子还有 Mary walked to the door. John Jumped to the river.

第二小类 to 指示接受者，包括例句（3）和例句（4）。例句（3）中接受者得到的是"花"而例句（4）中接受者得到的是比较抽象的"友善"。看上去，这和 to 的基本义关系不大，但从说话人的视角来看，她/他也是在注视某个实体从一个地方移动到另一个目的地。

第三小类 to 指示感知体验者。英语本族语者描述自己的五官感受就像他们描述外部物理—空间世界的物体一样，好像这些五官的感受也像物质世界中的实体一样可以搬动。于是例句（5）中"莴苣的美味"似乎也能移动。类似的句子还有 This apple tastes sweet to me. The milk smells fresh to me.

第四小类 to 指示所要达到的目标。例句（6）中的 to 所要达到的目标是 the limits of her abilities。例句（7）中的 to 与例句（6）稍微有点差别。这里的 to 表示 F 接触或靠近 G。例句（8）中的 to 是对例句（7）中 to 的意义的进一步延伸，表示当 F 和 G 接触到极其靠近的时候，两个物体就可能互相附着在一起。

结构派和生成派都对习语意义的解释无能为力，但认知语言学认为许多习语都能用隐喻理据来解释。前面提到的"气愤是容器中的热液体"和"气愤是火"就是很好的隐喻理据例证。Lakoff（1990：391）还分析了下列 5 个例句，它们可以用"气愤是对手"（Anger is an opponent.）这一隐喻进行说明。他进一步解释道，气愤一般都被看成负面情绪，产生令人不快的生理反应，常常难以控制，容易对别人造成危险，因此产生气愤情绪的人往往能够意识到这样的危险，企图战胜自己的负面情绪。

(1) I'm struggling with my anger.

(2) He was battling his anger.

(3) She fought back her anger.

(4) I was seized by anger.

(5) He yielded to his anger.

形—义联系的理据主要有三种：数量理据、顺序理据和象声理据（王寅，2007）。例如 Taylor（2002）提出"形式越多，意义越多"原则（More form is more meaning.）。按照这个数量规则，可以发现英语中的长词比短词的意义复杂；长句比短句的意义复杂。这也符合心理加工原则，即语符越多，人要付出的注意越多，心智加工就越费时，理应传递的信息就越多，否则就违反了经济学原理。顺序理据可体现在语言的多个层面。例如习语由好几个单词构成。这些单词出现的先后顺序并不是任意的。在 safe and sound 中，逻辑上说，safe 是旅行的第一需要，sound 是第二需要，因此这两个词的顺序不能颠倒。再如一个句子包含多个词，它们的顺序通常反映了日常生活中动作发生的先后。例如在中文里，"她推开门笑着对妈妈说：'我回来了。'"这里有三个动作"推"、"笑"、"说"，必须是先"推"，再"笑"，然后"说"。象声理据顾名思义，指的是象声词。例如英语中有 tinkle、roar，汉语中有"喵、叮当、叮咚、滴答、哗啦、咚咚、刺啦啦、哈哈、呜呜、稀里哗啦、啪啦、喔喔、吱嘎、扑哧"。相比较而言，汉语中的象声词比英语多得多。

形—形联系主要指发生在语音层面上的头韵法，例如 publish or perish 中的 /p/ 意味着 force、violence。类似的词还有 pirated、push、pull、plough、plunge、plug、pluck（Osoba，2008）。根据 Zanotto 等（2008）的研究结果，英语习语中有 15.03% 属于头韵法。

3. 认知语言学对外语教学的贡献

基于认知语言学对语言三大特性的独特看法，笔者认为它对外语教学可能作出的贡献主要体现在以下两个方面。

3.1 为传统的对比分析注入了活力

"对比分析"最早由 Lado（1957）提出。他的基本假设是，通过两种语言的对比分析，可以预测外语学习的困难所在。随着结构派的优势地位被生成派所代替，行为主义被认知心理学所击败，对比分析在理论与实践上受到猛烈抨击，随后逐渐淡出了外语教学。随着认知语言学的发展，该理论给传统的对比分析注入了新鲜血液，使对比分析获得了新生（Littlemore，2011）。

认知语言学认为语言反映的是人对现实世界的认知过程和认知结果。虽然人类面临的是大致相同的现实世界，也具有同样的概念化和范畴化的认知能力，但由于人们观察世界、体验世界的角度、方式不同，因此形成了不同的认知结构和概念化体系。与母语学习不同，二语学习者已经形成了母语的概念系统和一整套的百科知识。学习一种新的语言，就意味着要对自己已有的知识进行重组。正如 Littlemore（2011）所说，第二或第三语言的习得具有潜能，能帮助学习者拓展和丰富自己感知、描述和重组现实世界的手段和方法。Cook（1999）也提出过类似的看法。他认为成功的双语者具有多种能力（multicompetence）。他们的语言知识是由母语和二语知识经过有机结合后产生的新体系。

根据社会文化理论的中介说，母语的概念体系会在二语学习时悄无声息地起着中介作用，而学习者一般对此无清醒意识。如何让学习者有意识地建立目标语的概念？这就需要外语教师在教学中进行概念层次上的"对比分析"，让学生从"无意识"转向"有意识"状态，从而有效地重组大脑中的语言知识概念体系。

需要指出的是，传统的对比分析注重的是语言形式上的差异，例如语音、语法和词汇，而认知框架下的对比分析更侧重于概念/范畴层面上的比较。我们可以比较词汇层面上的概念差异。例如在中文里，凡是印有文字的纸张装订成册，都可以称为"书"，而英文中，只要将纸张装订成册，即便全部是白纸，都可以称为 book，例如 notebook、exercise-book。再如英文句子中 I persuaded him to go to Shanghai with me. 中的 persuade 表明我的劝说是成功的，而中文句子"我劝说他跟我一起去上海"里的"劝说"并不表明我的劝说一定成功。

我们也可以比较语法概念上的差异。例如英文句子 I have learned the subject of geometry. 表明说话人在过去某个时间学过几何，现在仍旧会做几何题，因此英文中不可能出现下面的句子：

　　*I have learned the subject of geometry but I cannot solve any geometrical problem now.

9

中文句子"我学过几何"只表示过去学过，现在是否还会，不是说话人的关注点，因此下面两个中文句子都有可能：

(1) 我学过几何，但现在已经全忘光了。
(2) 我学过几何，因此我比他解题快得多。

这就表明中文母语者说话时，关注的是已经发生的"学过几何"这个事件，至于它的后续影响是什么，不是关注点，而英语母语者说话时，"学过几何"这个事件的过去和现在都在关注范围之内。

比较两种语言隐喻在概念上的差异，可能更能激发学生对对比分析的兴趣。例如前面我们提到在英语中"气愤是热量"（Anger is heat.），既可以与容器中的热液体联系在一起，也可以与固体的火联系在一起。中文的"气愤"也和"火"联系在一起，例如"怒火冲天"、"火冒三丈"、"七窍冒火"。但中文将"气愤看成是一种关在密闭容器里的气体"，"冲"、"冒"这两个动词形象地描写了气体冲破容器的情形。通过比较，学习者可以了解到说这两种语言的人对"气愤"的认知方式虽有相似之处，但又不完全相同。中文里没有将气愤看作"开水"的隐喻。虽然中文也有"火"的隐喻，但中文侧重的是"火"的冲击力，而不是火的"红颜色"，或是火的"热度"。就"冲击力"而言，在密闭容器里的"气"也具有这个特性，因此中文里的"火"和"气"都可以表示气愤，例如中文有"怒气冲天"、"气不打一处来"、"气势汹汹"、"出气筒"、"气急败坏"、"忍气吞声"等。因此相对于英文的 Anger is heat.，中文的可以是 Anger is air ready to explode.

从上述对比的中英概念差异示例来看，这样的比较有利于学生摆脱固化的母语概念体系，逐步建立起识解和运用目标语的新结构。设想如果没有教师的及时指点，仅靠学生浸泡在目标语输入中，我们可以断定学生自己难以发现这些不易察觉到的差异。

3.2 为解释部分语言现象提供了理据

Tyler（2012）指出，在过去的 60 年里，虽然教学方法不断翻新，表面上看好像有许多差异，但就其语法教学的内容而言，几乎没有太多的变化。她分析了多种教科书和语法书，得到的结论是，语法内容仍旧非常传统。Littlemore将这种教学概括为"规则 + 例外"。这种做法的明显弊端是，语法现象的解释缺乏统一框架，对于例外现象只能靠死记硬背。传统的词汇教学方法可简称为"词典义项法"，即将一个单词的多个意义看成是词典上出现的不同义项。教师根据课文中义项出现的顺序逐个教授。教材编写者会考虑义项使用的频次。一般先教授高频义项，再教授低频义项。但无论教材内容怎样安排，一个单词的多个义项往往不会作为一个互相关联的网络呈现，因此学生只能逐个学，挨个记。因此无论是语法，还是词汇教学，教师展现给学生的语言知识往往显得零散、孤立，不成系统，不便于学生记忆和提取。

认知语言学为解释语言现象提供了理据，这为我们改变传统教学内容提供了可能性。前面"语言的理据性"一节已经说明了多样的理据性。笔者认为提供理据对外语教学至少有两个作用：一是帮助学习者将散落在大脑不同部位的知识汇聚在一起，并按照一定的逻辑关系组织起来，有利于对知识的正确理解，也有利于减轻记忆负担，提高记忆效率；二是当学习者使用这些知识时，便于从组织有序的体系中提取。

理据还可用于解释学生犯错误的原因或是区分两个看似语义相同但实际不同的句式，使学生知其然，也知其所以然。成人学习语言与儿童不同。他们都喜欢问"为什么"。然而外语中有很多现象，我们都无法解释。虽然认知语言学不能为所有的现象提供有说服力的解释，但不得不承认，该理论确实帮助解决了一些外语学习者感到困惑的问题。例如有些英语动词不能直接带双宾语，如 donate，我们可以说 John donated a few paintings to the museum.，但不能说 John donated the museum a few paintings. Tyler（2012：180）对此提供了词源理据。她解释道，这样的动词有两类。一类是转移实在物体的动词，例如donate、contribute、obtain、select，另一类是转移知识的动词，例如 announce、describe、assert、explain、suggest。这些动词都源于拉丁语，音节比较长，重音在第二个音节上。目前它们在英语中出现的构式与拉丁语一致。

再如生成派会将下列两个句子看成是表层结构不同，但同享一个深层结构，同时语义上没有差别。认知语言学认为它们不仅是不同的构式，同时它们也存在语用和语义差别。句（1）的语用焦点是 What did you teach Lou?，句

（2）的焦点是 Who did you teach Italian to?。就语义而言，句（1）隐含着 Lou actually learned Italian，句（2）不包含这个意思（Tyler，2012：14）。

    （1）I taught Lou Italian

    （2）I taught Italian to Lou.

4. 认知语言学应用到外语教学中的局限性及教学建议

    认知语言学虽然在理论上有明显的突破，为认识语言提供了新手段、新视角，但由于其历史短暂，目前仍在发展和完善之中。另外，认知语言学理论本身有其自己的视角，它不是专为二语教学服务的。因此这里有必要讨论该理论应用的局限性及应对其局限性的措施。

4.1 理据不能解释所有的语言现象

    Littlemore（2011：160）指出了语言理据性的两个不足之处。第一，认知语言学虽然对一些语言现象给予了独具匠心的解释，但目前能够覆盖的语言现象非常有限，大量的形义配对仍旧只能看作是任意的。第二，语言的理据体现在语言的不同方面，有的是身体体验，有的是隐喻，有的是数量，有的是顺序，有的是语音，教师和学生都难以准确预测从何处获得理据，同时也难以知道这些理据解释的内容是什么，例如，就数量原则而言，我们只能模糊地告诉读者，语言形式越长，意义可能越多，但具体有何意义，不得而知。因此我们需要实事求是地评价语言理据的作用，同时在教学中要恰当地发挥其效用。对于缺乏理据的语言现象，一方面我们要实事求是地将此情况告诉学生，另一方面可继续采用传统教学中的有效做法。

4.2 理据性知识不是程序性知识

    前面我们已经看到了许多有关语言理据性的示例。肯定有人对此有疑问：

这些理据性的知识究竟能在多大程度上帮助学习者掌握一门外语？笔者也有同样的质疑，并认为语言的理据归根结底只是陈述性知识。即便学生将其背得滚瓜烂熟，也不能熟练使用英语。如何才能将这些陈述性知识转化为程序性知识？多年的经验告诉我们，从陈述性知识到程序性知识，中间的路很长。我们曾经批评过语法—翻译法只研究语言（study a language），不学习语言（learn a language）。如果我们现在只是满足于津津乐道地谈论语言的理据性，而不注重语言知识的运用，很可能会重蹈覆辙。我们不能忘记语言学习毕竟与学习数学、历史、地理不完全相同。它有其认知性的一面，但它还有技能性的一面，即需要与学弹琴、游泳等技能一样，保证大量的真实操练。在这个问题上，我们千万不能走极端。

4.3 理据解释不完全适合低水平二语学习者

本书第4—9章说明了如何运用语言的理据性帮助学生学习多义实词、介词、时态、情态动词、习语和句式（从句层面）。根据多年的教学经验，笔者认为，我们对语言的理据性知识应该进行选择。少数理据性知识可以在初级阶段讲解，例如某些词汇与身体经验相连，但更多的理据不适合低水平二语学习者，其原因有如下两条：

第一，语言理据的讲解需要运用较多的专业术语。从熟悉专业术语到理解概念，再到概念化这些科学知识，学习者往往需要花费很多时间。外语课堂教学时间极为有限。初学者如果把这有限的时间首先用于学习这些专业术语，而这些术语又不能直接用于完成交际任务，显然会事倍功半。第二，这样抽象的陈述性知识即便辅以图表、意象图式等可视化的中介工具，教学仍旧比较抽象、枯燥、难以使其生动、有趣，很可能会挫伤初学者的积极性。

笔者建议，最合适的做法是用于复习或补救性教学。英语的时—体、情态、冠词、多义介词等都是外语教学的重点和难点，甚至高水平英语学习者在这些方面还有很多困难。原因之一是，学生已有的语言知识通常缺少有机联系。例如当某些大学生对现在完成时、过去时、过去完成时三种时态混淆不清时，我们可集中在一个时间段，采用认知语言学的时态意象图式，帮助学生将已有的零散知识系统化，更新学生对时态的传统观念，让他们真正理解时态的运用取决于说话人对事件发生时间的认知。

5. 结语

　　本章从 20 世纪语言学和二语教学的关系入手，概述了认知语言学与结构派、生成派、功能语言学的主要差别；重点阐述了认知语言学提出的语言三大特点：体验性、隐喻性和理据性；讨论了认知语言学对外语教学可能作出的两个贡献：（1）使传统的双语对比分析获得了新生，（2）挑战了结构派长期倡导的"任意性"，为一些语言现象提供了理据解释；最后指出了认知语言学理论应用的局限性，并提出了应对这些局限性的建议。

　　外语教学是一项复杂的工程。它与多个学科相联系。除了语言学理论外，还有教育学、心理学、社会学等。本书只涉及了语言学理论中的认知语言学。我们期待广大外语教师能够从本书中获得灵感，积极参与认知语言学理论应用的尝试，为外语教学质量的提高开辟新天地。最后，笔者提醒各位读者注意，从认知语言学视角来开展外语教学并"不能为二语学习者提供轻松、有保障的捷径，帮助他们的语言水平接近本族语者。认知语言学只是与其他语言学派相比，对语言的本质和结构给予了不同的解释，这个解释更准确、更有说服力、更全面"（Tyler，2012：4）。

第一部分　理论篇

认知语言学的语言观

....

认知语言学的语言习得观

....

认知语言学的外语教学观

....

　　本书的理论篇共分为三章。第一章主要从语言学、心理学和社会学三个视角阐释认知语言学的语言观，为理解和建构认知语言学理论提供一个清晰的认识基础。第二章致力于从第二语言的习得单位、习得内容、习得方式、习得机制等多个维度全面探究认知语言学的第二语言习得观。第三章则立足于认知语言学为语言教学理念所带来的新启示，其教学观主要体现在教学目标、教学输入、教学方式三个方面。总而言之，理论篇的三个章节相辅相成，共同构建本书二语教学与研究的理论框架，为读者有效理解和把握教学篇和教学研究篇的具体内容奠定必要的理论基础。

第一章　认知语言学的语言观

建构和理解一种语言理论，都需要对其语言观有一个清晰的认识。语言观是人们对语言的总的观点和看法，是一个人的世界观在语言观察中的具体体现（徐盛桓，2009）。只有明确了语言观，才能制定比较合理的理论目标和相应的方法论（程琪龙，2004），因此，明确掌握认知语言学的语言观至关重要。本章即从语言学、心理学和社会学三个视角阐释认知语言学的语言观。

1. 语言是由构式组成的理据性符号系统（语言学视角）

在索绪尔时代，人们普遍认同语言是由无意义的语音系统与有意义的语法系统组成的双重结构。虽然语法系统中每个有意义的单位（如 bird、-s）都是由无意义的语音构成的，但两者之间不存在任何逻辑关系。也就是说，用何种语言形式表达何种意义，人们无法探究其中的原因。描述这样的关系，最常用的学术用语是"任意性"（arbitrariness）。

认知语言学挑战了这一长期被广为接受的传统观念，声称语言是由形义一体的构式组成的，而不是形义分离的双重结构。每个构式的形义关系都可以给予合理的解释，并不是随意的、无逻辑的。简言之，从语言学视角来看，认知语言学主张语言是由构式组成的理据性符号系统。下面我们分 3 小节解释什么是构式、什么是构式的理据性、什么是构式组成的词汇—语法连续体。

1.1 构式是语言的基本单位

构式是语言中形式和意义的匹配对（form-meaning mapping）（Goldberg，2006）。语言由一系列构式组成，其中构式有大，有小；有简单，有复杂；有低抽象程度，有高抽象程度。构式通过不断的组装与合并，逐步形成一个庞大的语言系统，例如表 1 列出了 10 类构式（王寅，2011a：38）。

表 1　构式的十种类型

	构式名称	举例
1	词素	con-; tele-; -ing
2	词	walk; paper; to; local
3	复合词	hi-tech; take-over
4	复合词（部分代填）	[N-s]
5	习语（固定式）	kick the bucket; ring the bell
6	习语（部分代填）	jog (one's) memory; send (someone) to the cleaners
7	共变条件	The Xer the Yer (e.g., The more you think about it, the less you understand.)
8	双及物（双宾语）	Suj V Obj1 Obj2 (e.g., He gave her a book. Mary told John a story.)
9	被动	Subj aux VPpp (PPby) (e.g., The dog was hit by a car.)
10	词类范畴：名词、动词、形容词等	-tion; -ness; -ment -en; -ize -ive; -ory; -al; -ish

　　需要强调的是，构式不等同于人们具体使用的语言表达式。认知语言学认为，一个在特定语境中所使用的具体表达式称为"语式"（construct）（Goldberg，2003；王寅，2011a：27）。构式存储在人的心智中，具有建构实际语句的功能，而语式是由抽象构式直接实现为具体的言语表达形式（王寅，2011b：26-27）。例如，动词构式 go 可以具体实现为不同的语式，如 go、goes、went、gone 等，这些语式也称为具体的形义配对项（item）。同理，不同的语式也可概括为同一构式，如 He gave her a book. 和 Mary told John a story. 等语式都可视为双及物构式的具体实现形式。因此，构式和语式形成了抽象构式与具体语式之间实现和被实现的关系。

　　认知语言学认为，构式之间只要不存在形式和意义限定要求上的矛盾，即可进行自由合并，产生各种实际使用的语式（Goldberg，2003）。例如，构式可以合并而产生 Liza sent a book to storage. 和 Liza sent Stan a book. 这样的语式，但不能形成 Liza sent storage a book. 等不合乎使用的语式。其原因就在于 send 这一双及物构式要求它的宾语是有生命力的实体（如 Stan），但 storage 词汇构式并不具有生命力，因而二者之间存在矛盾，无法进行有效合并。

然而由于"构式"的概念不断扩大，涵盖从词素到句子的多重连续单位，因此不少人担忧如此"无所不包"的概念缺乏解释力，将不利于语言的深入研究（汪兴富、刘世平，2010）。

1.2 构式的形义关系具有理据性

所谓理据性[1]，就是强调构式的形和义之间的联系通常可以解释，而不是完全任意的，因而理据性常常等于不任意性。例如，day and night、cause and effect、wait and see 等并列结构的构式通常不可前后调换为 night and day、effect and cause、see and wait。其原因在于并列结构的成分安排遵循的是时间先后顺序，而非任意排列。如将其前后语言成分颠倒，这样的表达式则是使用者特意为之，旨在实现某些特定的交际目标。又如，A noisy group was hanging around the bar. 和 A group of noisy youngsters were hanging around the bar. 两个构式中动词 be 的形式差异同样具有一定的理据。在前句中，单数名词 group 和动词紧密相连，因而动词使用第三人称单数形式。但在后句中，和动词紧密相连的是复数名词 youngsters，而 group 一词距离上却相对较远，因此后句的 be 动词采用复数形式。同样，理据性也可用来解释 I made her leave、I wanted her to leave 和 I hoped that she would leave 三个构式中形式和意义所蕴含的差异。表达式中主语对宾语是否直接产生作用是确定各句两个主要动词之间距离长短的理据。句一意指主语 I 对宾语 her 产生了"使她离开"的直接作用，因此该句两个动词 made 和 leave 之间的距离最短。句二表达了主语对宾语抱有间接的希望，动词间距离较句一增大，而句三中主语对宾语并不产生实际作用，因而动词间的距离最大。又如，out of mind 构式之所以可以解释为"失去理智"，其理据即在于对 mind 一词隐喻意义的理解。此处的 mind 被喻为一种容器（王寅，2007：410），某人在容器之外则意指失去了理智。

认知语言学所提倡的语言理据性很有新意，不仅有利于我们更全面地理解语言本质，也为二语习得与教学提供了更有成效的手段。此处需要强调的是，

1　关于语言理据性和象似性的详细分析，参见 Dirven, R. & Verspoor, M. (2004). *Cognitive Exploration of Language and Linguistics* (pp. 8-12). Amsterdam: John Benjamins.

语言的形义关系所呈现的不是绝对的任意性或绝对的理据性（王寅，2002）。事实上，语言的任意性和理据性更像一个连续体，不同的语言单位从共时和历时而言具有不同程度的任意性和理据性。我们应视情况具体而论，从两个维度进行辨证分析。

1.3 构式组成一个词汇—语法连续体

构式不断组装和合并后，所形成的语言系统不再是词汇和语法两个独立的系统，而是一个"词汇—语法连续体"（lexicon-grammar continuum）（Langacker，2009：110）。词汇和语法都是由构式组成的，只是它们的抽象层级不同而已。不同层级的构式分布在连续体两极间的不同位置。越抽象复杂的构式越靠近语法这一极，越具体简单的构式越靠近词汇这一极。

以 kick the bucket 构式为例。从词汇层构式来看，该构式由三个词（kick、the 和 bucket）组成。kick 一词是指"某人或某物用脚或他物撞击其他人或物"这一典型动作，bucket 则是某一具体的桶状物，而 the 一词则具有限定某一事物的意义。因此，kick、the 和 bucket 三个词处于词汇—语法连续体中抽象程度最低的词汇级。但是，kick the bucket 同时又属于习语层构式，与词语层构式相比更为复杂、抽象，因而处于该连续体中较词汇级更抽象的位置。此外，kick the bucket 还是一个更加抽象的及物构式，即 Suj V Obj，这一构式则更加靠近连续体中抽象程度最高的语法级。因此，三个不同层级的构式分别处于词汇—语法连续体两极间的不同位置。

综上所述，从语言学视角而言，语言是一个由构式组成的理据性符号系统，且这一系统是词汇和语法不再独立的连续体。因此，认知语言学否定生成语法所主张的句法自治性，反对将句法视为一个脱离词汇和语义而独立存在的自足的封闭系统。认知语言学认为所谓的词汇和语法等名称只是将词汇—语法连续体任意地切分为不同的部分而已（Langacker，2009：29）。

2. 语言是体验性的概念化意象图式（心理学视角）

结构主义语言学和生成语法都认为，语言是一个抽象的形式系统，它脱离人的认知而独立客观地存在。但是，认知语言学否定了这样一种客观主义观点，主张语言依靠人的认知才能产生和使用。也就是说语言是基于人们对现实世界的"互动体验"和"认知加工"而形成的（王寅，2009）。因此，从心理学的视角剖析，认知语言学认为语言是体验性的概念化意象图式。下面分 2 节阐释什么是语言的体验性、什么是概念化意象图式。

2.1 语言具有体验性

语言的体验性是指语言依赖于人与现实之间的互动经验。它体现在语言的产生和使用两方面。从语言的产生来看，人的身体与外界环境进行互动，产生了体验性的经验。人再将这种体验性经验实现为语言，这就构成语言特定的体验性。从语言的使用来看，不同的语言表达式会引导使用者注意事物的某些特定方面，反映出不同的观察视角（Littlemore，2009：13），从而产生对现实事物的不同认知，这也体现了语言的体验性。因此，语言并非客观地反映现实，而是蕴含着使用者在特定视角下的具体体验。

以 Slobin（1996）关于《青蛙，你在哪？》连环画的语言研究为例。研究中不同受试描写同一幅画时的注意点呈现很大差异，如有人只选择描写图中的小狗在奔跑，有人则描写图中小男孩从树上掉下来，或者描写图中的猫头鹰从树洞里探出头等不同事件，可见不同的人对同一幅画的注意点不同。同样，面对同一事件，不同语言使用者所产出的语言表达式也存在巨大差异。研究中，以西班牙语和英语为母语的儿童分别描写一只鹿把一位男孩和一只狗摔下河的事件。多数西班牙语儿童所产出的语言表达式直译为英语是... he (the deer) threw them (the boy and the dog) down where there was a river ...，而英语儿童所倾向的表达式是... and then the deer carried him (the boy) over a cliff and threw him over the cliff into a pond ...。这两个表达式不仅可以折射出不同语言使用者在对同一事件的观察视角和描写精准度上都存在差异，同时也揭示了两种语言在其语言产生过程中即已蕴含了各自的视角而具有特定的体验性。此外，英语和西班牙语儿童描写同一事件时也会呈现出语言内部的个体间差异。例如，英语儿童在描写图中猫头鹰从树洞中伸出头这一事件时会使用不同的语言表达式，如 an owl flew out of here、the owl popped out 等等。

从这一意义上说，现实并非绝对客观，而是人们各自体验到的不同的现实。语言是对现实体验性认知的产物，因此具有体验性的特征。

2.2 语言是概念化的意象图式

人在与现实互动体验的过程中，通过对具体的具有相似关系的多个个例反复感知和体验、不断进行概括而逐步形成基本的意象图式（image schema）（王寅，2007：179）。同时，人又通过这一现实的体验过程，实现意象图式和语言符号之间的对应和投射，完成语言形式和意义之间的匹配，最终产出有意义的语言表达式。这一过程称为概念化过程（Dirven & Verspoor，1998/2004：14）。

例如，over 作为一个英语多义词，有着多种意象图式（王寅，2007：182-184）。如在 The balloon is flying over the house. 表达式中，over 的意象图式如图 1 所示（tr ＝ 射体 [trajector]，lm ＝ 界标 [landmark]，st ＝ 路径 [stage]）[1]，意指射体从界标的上方运动的关系。而在 The picture is over the blackboard. 中，over 的意象图式则指射体相对于界标静态居上的关系（如图 2 所示）。由于交际目标不同，使用者会激活存储在心智中的不同意象图式，最后产出不同的语言表达式。

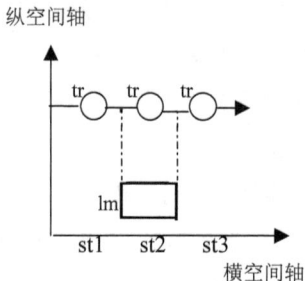
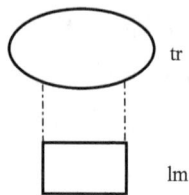

图 1　上方运动　　　　　图 2　静态居上

综上所述，从心理学视角而言，认知语言学认为语言是体验性的概念化意象图式。语言的体验性也成为认知语言学有别于其他语言学理论的基本原则之一。

1　关于意象图式中射体、界标和路径等名词的详细定义，参见本书第六章。

3. 语言是社会性的交际工具（社会学视角）

语言是一种交际工具，这是语言学界不可置否的基本认识。但对于语言这一交际工具的性质，认知语言学有着自己独特的理解。它认为，语言以交际为最终目的，但语言交际知识并不是如生成语法所宣称的先天内在的语言知识。相反，它是由从交际行为中不断概括出的语言构式组成的。"语言结构产生于语言使用"（Tomasello，2003：5），这是认知语言学以使用为基础的基本命题。因此，从社会学视角而言，认知语言学主张语言是一种社会性的交际工具。

语言作为交际工具的社会性主要体现在以使用为基础的观点上。它包含两方面含义：一是语言知识源于语言使用，二是语言知识的目的在于语言使用。这体现出认知语言学的功能主义观点。

首先，语言知识产生于语言使用。一个语言成分能否作为构式存储为人脑中的语言知识，最重要的因素是该语言成分在语言使用中所出现的频率。该语言成分每使用一次，所对应的意象图式就会被激活一次。一旦使用频率满足了特定要求，该语言成分就会固化（Langacker，2009），形成形义配对的构式。例如，ring、the、bell 之所以能成为三个词汇层构式，在于它们的形义配对在多次的语言使用中形成了固化的构式。但是，ring the bell 只有在交际中经过若干次使用、不断强化其形式和意义的联系之后，才能作为一个习语构式在心智中进行独立存储，否则三个词汇只能分别储存，其间不存在相互联系。因此，语言知识的形成离不开语言使用。

其次，语言知识不仅产生于使用，且用于使用，因为语言是以交际为目的的言语行为（Evans & Green，2006：109）。交际行为总是不可避免地发生在特定的社会语境中，对它的理解和使用则取决于具体语境的百科知识。交际双方依靠所使用的具体构式激活一系列百科知识，从不明确的交际内容中推导出说话者的交际意图。例如，要想把握 Cool! 这一语言使用的交际目标离不开既定的语境。因为 cool 一词既可指"凉爽"，也可指"帅气、很棒"等多种意义，对它的理解需要激活与之相关的百科式背景知识。只有凭借具体语境及其百科知识，才能明确该词的具体含义到底是指"凉爽"还是"帅气"，抑或是指舒服的"凉爽"还是"有点寒冷"等，也才能进一步真正理解该语言使用的具体交际目的到底是"称赞天气惬意",还是"暗指关上门窗或空调"等等。语境的社会性也不可避免地赋予了语言这一交际工具浓厚的社会性。

因此,从社会学视角来看,语言是一种社会性的交际工具。语言知识源于语言使用,亦用于语言使用,构成以使用为基础的语言观,强调语言以交际为最终目的。

4. 结语

审视历史上的主要语言学流派,各语言思想都并不否认语言具有形式、意义和功能三方面,其间的核心差异主要在于如何界定语言的形式、意义和功能三者的关系,并将语言的哪一方面视为其研究的焦点。结构主义语言学和生成语法推崇语言的形式,聚焦于脱离意义的形式分析。功能主义语言学则强调语言的社会功能,主张语言是"做事"的一种方式(a form of "doing")(Halliday, 2000)。然而,认知语言学主张语言的意义和形式共同形成构式,二者密不可分。三种观点并不存在你对我错的绝对二分法,而只是研究者试图从语言的不同侧面探究语言的本质,有的研究涉及的面相对较广,而有的则更为集中和聚焦而已,但都是对语言研究不懈追求的尝试。

近年来,认知语言学在国内外都得到长足的发展,逐渐成为当今语言学界一个富有前景的研究热点。从语言学、心理学和社会学三方面分析可以看出,认知语言学视语言为由构式组成的理据性符号系统,是体验性的概念化意象图式,同时还是一种社会性的交际工具。系统认识认知语言学的语言观,有助于我们深刻理解认知语言学与其他语言学思想的本质差异,为恰当评价和运用认知语言学理论提供一个有效的参照框架,尤其为认知语言学的习得观和教学观建构了必要的理论基础。

第二章 认知语言学的语言习得观

1. 引言

　　语言习得观是语言学家对语言习得本质的认识，是语言学理论对"如何习得语言"这一问题的回答。一方面，语言习得观扎根于语言观，而且又充分体现语言观。另一方面，语言习得观是语言教学观的基本根基，为其揭示语言习得本质，对其具有重要的参考意义。语言习得观旨在回答：（1）语言习得产生的前提条件是什么？（2）学习者在语言习得中学习什么？（3）学习者怎么样习得语言？

　　本章从认知语言学的语言观出发，通过借鉴认知语言学的儿童语言习得理论，以及分析第二语言习得实证研究的结果和实例，从语言习得机制、习得对象、习得方式等三个维度系统地阐释了认知语言学的语言习得观。同时，本章还将认知语言学的语言习得观与传统语言学的语言习得观进行了对比，从而进一步突显了认知语言学语言习得观的特点。笔者认为认知语言学视角下的语言习得是：（1）以通用认知能力为机制的概念习得；（2）以具体的形义配对项为对象的理据习得；（3）以反复使用为方式的洞察性习得。

2. 以通用认知能力为机制的概念习得

　　在传统的语言学观念中，语言是人类特有的、独立的认知机制，从而语言习得也依赖人类所特有的语言习得机制。然而，认知语言学强调语言习得过程中认知能力的整体性，反对将语言能力视为独立的认知能力。语言习得是一个基于如推理、监控、记忆等通用认知能力的认知行为，而不是一个完全自主的认知活动。学习者借助通用认知能力感知、认识一门新语言；在此过程中会涉及原有的概念、意义的运用，形成新的意义、概念，即关于新语言的知识。学习者通过概念化，不断地对语言输入进行抽象概括，产生了这些语言知识。因此，认知语言学认为语言习得事实上也是概念习得的过程。

2.1 通用认知能力是语言习得机制

相对于 Pinker 提出的儿童语言习得的两种机制（非常规构式习得机制与常规构式习得联结机制），认知语言学认为语言习得依赖于人们的通用学习机制（刘正光，2009a）。通用认知能力是指人类大脑中关于客观世界的一切感知，包括基本范畴、动觉图式、概念和意义，以及推理、概括、演绎、监控、理解、记忆等一系列的心智活动。语言是对客观世界感知的结果，语言习得、语言使用都属于认知处理的过程。与其他认知活动一样，语言习得属于人类对客观世界（即对一门特定语言）的感知。语言习得同样需要运用通用认知能力对一个特殊的客观事物（即语言）进行认知处理。正如 Taylor（2002：4，转引自王寅2007）指出："语言形成了人类认知的一个不可分割的组成部分，任何对语言现象的深入分析都基于人类认知能力。"因此，认知语言学将通用认知能力视为语言习得机制，认为语言习得过程中通用认知能力有着重要的基础作用。

Croft 和 Cruse（2004：1）提出的认知语言学的三个基本假设中的第一个假设也同样强调了通用认知能力是语言习得的前提条件。该假设认为"语言不是一种自主的认知能力"。这个假设具有两层含义：首先，语言是人类众多认知能力之一；其次，语言这一认知能力与人类其他认知能力有紧密关系。一方面，语言是人类的认知能力，所以人类大脑中语言知识的构成、获得和运用与其他认知活动（如知觉能力、推理能力及运动能力等）之间不存在本质差异。另一方面，语言并不是一种封闭、自主的认知能力，人类需要借助其他通用认知能力，对语言习得、语言使用等过程进行监控。

儿童语言习得的许多研究表明，儿童学习语言和学习其他知识时表现出同样的认知方式与特征。尤其是 Slobin（1997）经过多年研究指出，儿童语言习得是一个非常复杂的过程，需要儿童所有认知能力的共同作用。Diessel 和 Tomasello（2000）发现儿童在习得关系从句时会主动运用通用认知能力中的类比方法，将新的结构与已有结构类比。例如，儿童在语言习得中到了一定阶段会说 Here is a mouse，可是儿童在初学关系从句时会直接将从句置于表语后面，即说 Here is a mouse go sleep。也就是说，儿童在学习关系从句时通过运用通用认知的类比方法，将初学的、较为复杂的关系从句与已掌握的、较为简单的存在句进行类比，从而达到习得目的。

除了语言在本质上与人类认知、记忆、感知、注意力、范畴化和原型化等通用认知能力密切相关之外，语言学习也和人类其他学习过程一样涉及抽象、概括和总结等认知能力。认知语言学研究表明，在语言习得过程中通用认知起了很大的作用。例如，学习者在习得 pull、push 这两个动词意义的区别时，需要调动通用认知中手势、动态活动等认知以促进对这两个单词意义差异的理解，从而达到习得目的（Ellis & Cadierno，2009：122）。再如，人们在学习语言时常常借助抽象化、范畴化等通用认知能力从众多的具体例子中概括、总结出抽象的格式化知识结构，借由抽象的知识结构记住具体语言项目，从而避免随着时间推移而忘记单个例子。这样一来，语言知识就构成一个丰富的相互关联的知识网络，与人类的其他关于世界的百科知识联系起来，形成一个完整的、相互依存的认知系统。

认知语言学将人类通用认知能力作为语言习得机制，认为语言能力是通用认知能力的组成部分，语言学习在很大程度上依赖于通用认知能力，强调整体认知能力。不同于生成语法将语言视为特殊认知模块的观点，认知语言学认为，语言习得过程不是独立发生的，而是客观现实、生理基础、通用认知能力、社会文化等多种因素综合作用的结果。认知语言学的这一主张将其与生成语言学划清了界限。将通用认知能力作为语言习得机制不仅体现了认知语言学的基本假设，同时也提出了语言习得产生的前提条件。

2.2 语言习得是概念习得

认知语言学将意义的形成视为基于身体体验的"概念化"（conceptualization），即"概念形成的过程"（沈家煊，1994）。这就强调了意义与认知之间的关系，使意义、概念结构以及认知有了紧密的联系，并通过使用 concept 的动词化名词突出了意义的动态性（王寅，2007）。另外，Croft 和 Cruse（2004：2）提出的认知语言学第二条基本假设，即"语法就是概念化"，也是对概念结构的更为直接的定义。该假设充分强调了经验的概念化是人类语言认知能力的主要特征。因此，一个语言的语法体现了一个民族体验世界、感知世界、形成概念的过程。那么，语言习得就是学习新的认识世界的方式，形成新的概念结构。

儿童语法习得的研究表明，儿童的语法发展是儿童学习语言时将特殊概念进行编码的过程（郑开春、刘正光，2010）。儿童在习得语言时，他们所有的认知能力共同协作，特别关注说话者的说话意图，即话语的功能及其语义特征，根据自己所接触到的具体语言输入，用自己有限的关于语言形式与意义的知识不停地扩展，努力理解并表达语境中所要求的意义。换言之，在语言习得的初级阶段，儿童主要是通过习得语言的意义，逐渐建构自己的语言知识，从众多的具体语言表达中抽象出较高层次的语言结构。

认知语言学认为，第二语言习得过程就是构建一个新的思维模式、新的概念结构的过程，即 rethinking for speaking（Robinson & Ellis，2008）。这里的 rethink 就说明了对客观世界的重新感知及新的意义、概念的构建。例如，学习者在学习一门新语言的空间介词时往往都会经历从旧的、原有的思维模式转换到新的、重新构建的概念结构的过程。Jarvis 和 Odlin（2000）在他们的一项研究中对比了一语分别为芬兰语和瑞典语的学习者的第二语言英语空间介词的产出情况。该研究发现，在描述同样语境时，芬兰学习者更倾向于使用英语介词on，而瑞典学习者则更多使用了英语介词 in。该研究说明，即使习得同样的第二语言，不同一语学习者会因受其不同的已有概念结构的影响，而不能成功地重新构建（rethink）新的概念结构。因此，成功学习一门语言或一个语言项目需要学习者转换思维模式，建构新的概念结构。

认知语言学提倡语言习得就是概念习得，认为语言习得不是传统语言学所认为的对语言各个不同层面，如词汇、语法、语篇等的独立分开的学习，而是一个对意义、概念的整体性习得过程。认知语言学否定了转换语法以句法为核心的主张，赋予概念以中心地位，强调语言习得过程中的词汇—语法连续体。另外，认知语言学所强调的概念并不是对应于客观世界的简单的真值条件，而是经过学习者主体识解后所形成的新的认知结果。

综上所述，认知语言学将语言习得解读为基于通用认知能力的概念习得，认为语言习得是人类所有认知活动中的一种，而并非是一种依赖特殊语言学习机制的，独立、甚至神秘的认知能力。语言习得是人类基于通用认知能力感知一门语言，通过概念化形成关于该语言的结构知识的过程。因此，认知语言学理论框架下的语言习得是学习者以其通用认知能力为习得机制，学习新的感知世界的方式和新的概念结构的过程。

3. 以具体的形义配对项为对象的理据习得

由于传统语言学更倾向于对语言的形式与意义层面进行较为明显的划分，传统语言学视角下的语言习得包括对语言形式与语言意义两方面的平行学习过程。然而，认知语言学主张模糊语言形式与意义之间的界限，认为语言的基本单位是由形式与意义配对构成的构式。认知语言学视角下的语言习得是以具体的形义配对项为习得对象的理据学习过程。作为语言基本单位的构式并不是学习者语言习得的对象。构式是学习者在习得多个类似的具体形义配对项的基础上，通过学习其形式与意义之间配对的理据而总结出的抽象的语言内在结构。构式的习得是语言学习者所力争要达到的目标。因此，认知语言学认为具体的形义配对项才是学习者语言习得的对象；语言习得是学习形式与意义之间配对理据的过程。

3.1 具体的形义配对项是语言习得的对象

认知语言学认为语言的基本单位是构式，因此语言习得就是构式习得。然而在语言习得过程中，构式不会直接出现在语言输入中供学习者理解和掌握。学习者只有在习得多个类似的具体形义配对项的基础上，通过学习其形式与意义之间配对的理据才能总结出抽象的语言内在结构。学习者在语言输入中真正接触的是"具体"的形义配对项，因此语言习得的对象是具体的形义配对项，而通过习得具体的形义配对项而形成的构式是学习者所要达到的习得目标。

儿童早期习得语言时从具体的语境中，根据交际意图学会具体的话语。这种儿童语言习得所特有的"具体"属性体现在儿童早期语言产出的"保守性"，即儿童往往会坚持使用他们所听到的固定的几个语言形式。Lieven 和 Tomasello（2008：168）称儿童的语言发展可以解释为"基于具体语言项目"的学习模式。他们认为儿童在这样的模式中借由对具体单词或词素的学习，逐渐建立更为复杂抽象的语言结构（构式）。例如，在实际交际中第一次遇到 What is it？时，儿童通常会根据交际情境运用自己的认知能力，判断该句子的意义。他们会把这个句子作为一个整体，用于表达特定的意义。随着儿童在语言输入中发现该句子在不同场景的使用，会逐步抽象出该句子的内部结构。也就是说，儿童逐渐会明白 is 是 be 动词的一种形式，能够理解其形式与意义之间的抽象联系。这种以具体形义配对项为学习对象的语言学习模式在儿童语言学习的各个层面都有所体现（Tomasello，2003）。儿童正是这样逐渐构建起他们的语言知识系统，并在语言运用中，根据具体的交际需要提取并创造性地组合这些已经掌握的构式。

目前认知语言学关于构式习得的研究主要依赖于一语发展的研究成果（李小华、王立非，2010）。第二语言习得研究中关于构式习得的实证研究较少。仅有的一些研究也只集中在习惯用语习得、新造构式（新形式、新意义及其配对）习得等。这些实证研究都证实了第二语言的构式习得路径与第一语言的构式习得呈现出较多的相似之处，但是由于认知发展、语言输入和语言迁移等因素的影响，二者之间也存有差异。Goldberg 和 Casenhiser（2008）总结了有关儿童与成人习得新造构式的研究，发现即使在相当少量输入的情况下，学习者，不论是儿童还是成人，都能够学会新造构式的形式与意义。研究还表明，当整体类型频率（type frequency）和示例频率（token frequency）保持不变时，不对称输入的实验组比对称输入的对照组，能够更为精确地概括构式。他们还特别强调，这是因为儿童语言习得中的语言输入事实上就是一种不平衡的、不对称的输入。因此，在第二语言习得研究中这种不对称输入为学习者提供了多次接触具体形义配对项的机会，从而使学习者能够更快更准确地总结、归纳出抽象的新造构式。

我们可以看出，认知语言学对语言习得的解释与生成语法截然不同。后者主张学习者内在的"语言习得机制"的假设，认为学习者的"语言习得机制"中有最为抽象的"语言规则"；将语言输入视为语言习得的激活器（trigger），只需通过不同语言输入刺激就可以达到语言习得；从而认为语言习得可以在输入贫乏的情况下发生。然而，认知语言学非常重视语言输入在语言习得中的作用；认为学习者首先从充足的输入中习得多个独立的、类似的具体形义配对项，并从中逐渐概括出抽象构式；强调学习者对语言形式与意义的整体习得。简言之，认知语言学与生成语法对于语言习得的解释所采取的是完全相反的视角：认知语言学认为语言习得是从具体的语言形义配对项到抽象的语言构式的过程；而生成语法认为是从抽象的语言规则到具体的语言项目的过程。

3.2 语言习得是形义之间配对的理据习得

形式与意义配对的理据是指语言表达式的形式和意义之间的非任意性联系（Dirven & Verspoor，1998/2004：13）。也就是说，语言符号与其所指意义之间是有理可据的，有动因可循的，不是任意的关系。认知语言学强调形义配对的理据是语言习得的主要内容，认为学习者学习语言并不是简单、机械地接受语言形式与意义之间的联系的过程，而是通过从语言输入中找出语言形式与意义配对的理据，概括出抽象的语言结构的过程。

基于体验哲学的认知语言学主张语言习得是形义配对的理据习得。认知语言学强调认知在现实和语言之间的作用，坚持认知先于语言，决定语言，是语言的基础（王寅，2007：507）。而语言形式与意义之间配对的理据来自人类在对现实世界的感知体验和认知加工的基础上所形成的概念结构，与人们的经验结构、概念框架、认知方式有直接的关系。所以，认知语言学认为，语言习得是学习者不断地感知、认知一门新语言所蕴含的形式与意义之间配对的内在理据的过程。

由于构式可以存在于语言的各个层面，形式与意义之间配对的理据也不仅仅停留在词汇或短语层面，也包括传统语言学中的语法层面。最为普遍的一条形式与意义之间配对的理据是"属于同一个语义群的语言成分通常会在一个语音群中出现"（Langacker，2008a：78）。例如，英语中介词与物体之间的语义关系是通过将这一物体的名词性短语置于介词后来表达的。Condon（2008a）采用认知语言学视角，研究第一语言为法语的比利时大学生英语短语动词的习得情况，发现接受认知语言学教学法（即讲授动词短语形式与意义之间配对的理据）的学习习得短语动词时要明显优于那些没有接受认知语言学教学法的学生。该研究虽为一项教学研究，但说明对语言学习者讲解语言形式与意义之间配对的理据符合他们的语言学习规律，从而实现了较高的学习效率，也从侧面证实了语言学习是形式与意义之间配对的理据习得过程。

认知语言学主张学习者通过习得语言形式与意义之间配对的理据，理解并掌握语言，强调构式的形式与意义的统一表征（Langacker，1987：58），批判生成语法学的"心智与身体分离"的二元论，反对传统语言习得观的形式与意义的分隔。认知语言学坚持认知参与人类感知现实世界的过程，视语言为该过程的产物，强调语言符号遵循"现实—认知—语言"的进展程序，语言符号形式与意义之间有理可据。因此，认知语言学视角下的语言习得便是学习形式与意义之间配对理据的过程。

总而言之，认知语言学指出语言学习是以具体的形式和意义配对项为习得对象，学习形式与意义之间配对的理据的认知活动。学习者在语言输入中体验语言形式与意义的整体性，理解形式与意义之间配对的理据，从中提取抽象的语言结构，掌握语言知识。该主张体现了认知语言学的体验哲学观点，同时也是认知语言学通过形式与意义的整体性所要达到的简化分析方法与统一解释的表现（王寅，2007：14）。

4. 以反复使用为方式的洞察性习得

传统语言学理论认为，语言习得是学习者在了解、掌握各种语法知识的基础上学会使用这些语法知识的过程。语法知识是学习者语言习得过程中的核心内容，因此语言学习是一个基于规则的学习过程，而不是基于使用的学习过程。学习者在这样基于规则的学习过程中所扮演的角色是规则的被动接受者。然而，认知语言学主张语言习得是学习者以语言的反复使用为习得方式、主动参与学习过程的洞察性学习。语言的反复使用不仅说明了学习者要将语言知识应用到真实的语言交际活动中去，还说明了学习者在语言知识的使用过程中会习得新的语言知识。在反复使用语言时，学习者显然要通过积极投入，主动观察语言应用情况，并从使用中总结、归纳出语言知识，即形成学习者的洞察性习得。因此，认知语言学强调学习者在语言习得过程中积极、主动的参与，认为学习者在语言学习过程中是具体语言的使用者，是语言规则的发现者。

4.1 反复使用是语言习得方式

Croft 和 Cruse（2004：3）关于认知语言学的第三条假设是"语言知识源自语言运用"。该假设认为，人类关于语言的语义、句法、形态、音系等的知识结构是在具体的语言使用中逐渐形成的。认知语言学重视语言使用给语言习得所带来的影响，认为学习者通过具体语言的使用，在不同层面上分类、抽象与概括，从而形成语言知识。传统语言学所谓的语法与词汇的知识也正是产生于这一分类、抽象的过程（Bybee，2008）。换言之，认知语言学认为语法知识是在对具体形式和意义配对项的习得和反复使用的基础上，通过学习者抽象、概括而获得的。这里所强调的"反复"是指构式出现的频率。在语言使用中出现频率最高的语言构式容易得到共性特征的强化，成为语言知识的一部分。不管是具体的还是高度抽象的，所有语言知识都来自于语言的反复使用。

儿童语言学习在最初阶段就表现为对成人话语整体交际意图的模仿过程（Tomasello，2003）。他们通过模仿学习（imitative learning）不断地与环境互动，积极地构建语言知识。但这种模仿学习不是简单的效仿（mimicking），而是指学习者知道自己重复行为的目的和功能。研究（Carpenter，Akhtar & Tomasello，1998；Meltzoff，1995；Tomasello，1999；以上转引自 Tomasello，2003）发现，儿童在最小十六个月的时候就已经试图重复成人的具有意图性和目标指向的行为。只有明白话语的交际意图，婴儿才能学会在适当的语境中正确使用语言表达式。所以儿童并不是在简单地效仿，而是在模仿学习中努力地确定语言项目或构式的各种交际功能。这样的模仿可以发生在不同层次，如一个完整的交际行为的整体交际意图，或者是一个语言项目或构式的构成要素的交际意图等。儿童在初期大量的模仿学习中逐渐形成构式的固化，他们在努力理解并重复成人话语的过程中，逐渐发现语言使用中的形式及其所表达的意义，并以此为基础逐渐抽象出语言范畴和话语图式。

在第二语言习得领域，Casenhiser 和 Goldberg（2005）通过研究新造构式的习得发现，语言构式的类型频率及示例频率都对语言习得有直接的影响。他们还发现，反复接触同一类新造构式也能促进其习得效果。因此，认知语言学强调，通过对语言的"反复"使用实现特定语言构式的高出现频率，从而强化对构式的习得。事实上，第二语言习得中的过度概括化现象就说明了语言知识产生于语言的反复使用。例如，英语动词一般过去时的规则变化形式 -ed 比不规则变化形式有较高的出现频率，因为大多数英语动词的一般过去时遵循规则变化。这样高频率的英语动词一般过去时规则变化会强化学习者的感知，形成固定语言知识。所以，当遇到不规则变化动词时，学习者还是会倾向于使用已有的关于一般过去时的知识，从而导致所谓的"过度概括"现象。

可见，认知语言学将反复使用视为语言习得方式的观点与生成语法学和真值条件语义学中的简约主义倾向相对立。生成语法和真值条件语义学追求语法形式体现和意义体现的高度抽象化与普遍化，而把很多语法现象和语义现象都认为是"边缘现象"，并将其排除在研究视野之外。然而，认知语言学正是通过对学习者习得这些"边缘现象"的研究确立了使用在语言习得中的重要地位。认知语言学强调具体语言的使用，及语言知识的出现频率，认为语言习得过程是一个自下而上的递进过程，反对生成语法学所提倡的自上而下的普遍语法论。

4.2 语言习得是学习者的洞察性习得

语言习得是学习者的洞察性习得过程。这里的"洞察性"指学习者在学习语言时的主观能动性。认知语言学的体验哲学观强调人类认知在语言习得过程中的积极、主动的作用，认为人类的语言不是反映客观世界的镜像，而是通过人类认知加工概念化的结果。认知语言学既强调客观世界对认知的作用，又重视主观意识对客观世界的反作用，主张客观世界与人类主体之间的互动性，认为语言是主客观互动的结果（王寅，2007）。

认知语言学重视认知主体在对客观世界进行概念化过程中所具有的创造性和想象力，认为范畴和概念的产生依赖于人类主体与客观世界的互动。认知语言学的这一观点也解释了人类个体以及民族之间的语言差异正是由不同的认知方式、不同的识解过程而导致的。认知语言学认为，语言使用者在对语言表达方式的选择、语言知识资源的利用以及非语言认知资源（如记忆、注意力、规划、百科知识和社会文化等外界因素）的把握方面都有自己的控制。换句话说，人类在学习语言、使用语言的时候会根据自身的认知方式采取主动的措施。

认知语言学的基本观点是，儿童之所以能够与他人交流，是因为他能通过一般的认知技能去模仿、构建和使用语言，最终从以项目词为基础的语言转化为抽象的语言。更为重要的是，在模仿、构建和使用语言的过程中，儿童充分利用自己的通用认知能力，不断推测成人话语的交际意图，建立语言形式与意义之间的联系。因此，认知语言学认为儿童语言习得是通过其自身的积极参与和认知能力的主动应用而产生的。

正如我们在上一节中所述，语言知识产生于语言的使用。这些抽象出来的语言知识中，除了包含丰富的使用语境信息和社会文化信息之外，还包含了学习者识解方式对此的影响。那么，要理解并解释语言习得，我们就有必要了解语言学习者的识解。只有从语言学习者识解的角度考察语习得过程，才能正确把握复杂的语言习得过程。因此，认知语言学强调语言习得过程是学习者的洞察性习得过程，重视学习者在语言学习中的主体作用。

认知语言学从人类的认知和识解的视角分析研究语言结构，打破了以往语言学研究过于注重语言客观性的传统。认知语言学的习得理论与"普遍语法"理论相反，认为语言知识是学习者主动、积极地构建起来的，语言习得主要是依靠认知能力以及学习者与所处环境的互动，而不是依靠与生俱来的语言习得机制（Tomasello，2003）。在认识语言习得过程时，认知语言学注重学习者学习语言时的主体性，反对因语言学习中的客观标准、"本族语"标准等外在强加的因素而忽视主观认识的倾向。这样就充分体现了认知语言学"以人为本"的特征。人的主观能动性在语言习得中得到重视。认知语言学注重用人类的基本认知方式来识解语言习得规律，为语言习得研究提供了全新的视野。

总体而言，以语言反复使用为习得方式的洞察性语言习得体现了认知语言学的基于使用的原则（usage-based），突显了学习者在语言习得过程中的主观能动性。认知语言学反对在语言习得过程中忽略人的认知能力，将人类置于被动状态的观点，提倡语言知识产生于学习者主动且反复的语言使用。认知语言学将语言习得阐释为以语言反复使用为习得方式的洞察性习得再一次印证了认知语学主张主客观之间的互动，同时更加强调人类的主体作用。

5. 结语

认知语言学作为对人类语言认识的一种新范式，具有宽泛的研究范围及不同的理论原则。综合认知语言学领域中各个不同理论，我们认为认知语言学对于语言习得的认识可归为以下三点：语言习得是以通用认知能力为机制的概念习得；语言习得是以具体形义配对项为对象的理据习得；语言习得是以反复使用为方式的洞察性习得。从上述内容不难看出，认知语言学的语言习得观的三条原则并非各自独立、互不相关，而是联系紧密、互相依存。如，第一条中的语言习得就是概念习得既强调了语言形式与意义之间配对的理据的重要性，同时也显示了学习者在语言学习过程中的主动性。因为，概念的形成就是探索语言形式与意义之间配对的理据的过程，而且也是学习者积极主动的参与过程。再如，学习者对作为语言习得对象的具体的形义配对项只有借助通用认知能力，并且通过反复使用的方式才可以概括出语言基本单位——构式，从而逐步实现习得一门语言。简言之，认知语言学视角下的语言习得是以通用认知能力为习得机制、以具体的形义配对项为习得对象、以语言反复使用为习得方式的学习者关于概念和语言理据的洞察性习得过程。

第三章　认知语言学的外语教学观

1. 引言

"教学观（也称教学理念）是教师对教学活动本质与过程的认识、理解以及所持的观点与态度，是教学活动的基本指导思想"（张庆宗，2011：188-189）。教学观指导教师开展教学活动，决定教学的过程和结果。

语言教学观是建立在语言观与语言习得观基础之上的语言教学理念。语言观基于对教学客体的研究，探索"什么是语言？"；语言习得观关注学习主体的学习过程，探寻"如何学习语言？"；语言教学观则探讨教学中各个要素的安排，探究"如何教授语言？"。

确定语言教学观基本原则的关键在于对语言本质与结构的认识，即对语言观的理解（Taylor，2008）。相较于其他语言观，认知语言学对于语言结构的描述更加全面合理，更能揭示语言的本质。它对语言和语言习得的新解读为语言教学带来诸多新启示，可大体归纳为以下三条基本的教学理念：(1) 以构式习得为教学目标，以理据驱动教学过程；(2) 以不对称频次输入为教学内容，以显性教学提升效率；(3) 以体验性与交际性活动为主要教学活动。

2. 以构式习得为教学目标，以理据驱动教学过程

在"以构式习得为教学目标，以理据驱动教学过程"理念的指导下，外语教学的目标是帮助学习者习得各种构式。词汇、多词单位或预制词块（multi-word unit/prefabricated chunk）、语法都属于构式的不同表现形式，均为形式—意义／功能配对项；应特别重视久被忽略的多词单位或预制词块。教学中若能揭示构式形式—意义之间的关系，展现构式意义—意义之间扩展的理据，可使学习过程变得有据可循，促进深层理解和记忆。

2.1 以构式习得为教学目标

由认知语言学的语言观和习得观可知，语言的基本单位是构式（construction），是有着规约关系的形式—意义／功能配对；构式可大可小，可简单可复杂，可具体可抽象。从简单的词汇到复杂的句子均为构式单位；构式是涵盖了从具体词汇到抽象语法的连续体（Bybee，2008：217）。学习者（儿童及成人）通过少量接触语言材料，即可习得新构式（Goldberg & Casenhiser，2008：206）。而二语学习者不成功的原因往往在于没有学到足够的构式（刘正光，2009b：33）。因此，语言教学的主要目标应为帮助学习者熟练掌握语言中的各种构式。

传统外语教学中对于词汇和语法采取两分法，词汇为一个教学重点，语法为另一个教学重点。词汇—语法两分法忽视了词汇—语法连续体中大量的规约性表达（conventional expressions）及表达模式（patterns of expressions），而这些恰恰对于语言的流利程度起重要作用。母语使用者正是因为掌握了大量的规约性表达及表达模式，才可以快速连贯地使用语言（Bybee，2008：231-232；Langacker，2008a：84）。认知语言学指导下的教学以构式为中心，特别重视多词单位（multiword units）或预制词块（prefabricated chunks）的地位（Boers et al.，2010；Broccias，2008；Bybee，2008）。预制词块可大可小，从标准搭配（standard collocations）到样板语言（boilerplate language），可十分具体或部分图式化（允许在某些位置有所选择或变化），例如 lead to、a substantial proportion、speak a language fluently、what I have in mind、I am not referring to …、not even、in principle、ranging from … to …、large chunks of …、as … traditionally conceived 等（Langacker，2008b：28）。目前二语课程材料和真实的母语语料在这方面存在较大差别，例如二语课程材料中短语动词（如 get up、work out 等）出现的频率和重复的次数要远远少于真实的母语语料，且在练习中未得到补足（Alejo et al.，2010）。能将这些词块的组成部分熟练地连接起来同掌握词汇和语法单位同等重要（Langacker，2008a：84），因此词块应成为二语习得教学大纲中的重要组成部分（Bybee，2008：232）。

2.2 以理据驱动教学过程

学习语言需学会识别和运用语言中的构式，识别构式意味着可以将构式的形式与意义联系起来（Goldberg & Casenhiser，2008）。认知语言学认为形式和意义之间的联系并非任意的，而是有据可循的，且语言中的理据性广泛存在，不是边缘或偶然现象（Boers & Lindstromberg，2008a：17）。认知语言学本身为各种语言现象提供了有效的解释工具，能降低语言系统的任意性（Taylor，2008：57）。认知语言学指导下的外语教学倡导探索形式和意义之间建立起联系的理据，寻找规律，因此比传统的教学方法更能拉近形式和意义之间的关系（Littlemore，2009：3）。例如，/sp/ 这一语音特征具有否定含义，因此 spasm、spit、spoil、spite、spleen、spurn 等以 /sp/ 开头的词都带有贬义（同上：23）。再如习语的形式和意义间的理据可以通过词源来解释，如习语 keep a tight rein on someone 源于骑马，骑马时拉紧缰绳，即加强了对马的控制，用在人身上则为加强对人的操控（同上）。此外，在传统教学中，语法被视为一个自治的系统，更看重其结构和形式，语法学习主要为规则记忆；而认知语言学认为"语法结构也有意义"（Langacker，2008c：21），有据可循。例如，在 He hammered the nail into the wall. 一句中，hammer 一词发生了词性转换，由本来的名词转为动词，这一现象可以通过转喻 INSTRUMENT FOR ACTION 来解释，即用 hammer 这一工具表示相关动作。再如语法中的名物化现象：We couldn't prevent the destruction of the town by the enemy. 是从 We couldn't prevent the enemy from destroying the town. 句式转换而来的。动宾短语 destroying the town 表达的动作事件可以名物化，转变为名词短语 the destruction of the town 的理据为概念隐喻 EVENTS ARE OBJECTS（概念隐喻和转喻是人的基本思维方式，分别指用具体简单的概念来理解复杂抽象的概念，以及用事物的某一部分或特征来指代该事物）。

根据认知语言学的范畴观，语言的意义动态发展，以典型意义（具体意义）为中心，边缘意义（抽象／比喻意义）渐渐远离原型，形成一个辐射范畴网。无论是语音、语调、词素、词汇还是语法，所有的构式都存在这样的语义网络（Littlemore，2009）。通过一般认知和经验处理机制，如意象图式转换（image-schema transformation）、概念隐喻（conceptual metaphor）和转喻（metonymy）等，可以建立从典型意义向边缘意义扩展的网络（Boers & Linderstromberg, 2008a: 19）。外语教学中应揭示意义—意义之间的联系，解释意义—意义建立联系的理据，展现语言中意义相互联系形成语义网络的特点（Broccias, 2008: 87; Littlemore, 2009）。具体来讲，对于一些难以掌握的多义词或语法，教学中可以先让学习者熟悉其典型意义，再展示各种意义从典型意义拓展出来的方式，帮助学习者在看似有很大差异的用法之间建立起概念联系（Boers & Linderstromberg, 2008a: 21, 28; Broccias, 2008: 82）。例如，介词 beyond 的教学可以从其典型意义"超出、远于"（如 The road continues beyond the village up into the hills.）入手，通过概念隐喻 ABSTRACT INACCESSIBILITY IS DISTANCE 扩展为"不理解"之意（如 Such philosophical subtleties are beyond my reach.）。此外，还可将意义—意义之间联系的理据作为出发点，通过认知机制的分类来安排学习内容。例如，实证研究表明，在教授短语动词时，可以根据认知理据进行分类，如将 find out、turn out、stand out 等短语动词归为概念隐喻 VISIBLE IS OUT 的类别中，将 look up、show up 等归为概念隐喻 VISIBLE IS UP 的类别中，其记忆效果远优于孤立的、按照字母顺序排列的方法（Boers & Linderstromberg, 2008b）。

　　20 世纪 50 年代，在结构主义和对比分析假说的语言观和习得观指导下，产生了"听说教学法"。这种方法重视结构忽视意义，认为语言学习是对二语形式的习惯养成过程（Robinson & Ellis, 2008: 492-493）。认知语言学指导下的教学理念将形式—意义配对的构式视为语言的基本单位，一方面加强对处于词汇和语法连续体之间的词块的重视，另一方面突显意义的地位，在教学中注重探索形式—意义联系以及意义—意义联系的理据。这种重视词块的教学理念更符合语言的实际特点，且重视理据的理念更符合二语学习者的学习特点。实证研究表明，重视理据的方法可以加深理解，减少死记硬背；促进深度学习，提高记忆和学习效果；还可产生积极的情感作用，帮助建立信心（Boers & Lindstromberg, 2008b, 2008c; Lakoff, 1987/1990; Littlemore, 2009），是"一种比单纯记忆更自然和有趣的过程"（Langacker, 2008b: 15）。

3. 以不对称频次输入为教学内容，以显性教学提升效率

根据"以不对称频次输入为教学内容，以显性教学提升效率"的理念，教学中若优先集中高频呈现某一构式的典型成员，之后低频输入其非典型成员，则可加快该构式的习得速度。语料库可以帮助教师和学习者获得某一构式不同成员在自然语料中使用频率的准确信息，从而确保教学内容符合不对称频次输入的特点。然而，二语与母语的学习和教学存在差别，因此无法仅靠输入来完成所有学习目标。显性教学可以提高学习效率，解决仅凭输入无法解决的一些问题。

3.1 以不对称频次输入为教学内容

认知语言学基于使用的语言习得观否认天赋语言习得机制的存在，认为语言学习同其他科目（如数学、地理等）的学习无本质区别；通过通用认知机制（如类比、归纳概括、记忆、注意力等）自下而上地学习语言。因此，语言输入频率和方式对语言学习影响很大（Hudson，2008）。Goldberg 和 Casenhiser（2008：197）指出："构式形式—功能配对的习得基于输入。"一方面，输入频率决定构式习得的速度。某一例子出现频率越高，越容易被习得（Bybee，2008）。另一方面输入分布与顺序决定构式习得的效率。实证研究证明，与对称频次输入（balanced input）相比，不对称频次输入（skewed input）可加快新构式的学习；如果优先呈现目标构式中出现频率最高的成员，学习、概括构式的速度则更快；此外，训练中应排除目标构式以外的其他构式，否则会阻碍目标构式的学习（Goldberg & Casenhiser，2008）。其中，不对称频次输入是指输入中目标构式典型成员的出现频率大于非典型成员，对称频次输入指所有成员出现的频率相当。事实上，通常情况下自然输入即为不对称频次输入，构式的典型成员或语义原型出现频率最高。Goldberg 等（2004）根据 CHILDES 中的 Bates 语料库进行统计，发现母亲对儿童的话语语料中，Subj V Obj[1] 构式共涉及 39 种动词，其中以 go 为例的语料占 39%。然而自然输入不会优先呈现该构

1　Subj、V、Obj 分别表示主语、动词和宾语。

式的高频成员，而且其中充斥着各种其他构式的干扰（Goldberg & Casenhiser，2008）。

由此，二语教学可以得到如下启示：通过调整目标构式的输入频率、分布和顺序来加快构式的学习。换言之，输入也应分级（graded input），先呈现大量典型成员，掌握后再输入非典型成员；典型成员高频重复，非典型成员低频呈现（Broccias，2008；Bybee，2008）。典型成员是学习某一构式的出发点，学习者以此作为类比的基础；呈现某一构式的各种成员则可帮助学习者掌握构式的结构，更有创造性地使用该构式（Bybee，2008）。因为自然输入多为不对称频次输入，所以教学中应尽量为学习者提供日常交际中使用的、纯正的语言材料，保证输入符合自然频次分布（Bybee，2008：233；Robinson & Ellis，2008：14）。但自然语料无法保证优先输入的是目标构式，而且其中混杂了目标外构式，因此，可以辅以语料库来设计输入语料。语料库语言学具有以大量真实的语言数据为基础、自下而上分析语言、以多词单位 / 预制词块为重点的特征。这些特征与认知语言学基于使用的观点、语言知识源于语言使用、将词汇和语法视为统一连续体等观点相契合（Meunier，2008）。教学中若利用语料库作辅助，可以实现目标构式的优先和不对称频次输入。以学习构式 Subj V Obj Obl（path/location）[1] 为例，据语料库（Bates corpus from CHILDES）统计，该构式共有 43 种动词类型，其中动词 put 的语料占据所有语料的 38%；教学中，可优先高频集中呈现以动词 put 为代表的 Subj V Obj Obl 构式（如 He put the pan on the stove.），待掌握后，再输入以其他动词（如 lay、place、set）为例的构式（如 He laid/placed/set the pan on the stove.）；此外学习过程中若能避免掺杂其他构式，例如 Subj V Obj（She went to Paris.）或 Subj V Obj1 Obj2[2]（She gave him an envelope.），则构式 Subj V Obj Obl 的学习效率最高（Goldberg & Casenhiser，2008）。

3.2 以显性教学提升效率

由于各种干扰因素的存在，二语习得和母语习得存在诸多差异，学习者

---

1 Subj、V、Obj、Obl (path/location) 分别表示主语、动词、宾语和间接格（路径 / 方位）。
2 Subj、V、Obj1、Obj2 分别表示主语、动词、宾语 1 和宾语 2。

无法像母语习得那样完全依靠不对称频次输入来学习二语（Robinson & Ellis，2008）。Boers 等（2010：8-9）认为决定外语学习的要素有：输入频率、注意程度、目标项目的复杂程度等。输入频率越高，越容易导致偶然学习；能够注意到二语的形式或母语和二语的差别是习得的前提条件；二语目标项目的复杂度和母语背景有关，若二语目标项目有可能受到母语迁移的负面影响，则复杂度高、较难习得。

在外语学习的输入材料中，高频构式的输入频率往往远超偶然习得的需要，而低频构式的输入频率无法满足偶然学习的条件，因此学习低频构式需要更多努力（Bybee，2008：233）。通过额外的显性练习可以促进低频率构式的学习（Ellis & Robinson，2008：14）。然而，即使有足够的输入频率，二语学习者也远不如本族语者成功，原因在于已养成的注意（noticing）习惯使二语学习者注意不到二语与母语的不同之处，因此完全依靠自下而上进行归纳、概括的方法无法让学习者高效地习得二语（Bybee，2008；Robinson & Ellis，2008）。学习者还需摆脱母语迁移的负面影响，克服母语的识解[1](construal)习惯，学习新的识解方式，因此需要通过显性教学中的解释、对比等方式，明确指出二语同母语的形式差别，以及二语识解的不同特点。相比其他语言观，认知语言学提供了目前最为准确、系统和完善的语言模型，能帮助教师更好地进行显性教学（Tyler，2008）。Littlemore（2009）曾系统指出，可直接比较和对比两种语言的异同；呈现不同语言的语音、词汇、语法的典型与非典型意义构成的范畴辐射网；利用图示来帮助学习者体会情态动词、介词的意象图式；选取高频出现或者体现文化价值观念的核心词，讨论其背后的百科知识和文化脚本；分析对比认知理据（隐喻和转喻等），培养学习者注意语言中的各种概念隐喻和转喻现象的习惯等（Littlemore，2009）。

例如，教师可用图表来呈现不同语言切分空间范畴的异同，给学生明确指出差异所在（见表 1，引自 Littlemore，2009：30，笔者有所修改及调整）。又如，教学中对比分析英汉两种语言中关于"手"的习语的认知理据。二者的相似之处在于英语中有转喻 HAND FOR THE PERSON，汉语中有"手替代人"；相应

1　不同的识解指人们"看待事物的不同方式"（ways of seeing）（Evans & Green，2006：467）、"不同的解读"（different interpretations）（Tyler，2012：29），"取决于说话者对经验进行概念化的方式"（how the speaker conceptualize the experience to be communicated）（Croft & Cruse，2004：19）。

表1　不同语言切分空间范畴和相应介词的异同示例

	A cup on a table	A plaster on a leg	A picture on a wall	A handle on a door	An apple on a branch	An apple in a bowl
English	On	On	On	On	On	In
Japanese	Ue	Ni	Ni	Ni	Ni	Naka
Dutch	Op	Op	Aan	Aan	Aan	In
Spanish	En	En	En	En	En	En
Chinese	上	上	上	上	上	里

的英语习语有 the hidden hand、one's right hand、factory hand，汉语习语有"幕后黑手"、"得力助手"、"人手"。不同之处在于英语有转喻 HAND FOR SOCIAL STATUS，相应习语为 to marry the left hand（与地位低的人结婚），汉语中则没有此类转喻和相应表达。教师通过显性分析和对比，可以引导学习者注意到两种语言的异同，有助于学习者总结和归纳。再如教师教授 must、can、may 及 need to 等情态动词时，可以借用力动态图式理论来帮助学习者体会情态动词的意义。下页图1为 must 和 can 的示意图（引自 Tyler，2012：106-107）。大的人形代表外界力量和权威，伸开的胳膊及行为主体头脑中的斜线代表内部力量，行为主体胳膊上的肌肉代表身体能力。must 的示意图表示强有力的外界权威将不可抗拒的力量施加于行为主体身上。can 的示意图表明行为主体有能力并且知道应该如何去行事。借助图示可以直观显示各种情态动词意义之间的细微差别，帮助学习者深层次理解和运用。如果仅凭输入，学习者难以很快地、形象地体会到这些隐含的意义。

　　20世纪60年代，随着生成语言学派的语言观和中介语、自然习得顺序等二语习得概念或理论的出现，奉行"不干预"理念的自然法、沉浸法等教学方法应运而生（Robinson & Ellis，2008）。这些教学法以"可理解的输入"理念为指导，采取"不干预"政策，鼓励二语学习者模仿母语习得方式，从输入中通过偶然学习的方式习得二语。这些方法能有效提高输入能力（听、读），然而最终习得成效有限，特别是对输出能力（说、写）帮助不大（Robinson & Ellis，2008）。原因在于二语习得和母语习得之间存在差异，二语学习者受到母语的影响，无法完全隐性学习二语。认知语言学视角下，以不对称频次输入为教学内容的教学理念较为明确地指出输入频率和顺序的特点，能够最大限度地促进偶然学习。同时，显性教学可以弥补输入不足、注意不到、学习者缺乏概括归纳经验和缺乏对二语识解差异的了解等问题帮助学习者在脑中尽快建立起丰富的语言网络体系（Hudson，2008；刘正光，2009b）。与自然法等"不干预"理念下的教学方法相比，结合优化输入和显性的方法能更好地提升学习效率（Tyler，2008）。

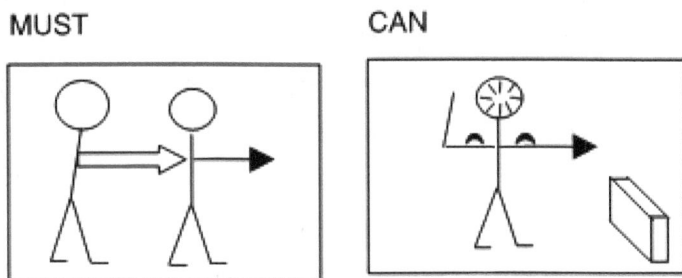

图 1　情态动词 must 和 can 的示意图

4. 以体验性与交际性活动为主要教学活动

"以体验性和交际性活动为主要教学活动"的教学理念提倡通过使用身体或手势等方式来体验语言的概念化特点，辅以学习者的自主探索，来获得对语言的深层次理解和记忆。基于使用的语言观决定了认知语言学主张以交际活动为教学基本活动，让学生在真实的语境下、在完成交际任务的过程中学习和使用语言，同时获得深层次文化、语用及社会信息。

4.1 以体验性活动为主要教学活动

认知语言学的哲学基础为体验哲学（Lakoff，1987/1990；Lakoff &

Johnson，1999)，认为人类认知不是对客观现实的直接镜像反映，人的身体是认知与客观世界两者之间的媒介，这是认知的体验性；语言是人类认知的一部分，因此也是体验性的；语言学习是一种认知过程，同样也具有体验性 (Holme，2011)。语言和语言学习的体验性为语言教学带来如下启示：

(1) 教师通过课堂展示，指导学生使用手势或其他肢体动作去体验语言概念化的方式 (Littlemore，2009)。认知语言学认为意义的建构以身体为基础，语言意义及其符号化模式皆来源于体验的经验，如果在动作、手势和意象中重现这些结构，激活动作和语言的联系，将会有利于理解和记忆 (Holme，2011：52)。这与曾经流行的全身反应法 (Total Physical Response) 的观点相一致 (Littlemore，2009：145)。例如，使用手势来区别介词 across、through 及 over 的意义："手平放、手掌向下平扫过地面"表示 across，"手展开、胳膊向上拱起越过某物"表示 over，"手用力向前推"表示 through。这些练习能帮助学习者悟出介词背后的意象图式 (Holme，2011：59)。也可以在教学中使用戏剧表演，学习者边演边说；或者使用哑剧表演，一部分学习者表演剧本情节，另一部分学习者描述经过，以此建立意义和动作之间的联系 (同上)。

(2) 教师除了直接显性教授语言规律外，还应呈现语言材料，鼓励学生主动去发现、归纳及运用其中的规律。这种自下而上、自我探索式学习，能让学习者参与意义建构，也是体验语言概念化的一种方式。在此过程中，学习者自主学习能力不断提高，同时享受由此带来的积极情感体验 (Boers & Lindstromberg，2008a；Littlemore，2009)。具体来讲，可在教授构式的过程中，要求学生自己建立语义辐射网络，摸索意义之间联系的理据，或在实践中总结构式的不同用法 (Littlemore，2009)。例如，英语中的致使构式，也称作与格 / 双宾语 / 双及物构式 (the cause to receive construction, also dative/double object/ditransitive construction)，对于学习者来说是一难点。Goldberg (1995) 指出，该类构式形成一个语义网络，核心意义为"施事者使受事者成功地收到某事" (如 give/hand/pass/bring somebody something)，扩展意义有："施事者使受事者能够收到某事" (如 permit/allow somebody something)、"施事者采取行动使受事者在未来收到某事" (如 leave/reserve/bequeath somebody something)、"施事者有意使受事者收到某事" (如 build/bake somebody something) 及 "施事者满足一定条件，使受事者收到某事" (如 guarantee/promise somebody something) 等。Tyler

（2012）介绍了基于认知语言学理念的教学步骤。实证研究结果显示，认知语言学的方法比传统的基于规则的、以动词为中心的方法更加有效。首先，由教师将该构式的核心意义和各种扩展意义通过幻灯片图示和动画展示给学习者，请学生将核心意义填入多义网络图中相应的位置上，之后学习者根据语义网络图对具体实例进行分析，判断是否合理并给出理由。最后教师组织课堂讨论，进行总结和讲评。区别于完全由教师显性教学的方式，该方法在教学过程中要求学生主动参与，分析和建构语义网络系统。在此过程中，学习者自主学习能力不断提高，同时享受由此带来的积极情感体验（Boers & Lindstromberg，2008a；Littlemore，2009）。当然，在学习者自主探索、归纳和运用的基础上，教师必须辅以显性指导，给予引导和反馈，帮助学习者认识和总结凭自身不易探索出的规律。

4.2 以交际性活动为主要教学活动

基于使用的语言观认为"语言结构产生于语言使用"（Tomasello，2003：5）。语法规则是人们在语境中，通过对具体语言的接触和使用，不断抽象概括总结出来的，因此在语境中教学是加快学习的最好办法（Maldonado，2008：191）。Holme（2012）也提倡在教学中设计有意义的交际活动，为学习者提供大量有语境的输入和输出，学习者在完成交际任务时既能学习形义配对的构式，又能从与目标语言接触的机会中获得相应的社会和文化信息（Holme，2011）。例如，在帮助学习者学习运动事件（motion events）[1] 时，教师提供有故事情节的 DVD或者图画书（材料中只有场景，没有语言描述），要求学习者观看后用目标语叙述故事情节（描述故事中的一系列动作和事件）。接着，教师提供母语者的叙述供对比参照，并解释母语者对故事中运动事件的识解方式及选取的语言表达形式。这样，一方面提供了纯正的、有语境的输入材料；另一方面，讲故事

---

1 运动事件中涉及参与者/物体"移动的方式及运动的路径"（Tyler，2012：43）。英语中运动的方式通常包含在动词中，动词后跟着一个介词短语表示路径，如 The bottle floated into the cave，其中 float 表示运动的方式，into the cave 表示运动的路径。而不同的语言在运动场景的表述中有不同的习惯，例如西班牙语将运动和路径融合在一起，而将方式单独用一短语来表示：La botella entro a la cuevo flotand，用英语来表述则为：The bottle entered the cave floating. 英语和汉语在运动事件的表达上仅部分相同。

这种真实的交际情景为学习者提供有意义地使用语言的机会。以上例子中的交际活动难度相对较低，目前二语习得及外语教学领域的重要趋势之一是设计交际难度逐级增加的交际任务。在初级阶段，设计学习者可预先准备的简单交际任务，之后逐渐过渡为不可预先准备的复杂的交际内容。初期由于信息和任务简单，学习者的注意力主要放在二语语言要素上，随着交际难度的逐级增加，学习者的注意力逐渐转向任务本身，从而促进语言要素的自动化及语言能力的发展（Boers et al.，2010；Robinson & Ellis，2008）。

　　认知语言学指导下的教学观强调语境与语言使用的作用，突显语言的交际功能，这一原则与近年来倡导的内容教学法、沉浸法及任务教学法等教学法的观点相似（Robinson & Ellis，2008）。然而它与上述教学法还有诸多不同之处。认知语言学的教学观虽强调输入的重要性，却未淡化显性和形式教学，认为最优方式是显性和隐性教学的结合（Cadierno，2008：263；Littlemore，2009；Tyler，2008），在该理念上与基于形式（focus on form）的教学法有一致之处（Cadierno，2008：264）。此外，认知语言学的体验哲学思想强调体验性，教学中重视学习者通过身体及手势体验或者自主探索语言的意义，与传统的教学方法相比，充分发挥了学习者的主体性，使学习过程更加深入和有趣。

5. 结语

　　结构主义语言学派将语言视为一个符号系统，强调语言符号的任意性和规约性。相应的教学流派（听说法、视听法等）重视语言的结构和形式，忽视语言的内容和意义，认为语言学习是习惯养成的过程。生成语言学派认为语言是一个独立的、自治的逻辑系统，是人类大脑中独立的认知机制。相应的教学流派（认知教学法）强调对语言规则的学习，不重视语言的使用及语言的社会性。系统功能语言学派重视语言的社会性及功能性，认为语言是社会交往的工具，语言系统是人们在长期交流中为实现各种不同的语义功能而逐渐形成的。相应的教学流派（交际教学法、活动教学法等）重视培养交际能力，强调意义的交流和交际的达成，但忽视形式的作用。认知语言学则兼具认知性与社会性，认为语言既是认知的（它源于人类认知世界的方式），也是社会的和文化的（它存在于人类社会中，是文化的载体，并且在代代相传中不断被改善）（Holme，2011：10）。认知语言学虽未创造出全新的教学流派和方法，但在它的教学观指导下，语言教学可以兼顾语言的形式、意义和功能，综合已有教学方法的优势，提高学习和教学的效率。同时认知语言学的强大解释力，可以帮助教师在教学中更好地解释许多曾经难解的语言现象，提升教学的效果（Taylor，2008）。然而，这也对语言教师提出了一定的挑战。教师若想得心应手地运用认知语言学的研究成果，应对认知语言学的相关概念有所了解，并愿意学习和尝试新方法。

第二部分　教学篇

多义实词教学

介词教学

时态教学

情态动词教学

习语教学

句式教学

教学篇主要从词汇（第四章多义实词教学、第五章介词教学）、词法（第六章时态教学、第七章情态动词教学）、短语（第八章习语教学）及句法（第九章句式教学）四个层面入手，初步探讨认知语言学在教学实践中的应用。每章始于对认知语言学相关理论的精要概括，然后从"互动体验"角度，探讨这些理论对相关语言现象的解释，最后从"认知加工"角度，提出将其应用于二语教学的建议，每章附录部分提供了详细的教学示例。

教学篇共分为六章。在第四章多义实词教学及第五章介词教学中，我们重点探讨了原型范畴理论、意象图式及概念隐喻理论对词汇教学的启示，并提出了具体的教学建议；第六章时态教学中，对时态教学的探讨主要应用的是识解理论及心理空间理论；第七章情态动词教学的讨论重点是范畴理论、意象图式及心理空间理论在情态动词教学中的应用；第八章习语教学探讨的是概念隐喻理论在习语教学中的应用；句式是最典型的"构式"，因此第九章句式教学重点讨论的是构式观及其在二语教学中的应用。

教学篇的目标是衔接理论与实践，为老师们提供实用的教学建议或思路，因此语言力求简明扼要、浅显易读。另外文中概念及术语往往有不同译法，教学篇取的是相对接近汉语习惯的版本，为方便老师们查阅，一般都已附上原文。将认知语言学应用于英语作为二语教学的实践目前还处在探索阶段，因水平有限，我们的目标不一定能达到，诚恳地希望老师们批评、指正。

第四章　多义实词教学

1. 引言

　　一词多义是语言中的普遍现象（Lyons，1995）。往往越常用的词，其词义越多，如英语中的 hand、head、hold 等等。多义词的教学也因词义数目较多而变得相对复杂，因为词汇的习得需要丰富的语境，而每一种词义都需要在不同的语境中习得。因此多义词教学就成为外语词汇教学的重点和难点。尽管多义词在词汇教学中有着举足轻重的地位，但长期以来并未受到足够的重视，教学效果也不尽如人意。国内外研究均表明，即便是高水平的外语学习者，在多义词的使用上也存在明显问题。

　　近年来，不少学者提出，认知语言学对多义词的解释很有新意，打破了传统理念，为二语教学提供了新思路；还有不少人进行了有益的教学尝试并取得成功。有鉴于此，本章将探讨如何将认知语言学理论应用于多义实词的教学，旨在为广大二语教师提供词汇教学参考。本章包括以下部分：第一节是引言。第二节分析二语多义词习得与教学现状。第三节探讨对多义词的认知解释。第四节提出运用认知理论进行多义实词教学的建议。附录部分是具体的教学示例。

2. 二语多义词习得与教学现状分析

　　多义词的习得对语言学习者，尤其是外语学习者来说，一直是个难题（Csabi，2004；Tyler，2008；Tyler & Evans，2004）。国外一些学者（例如，MacArthur & Littlemore，2008）的研究发现，即使是生活在目标语国家的高级外语学习者也多使用词语的基本义（原型理论下称作原型义），而回避使用其比喻义（引申义）。国内学者也发现类似的问题。例如，学习者根据语境推测多义词义项的能力比较弱；对多义词各义项的习得不均衡，对核心义项的掌握比边缘义项要好得多；不了解多义词义项之间的理据和语义网络，大多靠死记硬背记忆多义词在词典中所列的前三个义项（曹巧珍，2010；李佳、蔡金亭，2008；瞿云华、张建理，2005；吴旭东、陈晓庆，2000；张绍全，2009）。学习者出现的这些问题大都与教学方法不当有关。

例如，Mondria 认为，让学生根据语境猜词很可能事倍功半（引自 Verspoor & Lowie，2003）。设想让一个学生从语境中猜测一个生词的词义，学生可能花费了很多时间，还猜不对。如果由教师直接告知，既节省时间，又具有准确性，这样更利于长时记忆。曹巧珍（2010）发现，在我国英语词汇教学中，教师在处理多义词时，一般采取两种方法：一种是遇到一个讲一个，只简单地介绍一个词在特定语境中的含义。另一种是老师往往把关于某词的常见义项一次性介绍给学生，这些义项没有主次轻重之分。前一种做法让学生每遇到一个新的语境就得学一个新词。而后一种做法关于一个词的信息太多，太零散，造成学生记忆负担太重，难以编码，使得信息很容易从短时记忆中自然流失掉，而进入不了长时记忆，学习效果自然不会好。张绍全（2009）指出，我国对于多义词的传统教学，要么要求学习者死记硬背各个义项，要么要求他们根据语境去推测义项。死记硬背是耗时且低效的学习方法；猜测词义成功的少，失败的多，浪费了时间，还挫败了学生的学习积极性。

导致教学方法不当的原因可能不止一个。Morimoto 和 Loewen（2007）认为，其中最重要的是教学理念问题。在传统语言学观念的影响下，人们都认为多义词的各个义项之间的关系是任意的、约定俗成的，教师只能单个地教授，学生只能单个地学习，没有什么捷径可走。

认知语义学（如 Lakoff，1987/1990；Taylor，1999）认为，多义词各义项之间的关系既不是任意的，也不是约定俗成的，它们之间的关系具有系统性、理据性。不少实证研究表明，运用认知语言学框架，采用显性方式教授多义词，成效显著，有利于学习者对多义词的理解、记忆，以及使用信心的培养。例如在 Csabi（2004）等的研究中，教师向学习者分析多义词义项延伸的路径，并强调核心义项与其派生义项之间的认知理据，结果是，学生能更好地习得多义词。由此可推测，认知语言学提出的多义词义项的理据性很可能成为提高多义词教学质量的一个突破口。

3. 多义词的认知解释

认知语言学认为一个词项代表了一个复杂的范畴。它有多个相关的义项，其中有一个为典型义项，其他义项则通过隐喻、转喻等认知机制衍生而来。这些义项通过范畴化联系起来，构成一个网络（Gibbs & Matlock，2001；Langacker，2000）。Lakoff 和 Johnson（1999）指出，运用原型理论、隐喻、转喻等可以较好地解释多义词形成的原因及其义项之间的关系。

3.1 原型范畴理论与多义词

根据 Rosch（1978）的原理范畴理论，一个多义词就是一个由这个词的各个义项所组成的范畴。在这个范畴中，各成员的地位是不平等的，范畴中的成员以辐射的形式束集在一个或几个原型成员周围。其中，最基本、最核心的那个义项被称作"核心意义"，其他意义均是通过某种认知机制由核心意义派生而来的"引申意义"。

3.1.1 多义词的核心意义

多义词的核心意义就是多义词意义范畴中最具代表性的那个意义，即基本义。Taylor（1989/1995/2003）认为，其典型义项往往是人们首先获得的，也是语符最原始、最基本的义项，语义范畴就是围绕这个典型义项不断扩展而逐步形成的。多义词的典型意义是其他意义的派生之源。因此确定多义词的典型意义是理解多义词意义的第一步。

根据 Dirven 和 Verspoor（1998/2004），确定核心意义的方法主要有三种：

（1）经验法，如说到某词时，人们首先会想到的那个意义；
（2）统计法，多义词中使用频率较高的那个意义；
（3）扩展法，可成为扩展出其他意义的基础的那个意义。

如当人们听到 fruit 一词时，更多想到的是涵盖苹果、香蕉的"水果"，而不会想到"子女"、"收获"之义。同时我们发现"水果"义项使用频率较高，这个意义也是引申出其他意义的基础。又如 break 一词，其核心义项是"打破、打碎"，它是其余义项（如"骨折、割破、打断、违反"等）延伸的基础。

3.1.2 多义词的引申意义

认知语言学认为，作为范畴的成员，多义词的意义是随着人类社会的发展而不断演化的。其核心意义是最早产生的，而其他意义是在核心意义的基础上通过隐喻、转喻等机制派生而来的。

Lakoff（1987/1990）总结了多义词引申意义的三种结构：链锁式、辐射式，以及链锁与辐射相结合的方式（如图 1 所示）。

(1)A ⟶ B ⟶ C ⟶ D ⟶ E　etc.

(2)

$$A$$

B　　C　　D　　E　etc.

a　b　c　etc.

(3)A ⟶ B ⟶ C ⟶ D ⟶ E　etc.

a　b　c　etc.

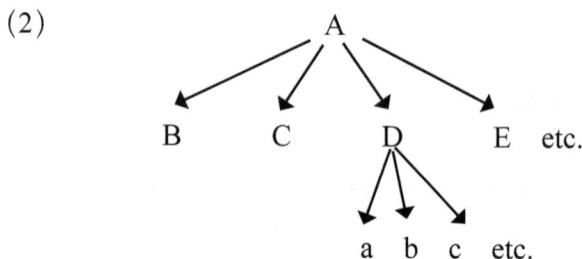

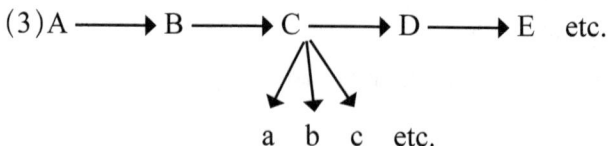

图 1　多义词引申义的结构类型

在图 1（1）中，多义词意义由意义 A 扩展到意义 B，再由意义 B 扩展到意义 C，再到意义 D、意义 E，依此类推。所有的意义呈一条链锁状，因此称作链锁式结构。在该结构中，意义 A 是其他所有意义扩展的基础，因此是这个多义词的核心意义。Taylor（1989/1995/2003）考察了以下各句中多义词 climb 的意义：

(1)　The boy **climbed** the tree.

(2)　The locomotive **climbed** the mountainside.

(3)　The plane **climbed** to 30,000 feet.

(4)　The temperature **climbed** into the 90s.

(5)　The boy **climbed** down the tree and over the wall.

(6)　We **climbed** along the cliff edge.

(7)　John **climbed** out of his clothes.

Taylor 认为，句（1）中的 climb 包含以下意义："人与树接触，从低往高，使用四肢，相当费劲。"这一意义是本族语者使用最多的 climb 的意义，因此是 climb 的原型意义，而在句（2）中，火车爬山与男孩爬树有相似性：(a) 从低往高；(b) 男孩是靠四肢与树的接触往上爬，火车是靠车轮与山地上的轨道接触往上爬；(c) 速度不会很快，也比较费劲。但是句（3）中的 climb 只剩下了"费劲"和"往上"的意义了。句（4）中的 climb 除了有"往上"的意义外，还有"逐渐减慢"的意义。以上例证表明，动词 climb 确实可以提取出一个核心意义"往上"。但（5）—（7）句中就没有"往上"的意义了，主要包含"费劲"的意义。在 Taylor 看来，将多义词 climb 各义项联系起来的是意义链，因此由 climb 以上各义项所组成的语义结构可以表示为：

图 2　多义词 climb 的词义结构图

在图 1(2) 中，由意义 A 衍生出意义 B、C、D、E，且意义 D 又派生出 a、b、c 等意义，所有意义组成的结构以意义 A 为中心发散开来，呈辐射状，因此称作辐射式结构。廖光蓉（2005）分析了多义词 exchange 的各词义间的关系模式，指出，exchange 的以下各词义构成一个辐射式结构，其结构可表示为图 3。

（1）交换（原型义）

（2）电话局

（3）交火

（4）交谈

（5）交易所

（6）专营店

（7）票据

（8）职业介绍所

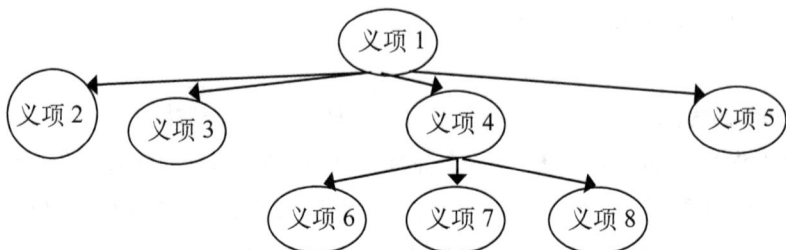

图3　多义词 exchange 的词义结构图

　　而在图1（3）中，多义词的意义的结构为链锁式与辐射式相结合。大多数多义词的结构属于这种链锁式与辐射式相结合而形成的语义网络，如根据《牛津英语词典》，动词 crawl 一词有以下主要意义：

（1）（人）爬行；

（2）缓慢移动；

（3）（故意）低下身子；

（4）（昆虫等）爬行、缓慢移动；

（5）爬式游泳、自由式游泳；

（6）卑躬屈膝、谄媚、拍马屁；

（7）（地点、场所）爬满（昆虫等）、挤满（人）；

（8）毛骨悚然、起鸡皮疙瘩。

其中，义项 1 是 crawl 的核心意义，其他意义都是以义项 1 为核心而派生出来的引申意义，所有这些义项组成一个语义网络，可以表示如下：

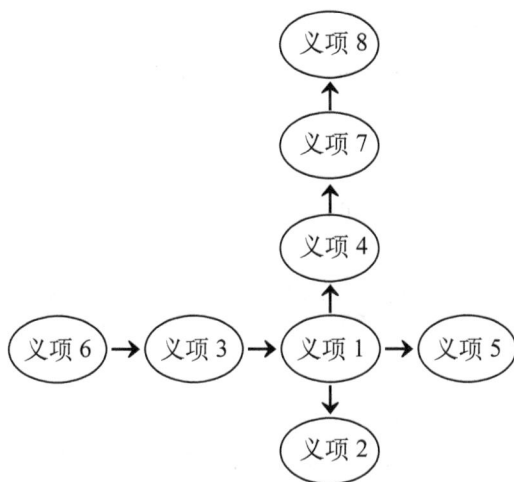

图 4　多义词 crawl 的语义网络图

3.2 隐喻与多义词

认知语言学认为，隐喻是多义词衍生义项形成的主要因素。Ullmann（1962）指出，隐喻是"词义产生的主要理据，是表达的机制，是同义和多义的来源，是强烈感情的释放口，是填补词汇缺口的方法"。Sweetser（1990）也指出，一个词的词义发展多半是隐喻使用的结果，一个词一经产生，语言使用者在大多数情况下会使用隐喻使其基本意义得到不断的扩展和延伸。隐喻的认知基础是相似性和人的经验。多义词词义的衍生主要是基于隐喻的认知基础。如人们把"人生"（life）比作"旅行"（journey）；把"辩论"（argument）比作"战争"（war），这些都是基于相似性。下面我们以多义词 ring 为例来看隐喻是如何在多义词的词义衍生过程中起作用的。

ring 一词作名词时主要有以下意思：

（1）circular object 圆形物体

（2）circular entity 圆形实体

（3）circular mark 圆形标记

（4）circular piece of jewelry 圆形首饰

（5）arena 圆形表演场（或竞技场）

（6）group of people operating together（尤指秘密的或非法的）团伙、帮派、集团

Langacker（1988）将 ring 一词的语义网络图表示为：

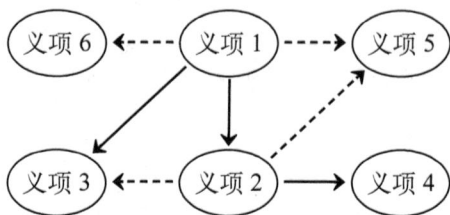

图 5　多义词 ring 的语义网络图

ring 的核心意义可以用扩展法来确定。从 Langacker 所提供的 ring 一词的语义网络图，我们不难看出它的第一个义项是其他各义项扩展的基础，因而可以判断义项 1 是 ring 的典型义项或核心义项。各义之间的联系具体体现在：圆形实体（义项 2）、圆形标记（义项 3）和圆形表演场（义项 5）与圆形物体（义项 1）具有很高的相似性，因此是以义项 1 为基础通过隐喻扩展而来的。而圆形实体（义项 2）又可具体化为圆形首饰（义项 4）。义项 6"团伙、帮派、集团"是指由特定的人组成的"小圈子、小团体"，也具有圆形物体（义项 1）的主要特征，是一种感知上的相似性（张绍全，2009），因此也是由义项 1 通过隐喻扩展而来的。

3.3 转喻与多义词

转喻是多义词扩展的另一个主要的认知机制。转喻扩展词义的途径主要是通过强调或突显同一认知域或同一框架结构中的一个成分实现的。如 head 的基本意义是"头"，但它通过转喻映射形成义项：mind or brain（突显"头"的一部分，即大脑）。再如，tongue 的本义是"舌头"，但可以引申指"语言"。

人的"舌头"是语言产生的工具，因此两者处于邻近关系。crown 一词的典型义项是"王冠"，由于它与国王、王权处于邻近关系，且它具有突显特征，于是便获得"国王、君主、王权"等义项。

Taylor 把这种由转喻实现的一词多义现象称作"视角化"（perspectivization）。他认为，一词多义是因视角不同而使得同一概念结构中的不同成分得以被强调或突显而实现的。如"电视"一词在不同语境中有不同的意义：

（1）他买了一台电视；

（2）他打开电视；

（3）他在看电视；

（4）他在修电视；

（5）他主修电视专业；

（6）他是电视名人。

在以上六个例子中，"电视"一词分别突显并指称的内容是：电视机、开关、电视节目、电路和元件、电视传播技术和电视传播界。这种突显关系体现了转喻中的两个概念之间不是任意的而是有着系统联系的（章宜华，2005）。

4. 多义词教学中应用认知理论的建议

认知语言学框架下的教学最本质的特征在于强调语言的理据性。就多义词教学而言，其理据性体现在多义词各义项之间的系统联系。因此，认知语言学视角下的多义词教学的重点在于分析其义项背后的理据性。Boers 和 Lindstromberg（2006）认为，用认知的方法教授多义词可以采用以下两个步骤：（1）尽量使学习者理解其中心意义（核心意义或原型意义）；（2）向学习者呈现其他意义是如何从中心义项（有时是通过中间义项）扩展而来的。

上一节我们探讨了如何运用原型范畴理论及多义词词义扩展的认知机制（包括隐喻、转喻等）对多义词进行解释，这一节我们提出将这些理论运用于多义词课堂教学的具体建议。包括：（1）运用原型范畴理论建立词义范畴，帮助学习者更好地习得多义词的各义项；（2）运用隐喻和转喻进行引申义构建，帮助学习者理解与记忆多义词；(3) 通过比较隐喻在英汉多义词词义引申中的共性与差异，帮助学习者更好地理解和使用多义词。

4.1 运用原型范畴理论建立词义范畴

在原型范畴理论框架下，一个多义词就是一个范畴，每个义项便是该范畴中的一员，但义项之间的地位是不平等的，其中原型义项（或核心义项）是范畴的核心，其他义项都是以这个核心义项为中心衍生出来的，且范畴中的成员以辐射的形式束集在一个或几个原型成员周围，构成一个辐射网络。这些范畴成员具有家族相似的特征，且有着直接联系的成员之间具有更多的家族相似性。Lakoff（1987/1990）、Taylor（1989/1995/2003）、Langacker（2007）指出，掌握了一个多义词的核心意义就等于抓住了它的根本。Nation（2001：49-51）也指出学习多义词的一个有效策略是用一个能贯穿于所有意义的词义来定义目标词，这一贯穿于所有意义的词义就是其核心意义或原型意义。因此，这一概念对多义词教学的启示是，讲解多义词要以原型义为基础，从而有利于学习者对其他义项的习得。同时由于有着直接联系的词义之间具有更多的家族相似性，因此可以作为一个范畴放在一起教，这样有利于学习者建立起词义之间的联系。

例如，在讲解动词 crawl 一词时，根据 crawl 的语义网络（图4），义项1，即爬行，为其核心义项，那么我们在讲解动词 crawl 一词的其他任何义项时都要先介绍这一核心义项。而在 crawl 一词所有义项所组成的语义范畴中，义项2、3、4、5与核心义项1直接相连，处于同一辐射结构中；而义项4、7、8处于同一链条结构上，之间存在着直接联系，因此可以将这些处于同一直接联系的结构当中的义项作为一个小型范畴讲解；同时义项3和6也处在同一链条上，也应放在一起讲授。

这样，crawl 一词的引申义按其处于语义网络中的结构特征可划分为3个小型词义范畴：(1) 有着直接联系且处于同一辐射网络结构的义项2、3、4和5；(2) 有着直接联系且处于同一链条式结构的义项4、7和8；(3) 有着直接联系且处于同一链条式结构的义项3和6（见图6）。

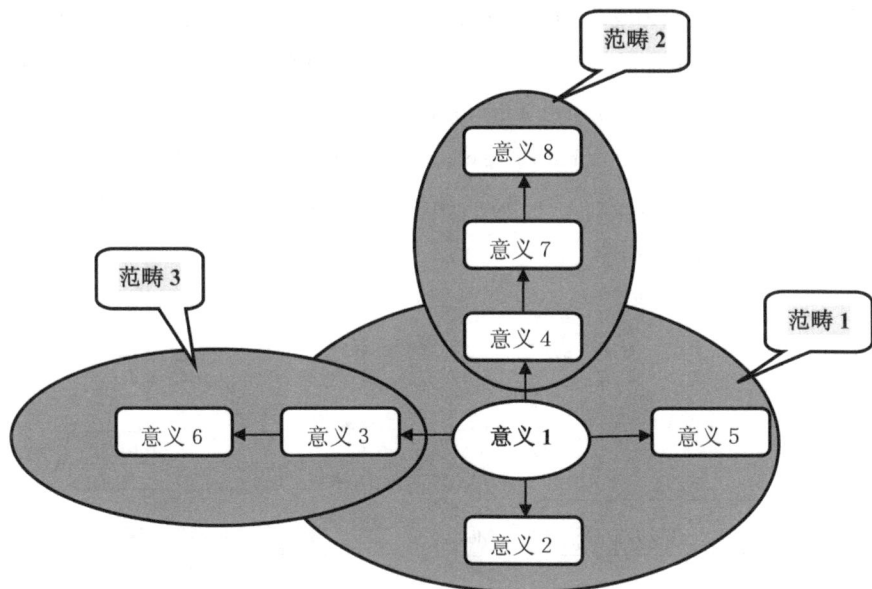

图 6 动词 crawl 的词义范畴

Verspoor 和 Lowie（2003）通过实验证实，以核心义项为基础讲解多义词时，学习者能更好地习得多义词的其他义项。其原因是在掌握了核心义项后，学习者可以通过类比建立起比喻义与核心义之间的家族相似性联系，从而将比喻义一一添加进以核心义为中心的语义网络中，这一过程有利于学习者对词汇的记忆与提取。

4.2 运用隐喻和转喻构建引申义

隐喻与转喻是人类思想与交流中的两种主要的认知机制。本质上讲，隐喻体现的是事物间的替代性和相似性，转喻则体现的是事物间的突显性。在具体的教学中，该如何运用隐喻和转喻帮助学生建立多义词的引申义呢？我们建议可以采用以下三个步骤：（1）引导学习者分析原型意义的基本属性；（2）以原型意义为基础根据语境推测引申意义，实现初步语义化；（3）运用隐喻、转喻分析引申意义的构建过程，实现深层次语义加工。

例如，head 一词的基本意义是"头（身体的一部分，包括眼、耳、口、鼻等器官）"，主要引申义有：(1)brain or mind（大脑）；(2)upper end（上端）；(3)intellect，imagination，power to reason（智力、想象力、理解力）；(4)(of plants)mass of leaves or flowers at the top of a stem or stalk（[植物]茎顶端的一团叶或花）；(5)(often attributive)ruler,chief position of command（[常作形容词]统治者、领袖、首长地位）；(6)front，front part（前面、前部）。其意义之间的映射关系可以表示为图7：

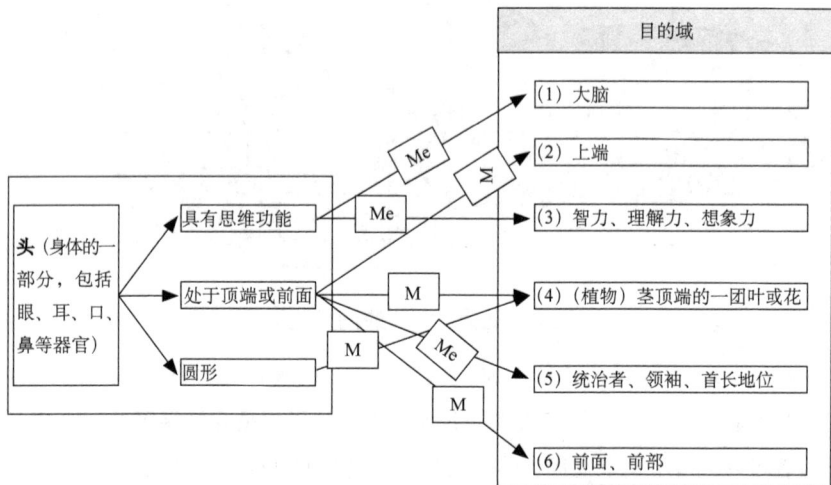

图7 多义词 head 意义间的映射关系图

（注：M 代表 Metaphor，即隐喻；Me 代表 Metonymy，即转喻）

下面以多义词 head 的前三个引申义为例，分析如何将上述步骤应用于具体教学。首先，教师引导学习者分析原型意义"头（身体的一部分，包括眼、耳、口、鼻等器官）"的基本属性：(1)具有思维功能；(2)处于顶端或前面；(3)圆形。然后请学生以原型意义为基础，依据语境推测引申意义，即向学习者呈现利用语料库或词典筛选出的含有相应比喻意义的例句或短语，如：

(1) use your head

(2) the head of a hammer

(3) That boy has a good head.

让学习者根据 head 的原型意义推测以上各句中 head 一词的具体意义；在学习者推测出各句中的引申义（"大脑"，"上端"，"智力、理解力"）后，以原型意义为始源域，各引申意义为目的域，引导学习者分析引申义扩展的认知理据：引申义（1）"大脑"突显了原型意义"头（身体的一部分，包括眼、耳、口、鼻等器官）"的"具有思维功能"这一基本属性，即是由原型意义通过转喻扩展而来的；引申义（2）"上端"体现了"头"的第二个属性，即位于顶端或前部，是基于两者的相似性的，即锤头的位置与人头的位置相似：锤头处于细长锤柄的顶部而人头处于细长身体的顶部，是由原型意义通过隐喻扩展而来的；引申义（3）"智力、理解力、想像力"同引申义（1）一样，体现了"头"的"具有思维功能"的属性，其扩展是基于突显性的，因此是由原型意义通过转喻扩展而来的。最后，教师可以向学生呈现图 8，让学生思考：

(1) 由 head 的基本义"头（身体的一部分，包括眼、耳、口、鼻等器官）"到引申义（4）、（5）、（6），分别体现了"头"的哪一种或几种属性？

(2) 该种扩展是基于二者之间的相似性（隐喻）还是突显性（转喻）？

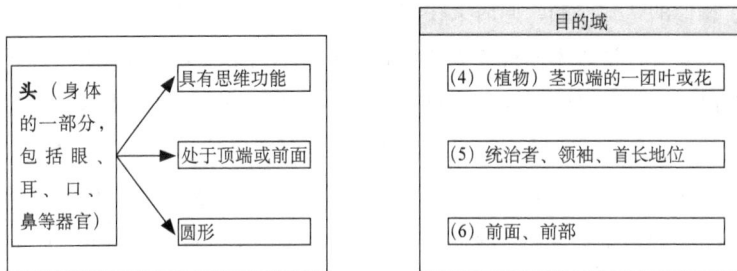

图 8 head 的前三个引申义的映射图

（答案：义项（4）"（植物）茎顶端的一团叶或花"体现了原型意义"头（身体的一部分，包括眼、耳、口、鼻等器官）"的第二个属性"处于顶端或前部"位置和第三个属性"圆形"这两个基本属性，其扩展是基于相似性的，因此是以原型意义为基础通过隐喻扩展而来的；义项（5）"统治者、领袖、首长地位"突显了原型意义的"处于顶端或前部"的属性，是原型意义通过转喻扩展而来的；义项（6）"前面、前部"体现了原型意义的"处于顶端或

前部"位置的属性，其扩展是基于两者的相似性的，因此是原型意义通过隐
喻扩展而来的。)

这种以原型意义为基础，运用隐喻、转喻等认知机制分析多义词的引申
意义扩展过程的教学活动，可以帮助学习者建立起原型意义与引申义之间的理
据性联系。根据 Boers 和 Lindstromberg（2008a），这种注重理据性的教学可以
帮助学习者深化对词义的理解并有利于第二阶段的巩固[1]，同时还能增强学习者
的自主学习能力。因此，教师在讲解多义词的引申义项时，要以原型意义为基
础，运用隐喻、转喻等机制详细分析原型义项与衍生义项之间的理据联系，启
发学生去发现、理解和归纳认知机制的特征。通过这种洞察性学习，学生就可
以在老师的启发与引导下，更快、更深层次地理解和记忆多义词引申义，同时
学习者的推理能力也能得到相应提高。

4.3 比较英汉多义词中隐喻的异同

英语中的多义词所对应的汉语词一般也是多义词。这些多义词的词义引申
反映了相似的认知机制，同时又存在着差异性。相似性源于人类认识世界的共
同特征，差异性源于不同民族认知世界的方式不完全相同。张建理（2003）比
较了英汉多义词词义引申方面的异同后指出："英汉引申义在反映人们的基本认
知方面相同；而在进一步引申反映较复杂的人际关系认知方面，汉语相应词的
义项比英语使用的频率高且复杂，这部分体现了文化独特性。"他将英语中多
义词 face 与汉语中多义词"脸、面"的词义中隐喻的共性与差异分析如下：

表1　英语中 face 与汉语中"脸、面"的词义中隐喻的共性与差异分析

	基本意义	英语表达	汉语表达
共性	1.脸部（头的前部，从额头至下巴部分，包括五官）	a beautiful face	面：相面、脸面；脸：脸红、脸形

（待续）

1　Mondria和Boers（1991）认为，词汇的习得过程可以被简单地看作是"语义化"和"巩
　固"两个阶段的循环。

（续表）

	基本意义	英语表达	汉语表达
共性	2. 整个人	show one's face	面：露面、出面
	3. 脸部表情	a sad face	面：面不改色；脸：笑脸、好脸、翻脸
	4. 正面	the face of a lock	面：桌面、面朝下；脸：门脸
	5. 部位、方面	the north face of the mountain	面：多面手、面面观
	6. 外表、外貌	face value, on the face of it	面：面料、地面
	7. 名声、尊严	lose /save face	脸：丢脸、争脸；面子：爱/丢面子
	8. 胆量、脸面	He had the face to ask for more.	脸：厚着脸、死皮赖脸
	9. 面向、朝着	She sat facing him.	面：面山而居
差异	1. 面临、遭遇（不利形势）	She is facing a crisis.	无
	2. 直面、接受	Let's face it.	无
	3. 覆盖	The house was built of wood but faced in /with brick.	无
	4. 脸谱	无	脸：（京剧中）花/红/白脸
	5. 面（量词）	无	面：一面镜子
	6. 情面、交情	无	脸：破/赏脸；面：不留面子、讲面子

因此，在多义词教学过程中，教师可以引导学生比较英汉多义词词义之间的差别，探索英汉两种语言背后的文化差异从而加深学生对多义词的理解。例如，教师讲解多义词 face 一词时，可以先将 face 的基本词义及例句写在黑板上：

1. 脸部（头的前部，从额头至下巴部分，包括五官）：a beautiful face

2. 整个人：show one's face

3. 脸部表情：a sad face

4. 面临、遭遇（不利形势）：She is facing a crisis.

5. 正面：the face of a lock

6. 部位、方面：the north face of the mountain

7. 外表、外貌：face value, on the face of it

8. 直面、接受：Let's face it.

9. 名声、尊严：lose/save face

10. 胆量、脸面：He had the face to ask for more.

11. 面向、朝着：She sat facing him.

12. 覆盖：The house was built of wood but faced in/with brick.

然后引导学生通过填写下表比较英语词汇 face 和汉语中的"脸、面"的词义之间的共性与差异：

表 2　英语中 face 与汉语中"脸、面"的词义之间的共性与差异

类型	相应的词义	例句
（1）同时存在于英汉语表达中的词义	例："脸部"	英：a beautiful face； 汉：脸面、脸红
（2）只存在于英语表达中的词义		
（3）只存在于汉语表达中的词义		

（答案参见上页表1）

这种引申义中隐喻的共性与差异比较，有利于学习者了解文化在多义词词义引申中的作用，更好地理解英汉多义词引申义中的差异，从而促进学生对多义词词义的准确把握。

5. 结语

认知语言学视角下的多义词教学的基本出发点是义项间的理据联系。本章主要探讨了如何将原型范畴理论、隐喻、转喻等应用于多义词的理据教学。需要指出的是，运用认知语言学的理论并不能解决多义词教学中的一切问题，因为该理论本身还有许多不完善之处，例如，有些多义词的词义并不存在着明显的理据联系；多义词词义的衍生是一个漫长而复杂的过程，很难找到固定的衍生模式，也很难预测一个词的词义将会如何演化。第二点需要强调的是，多义词的新教学方法对教师和学生都是极大的挑战，能否取得预期的效果，还要考虑其他多种因素。例如，教师是否具有较为系统的认知理论基础，对多义词词义之间的关系是否有透彻的理解，是否能够根据学生的实际情况设计富有成效的交际活动。

因此，我们认为认知法只是传统教学法的一个有益的补充，为广大二语教师的词汇教学提供一个新视角、新思路。教师可根据自己的实际教学取舍。对于那些明显缺乏理据性联系的多义词来说，我们建议仍旧沿用传统的教学法。对于拥有理据性联系的多义词来说，我们也不赞成将一个词的多个义项一次性教授给学生。恰当的做法是，从原型义出发，逐个增加，像滚雪球似的，越滚越大，最终帮助学生建立完整的语义网络。

附录：教学示例——多义词 crawl

教学目的：将原型范畴理论、隐喻、转喻等认知理论应用于多义词教学，使学生较为全面地掌握多义词 crawl 的各义项。

英语水平：中、高级

教学内容：用认知法讲解多义词 crawl

动词 crawl 有以下主要义项：

1. to move forward on your hands and knees, with your body close to the ground（人）爬行

2. to move forward very slowly 向前缓慢地移动

3. to lower one's body (deliberately)（故意）低下身子

4. when an insect crawls, it moves forward on its legs（昆虫）用腿向前移动

5. a fast swimming stroke that you do lying on your front moving one arm over your head, and then the other while kicking with your feet 爬式游泳、自由式游泳

6. to be too friendly or helpful to somebody in authority, in a way that is not sincere, especially in order to get an advantage from them 卑躬屈膝、谄媚、拍马屁

7. to be full of or completely covered with people, insects or animals, in a way that is unpleasant（地点、场所）爬满（昆虫）等，挤满（人）

8. (of skin, flesh, etc.) creeping sensation 毛骨悚然、起鸡皮疙瘩

课前准备：

1. 将以上 8 个义项分成 4 组：(1) 核心义项 1；(2) 处于同一辐射结构中由义项 1 直接衍生而来的义项 2、3、4、5；(3) 处于同一链条结构中的义项 4、7、8；(4) 处于同一链条结构中的义项 3、6。

2.制作四套卡片：(1) 将含有义项 2、3、4、5 的 4 个例句放在一张卡片的正面，将句中的 crawl 一词用粗体呈现，并在卡片的反面留出四条横线供学生填写所猜测的词义（见卡片一）；(2) 将 crawl 一词的核心义项，即义项 1 与义项 2、3、4、5 所组成的语义网络以图表的形式列在卡片的正面，并在卡片的反面也留出四条横线（见卡片二）；(3) 将含有义项 4、7、8 的 3 个例句列在一张卡片的正面，同样在卡片的反面留出三条横线制作成卡片三。同理，将义项 3 和 6 制作成卡片四。

卡片一：

正　面	反　面
2. The traffic was **crawling** along. 3. In order to pick up his pen on the floor, he had to **crawl** under the table. 4. There's a spider **crawling**. 5. The man is **crawling** across the river.	crawl 的词义 2. _____ 3. _____ 4. _____ 5. _____

（答案：2.向前缓慢地移动；3.（故意）低下身子；4.（昆虫）用腿向前移动；5.爬式游泳、自由式游泳）

卡片二：

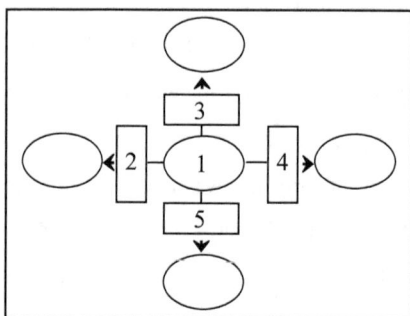

正　面	反　面
	词义的衍生方式： 1. _____ 2. _____ 3. _____ 4. _____

（答案：1.隐喻。crawl 的第二个义项"缓慢移动"是由义项 1"（人）爬行"以隐喻的方式引申而来的，用以指出其运动方式，可用来描述交通工具、云朵、雾、水等活动的缓慢速度。其相似性体现在人的爬行与其他事物移动的缓慢速度上。2.隐喻。义项 3"（故意）低下身子"指为了做某事而故意低下身子

去接近地面，因此与义项 1"（人）爬行"时身体贴近地面具有相似性。3.隐喻。义项 4"卑躬屈膝、谄媚、拍马屁"往往指为了迎合比自己职位或社会地位高的人而故意放低姿态。这与人们故意低下身子这一行为具有相似性。4.隐喻。当人在进行爬式游泳或自由泳时，其姿势与爬行动作相似。

教学步骤：

步骤一：采用整体法讲授 crawl 的核心义项

（注：crawl 的核心义项可按照经验方法确定。提起 crawl 一词，我们首先想到的词义是"（四肢着地）爬行"，因此，它的核心义项或典型义项是第一个义项，即"（人）爬行"。）

1. 先让学生观看人（如婴儿）等的爬行视频，教师也可用两手做出爬的动作，然后让学生猜测 crawl 的词义。此活动可以调动学生的视觉器官，并增添课堂的趣味性。

2. 学生猜出词义后，让学生一边读单词，一边跟着做爬行的手势，并提醒注意单词的拼写、词性等。然后呈现由 crawl 一词的音、形、义、第三人称单数、过去式、过去分词等组成的小型词汇网络，做到音、形、义、词汇、语法一起学。

3. 在学完该词的核心意义的小型认知网络后，在屏幕上显示一些图片和例句让学生进行完形填空。此步骤帮助学生巩固 crawl 核心意义的用法。如：

(1) A baby usually_____at about one year old.

(2) The man_____into his tent and fell into fast asleep

soon last night.

(3) The soldiers are_____in the grass for military training.

步骤二：以核心义项为基础，鼓励学生根据语境猜测第二组中的衍生义项

1．将学生分成 4 人一组，并将卡片分发给各组。

2．让学生先阅读卡片一正面的 4 个例句，根据语境猜测各句中 crawl 一词的含义，然后进行小组讨论并将讨论后的结果填写在卡片反面的横线上。

3．让各小组选派一名代表，说出各组猜测的结果并给出理由。

4．教师对学生的猜词情况进行评价，并对错误较多的词义进行解释。

步骤三：引导学生分析第二组各衍生义项与核心义项之间的联系

1．将卡片二分发给各小组。

2．鼓励学生在理解的基础上根据卡片上的语义网络图表分析 crawl 一词的义项 2、3、4、5 是如何从核心义项衍生而来的，并让学生小组讨论后将各义项的衍生方式填写在卡片二的反面。

3．请各小组另选一名代表阐述本组的讨论结果及理由。

4．教师对学生的分析情况进行评价，并对错误较多的地方进行讨论。

步骤四：用同样的方法引导学习者学习第三组和第四组衍生义项

步骤五：巩固与扩展

1．教师将 crawl 一词的完整语义网络呈现出来，引导学生对各义项的衍生方式和路径进行复习巩固。

2．让学生用词典查出 rise 一词的各义项并分析各义项是如何扩展而来的，然后根据分析画出 rise 一词的语义网络图。

参考答案：

1. rise 的主要义项：（1）上升、升起；（2）（声音）变亮、提高；（3）（社会或职业的）地位升高；（4）起身、站起；（5）起床；（6）休会、散会、休庭；（7）复活、被救活；（8）起义、反抗、反叛；（9）（人）怒斥、怒对、对……进行争辩；（10）奋起应付（难局）、能应付（难局）；（11）（土地、地貌轮廓特征）隆起、高起；（12）（房屋、山、其他类似的物体或建筑物）矗立、高起；（13）（毛发）竖起；（14）（建筑物）被建起；（15）（肿块、水疱、伤痕在皮肤上）出现、长出；（16）（胃）感到恶心；（17）（数目、尺寸、数量）增加、增长、上涨；（质量）提高、改善；（18）（情绪）变得更愉快；（19）（尤指由于尴尬、脸色）发红、涨红。

2. rise 义项之间的联系：rise 的核心义项可以根据统计法进行确定，即第一义项"上升、升起"是最常使用的义项，因此可以判断为 rise 的核心义项。义项 2、3 具有

"上升"的意思,与第一义项具有相似性特征,即从第一义项通过隐喻衍生而来。义项4"起身、站起"指从一种躺着、坐着或跪着的位置爬起,通过肢体的非常费力的攀爬动作使身体从低处向高处运动,与第一义项的上升运动具有某种相似性,也是从第一义项隐喻出来的。义项5"起床"与人"起身、站起"具有相似性,因此是由义项4隐喻而出的。义项6"休会、散会、休庭",可以理解为当会议宣布休会或法官宣布休庭时,人们会起身离去。由此也是由义项4通过隐喻获得的。义项7"复活、被救活"可以解释为当一个人死而复活,他就会从躺着的位置重新站起来,与"起身、站起"具有相似性。同时,从义项4又隐喻出义项8、9、10。一个人被打倒在地或被他人压制在地上,他一定会奋力地爬起并反抗。当一个人对他人的言辞不满感到愤怒时,他会情不自禁地站起来。在应付和处理困难局面时,一个人不可能是躺着或坐着,他一定会起身去努力应对。由于 rise 的典型义项具有"从低往上"的语义特征,于是人们就用 rise 来指"隆起、高起",于是引申义项11、12、13、14、15。人们对事物感到恶心时,会想吐,感觉到胃内的东西上升,因此义项16也可理解为是从义项1隐喻而来的。义项17"(数量等)增加、增长、上涨"可以理解为数量的上升、上涨,因此也是从义项1隐喻而来的。同时,人们还用 rise 来表示"(情绪)变得更愉快",即义项18。当一个人尴尬时,他的脸颜色会变红,此种情况可被视为颜色量的增加,由此,rise 便获得义项19。(张绍全,2009)

3. rise 的语义网络图:

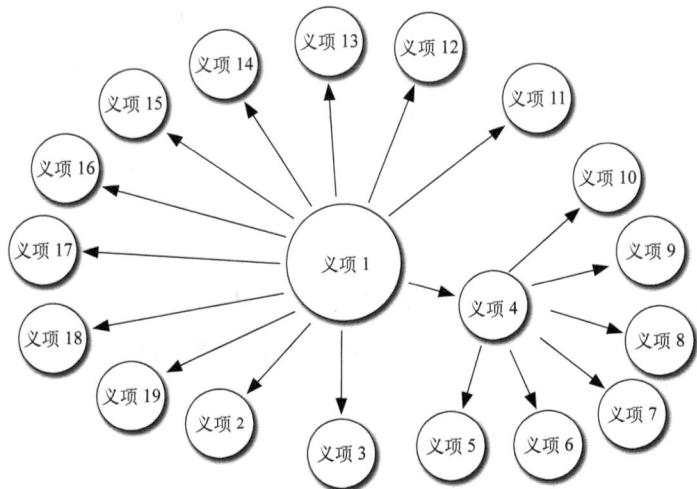

rise 的语义网络图(张绍全,2009)

第五章　介词教学

1. 引言

　　介词是多义词的一种，语义较为抽象，具有很多复杂的延伸意义。在二语学习中，要完全掌握多义介词，无论是初学者还是高级学习者都非易事（蔡金亭、朱立霞，2010）。很多学者强调过介词既是二语词汇学习的难点，又是重点（马书红，2007）。自从 Brugman（1981）最先对英语多义介词进行研究以来，该领域备受关注，现已成为二语习得领域的一个重要研究课题，也是多义词研究的焦点（Tyler，Mueller & Ho，2011）。

　　在传统介词教学中，教师在特定语境中介绍多义介词的各个义项和用法，不分主次地一次讲解一个介词的多个义项。学生通过死记硬背或在语境中猜测具体语义的方法来学习介词，其学习效果很不理想。认知语言学家认为，多义介词的各个义项之间存在内在联系，具有系统性，并构成了一个多义网络。网络中有一个义项是核心义项，其他义项从核心义项引申而来。在介词教学中，教师可以运用原型范畴理论，从核心义项入手，借助意象图式，解释概念隐喻的认知过程，在学生头脑中构建一个多义介词的语义网络，使学习者系统掌握基本词义与延伸义项的内在联系，从而培养学生推导延伸意义的能力。我们认为，基于认知语言学的介词教学是对传统教学的补充。如果能在课堂教学中恰当地运用认知语言学理论，可以有效提高介词的教学效果。

　　本章重点讨论如何从认知语言学的视角，应用意象图式和概念隐喻理论提高介词教学效果。首先，概述国内二语介词习得现状与介词教学认知观；接着，以介词 over 和 within 为例，讨论如何从认知角度解释介词意义；然后，重点讨论我们对认知理论应用于介词教学的三点建议；最后在小结部分客观指出了认知语言学理论应用于介词教学的不足。

2. 国内二语介词习得现状与介词教学的认知观

对中国英语学习者来说介词的多义很难掌握，甚至高水平的学习者也存在理解困难及使用不准确的情况。研究显示，多义介词成为英语习得难点的主要原因在于：

第一，介词的多义本质（Morimoto & Loewen，2007）。多数介词都有其延伸意义，学习者常常难以理解各项意义之间的语义联系。例如，学习者很难看出下面的三个句子中介词 on 的各义项在语义上的内在联系：The book is on the desk. They are on a campaign to stop smoking. In Japan, people live on rice. 有时学习者很难理解一些介词的异同，比如介词 over 和 above 在一些语境中是同义词，在另一些语境中则表达完全不同的意义。例如，在句子 The picture is over the blackboard. 和 The picture is above the blackboard. 中，over 和 above 的意义基本相同，都表示黑板上面挂着图。但在句子 Mary hung her jacket over the back of the chair. 与句子 Mary hung her jacket above the back of the chair. 中 over 和 above 的意义区别很大。over 表示 jacket 高于 chair，但与其有接触；above 也表示 jacket 高于 chair，但它不与 chair 接触。

第二，人类对物体的空间关系的认知在不同程度上受到母语的影响，因此不同母语背景的人所形成的空间概念系统存在明显差异（Ijaz，1986）。例如，汉语本族语者眼中的校园有围墙，而英语本族语者脑海中的校园无围墙，因此汉语中有"在校园里"，而无"在校园上"。与此相反，英语里只有 on campus，而没有 in campus。中国学习者开始学习英语空间介词时，他们的母语空间概念系统已经在脑海中形成，所以在学习空间多义介词的过程中，对英语介词空间概念的理解、建构和产出就会受到学习者母语对空间关系认知的影响；同时也受到英语空间概念系统的影响（马书红，2007，2010）。简而言之，中国学习者学习英语空间介词意义时受到汉语和英语两种空间范畴系统的双重影响。英语各空间范畴之间的关联和差异以及英、汉语在空间范畴化上的异同交互作用，在介词习得方面会导致中国学生不同程度的习得困难。

第三，长期以来缺乏系统理论来指导多义介词教学，教师也没有将多义介词作为教学重点；另外，在传统语义观的影响下，教师认为介词的语义具有很强的任意性，介词的多个义项互不相关，而且在语义网络中的地位相同（Tyler

& Evans，2003）。因此，传统教学中对介词的核心义项及延伸意义不进行区分，也不强调各义项之间的内在联系。教师经常根据不同语境把多义介词的各个义项逐个介绍给学生，学生则根据语境来猜测介词意义或把它们一一进行死记硬背。这样的教学导致了大部分学习者不能理解如何把介词的核心意义和延伸意义联系起来，也无法总结归纳多义介词各义项的内在联系，因此很难系统地掌握介词的各项意义。

随着认知语言学的兴起，人类通过对世界的认识、感知和概念化，了解语言学习和语言应用的认知过程和规律。认知语言学家 Lakoff 和 Johnson（1987，转引自李佳、蔡金亭，2008）指出，英语介词的多个义项之间互相关联，并构成了多义网络。各义项在该网络中的地位不同，其中一个是核心义项，其余的都由核心意义延伸出来。运用意象图式理论，从认知角度系统研究介词的多义现象有助于揭示某个义项生成的内部认知机制，使语言学习者更加深刻地理解介词各义项在多义网络中的内在联系，能够帮助学生掌握多义介词的语义延伸，对英语介词教学具有重大的指导意义（曹巧珍，2010）。

研究结果显示，运用意象图式了解多义现象产生的认知机制、认识其语义范畴之间的系统性并掌握其完整的语义结构有助于学习者更好地理解、记忆以及应用多义词。曹巧珍（2010）的研究比较了三种一词多义教学方法（两种方法是基于原型范畴理论的，一种是传统教学法）对学生记忆单词各义项的影响。研究结果表明，基于原型范畴理论的教学方法成效明显，各义项的短时记忆、长时记忆效果显著提高，尤其是辅以语义网络图后的教学效果更佳。Morimoto 和 Loewen（2007）比较了以意象图式理论为主和翻译为主的两种不同教学方法对日本二语学习者学习英语介词 over 和动词 break 的作用。研究结果表明，在接受性判断任务和产出性任务中以意象图式理论为主的教学方法比以翻译为主的教学方法效果好。陈晓湘、许银（2009）的研究比较了以意象图式为基础和以翻译为基础的词义教学法对 on、over、above 三个多义介词的习得作用，探讨了意象图式理论对多义介词习得的影响。研究结果表明，以意象图式为基础的词义教学方法效果明显优于以翻译为基础的词义教学方法。Tyler、Mueller 和 Ho（2011）运用意象图式的方法向 14 名高级英语学习者解释了介词 to、for 和 at 的语义，结果表明，在理解这三个介词的语义方面被试显示了明显的进步。

因此，认知语言学认为，教师在教授多义介词时可考虑从核心义项出发，通过认知机制，如意象图式理论、概念隐喻理论来帮助学习者了解各义项之间的相互联系，找出内在规律，从而减轻学生的记忆负荷，加强记忆效果。总之，认知语言学理论作为传统介词教学的有效补充能够帮助学习者掌握多义介词各义项间的关联、提高他们推导词义和进行长时记忆的能力，进而培养他们的创新思维和隐喻意识，最终提高他们的语言及交际能力。

3. 介词意义的认知解释

认知语言学的发展为教授英语介词提供了一个新视角，其原型范畴理论认为多义介词的语义结构是一个以原型意义为中心的范畴，有原型义项和边缘义项之分。原型义项被认为是语义范畴中最具代表性的，是人们首先认知的，也是介词最初获得的义项。其他义项以原型义项为认知参照点，运用意象图式，通过概念隐喻的认知模式，以家族相似性不断向外扩展和延伸，构成一条具有内在联系、系统性的语义链。下面我们将分别说明如何用意象图式和概念隐喻的认知模式来解释介词的多个义项。

3.1 意象图式理论对介词意义的解释

意象图式是指日常生活中，人类与外界互相作用的过程中反复出现的表达容器、路径、空间关系等的认知结构。它是人类在对客观世界的身体体验和感知的基础上形成的。人们可以通过图式把抽象概念和具体意象结构联系起来（李福印，2007）。这样有利于范畴的建构、概念的形成、隐喻的分析、意义的理解、逻辑的推理（王寅，2007）。

根据认知语言学家 Langacker 的观点，意象图式是由射体、界标和路径三部分组成的（如下页图 1 所示）。其中，射体是主体，其空间位置有待确定；界标是参照物，为主体的位置确定提供参照；射体所经过的路线称为路径（曹琳华，2005）。运用意象图式分析介词的多义现象时，应该关注意象图式所呈现的不同的射体、界标以及所经过的路径。这三者所显示出的相对位置、纬度、作用等信息构成多义介词的不同意象图式（王寅，2007）。

在介词教学中，教师可以借助一个意象图式或多个意象图式帮助学习者理解介词的核心义项与延伸义项的关系，理解各项隐喻意义与其原型意义之间的关系，最终掌握介词的多个义项之间的相互联系（王寅，2007）。这些关系有助于学习者对介词意义的理解和记忆，同时也能够减少来自母语概念系统的影响（刘艳、李金屏，2011）。

　　下面以介词 over 为例，详细讨论如何运用意象图式理论分析介词的延伸意义。*The Oxford English Dictionary* 中介词 over 的基本义项释义是："在或向（某人／某物）的上方，但不接触。"图 1 中，实心圆点表示射体，下方的粗体黑线表示界标。在空间概念中射体位于界标上方，但不接触。图 1 展现了如何运用意象图式表达 over 的原型意义。

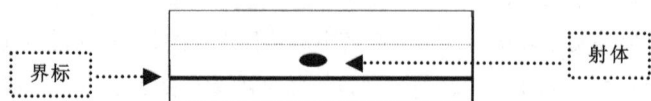

图 1　介词 over 的原型意义

　　Tyler 和 Evans（2003）将 over 所表示的 14 个不同意义归纳为 5 大义丛，通过语义网络揭示各义项的内在联系。ABC 动体丛是 5 大义丛之一。该义丛有 5 个延伸意义："在……另一边"，"高于并超出（超越 I））"，"完成"，"转移、调动"，"时间"。下面我们借用 Tyler 和 Evans 的意象图式来分析这 5 个延伸意义。

　　（1）在……另一边（on-the-other-side-of）。图 2 中＜（●）＞符号表示观察者的位置，中间的垂直黑粗线是界标，右侧的实心黑点表示射体。图 2 表示了射体越过界标后所处的位置。这个意象图式很好呈现了介词 over 的"在……另一边、对面"这一义项。如在 The old town lies over the bridge. 中，over 表示某种途径或状态的终点，而不表示射体所经过的途径。

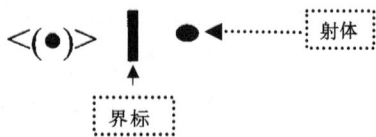

图 2　介词 over 的"在……另一边、对面"义项示意图

　　（2）高于并超出（超越 I）(above-and-beyond（Excess I））。图 3 中，实心黑点表示射体，中间垂直黑粗线是界标。A 所处的位置表示动作的源头。B 所处的位置表示射体高于界标，但不接触。C 所处的位置表示射体的终点。弧形虚线表示动作经过的路径。这一意象图式能够帮助我们理解介词 over 所表示的"横过、越过"这一义项。如在 The ball landed over the wall. 中，射体是 the ball，它垂直于界标，与界标不接触，但两者之间的关系是动态的，短语 over the wall 中，over 表示射体运动的路径。

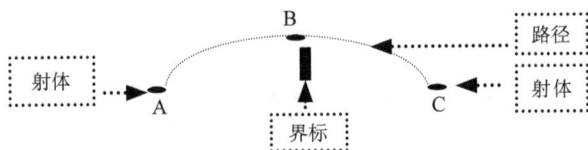

图 3　介词 over 的"横过、越过"义项示意图

（3）完成（completion）。图 4 中，实心黑点是射体，它从 START 的位置开始越过界标（中间的垂直黑粗线是界标），并到达终点，FINISH 表示移动的完成或结束。"完成"义项不同于"在……另一边"，后者的关注点在于过程结束后射体的位置，前者的焦点在于动作或过程的结束。例如，The cat's jump is over. 就是表示"猫跳"这个动作已经结束。

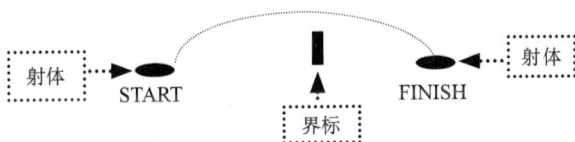

图 4　介词 over 的"完成"义项示意图

（4）转移（transfer）。图 5 中，实心黑点表示射体，中间垂直黑粗线是界标。这一意象图式所展示的概念是射体从一处移到另一处。这时把空间场景理解为涉及一个射体从某处转移，即从 A 处移到一个新的位置 B 处。在句子 Mike turned the keys to the classroom over to the monitor. 中射体 the keys 被转交到 the monitor 处。

图 5　介词 over 的"转移"义项示意图

（5）时间（temporal）。图 6 中，下方的黑粗线是界标，上方的虚线表示射体。这一 over 的意象图式表示了一个具体的射体所经过的距离或所花的时间。在我们的体验当中，距离和持续时间紧密相关，行走的距离越远，所需要的时间越长。在例句 The gentleman walked over the bridge. 中，射体 the gentleman 横过 the bridge（界标），并且行走得越远，所花的时间越长。

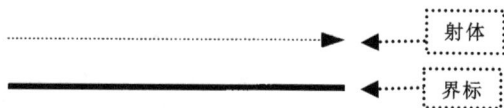

图 6　介词 over 的"时间"义项示意图

通过意象图式理论分析和解释介词 over 的原型意义以及其他延伸义项能够为学习者呈现更具体、更形象的基本空间意义，帮助他们更好地理解其空间意义如何映射到其他隐喻域的认知过程。

3.2 概念隐喻理论对介词意义的解释

概念隐喻是从一个比较熟悉、易于理解的、具体的始源域映射到一个不熟悉的、较难理解的、抽象的目的域，从而认知和理解目的域。基于概念隐喻的介词教学能帮助学习者理解介词各义项语间的内在联系，提高学习者的概念隐喻意识，有助于记忆介词的各项意义。刘艳、李金屏（2011）运用概念隐喻教授介词 in 取得了积极效果。

下面以 within 为例，说明如何运用概念隐喻分析介词的隐喻意义。介词的隐喻意义都是基于其原型意义而延伸拓展的。*The Oxford English Dictionary* 中介词 within 的基本义项是"在……之内，不超出"，即 within 的原型意义是："在某段距离之内，不超过某段距离。"但在具体的语境中射体与界标所表达的空间关系有所不同。within 的空间概念意义可以表达射体和界标之间是中心—边缘关系（射体是中心，界标是边缘，如下页图 7、8、9 所示）。在具体的语境中，射体和界标与某个空间位置之间的关系可以是一维空间（如图 7 所示），表示"在……距离内"、"不超出……距离"，如在例句 Alice is used to taking a walk within a mile of her house along the road. 中，射体 Alice 和界标 a mile of her house 之间是中心—边缘关系，处在一条水平线上，表现的是一维空间。射体和界标与某个空间位置之间的关系可以是二维空间（如图8、9所示），表示"在……范围内"，如在例句 Every day after supper, I took a walk within my favorite park with my wife. 中，射体是 I，界标是 park，射体 I、界标 park 和 park 内部的某个空间位置处在一个平面上，表现为二维空间。射体和界标与某个空间位置之间的关系可以是三维空间，表示"在……内部"，比如在 There is one piece of furniture within the office. 中，射体 one piece of furniture 与界标 the office 之间是静态空间关系，两者构成了三维空间。

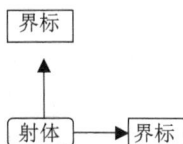

图 7 一维单向空间意义

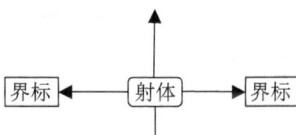

图 8 二维双向空间意义

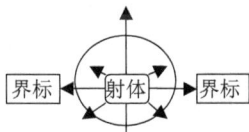

图 9 二维发散空间意义

　　基于上文对介词 within 的空间意义的概括，下面简单分析介词 within 的空间概念意义如何映射到时间域和程度域的认知过程。

　　首先，我们分析介词 within 的空间域如何映射到时间域的认知过程。within 的原型意义是"在……之内，不超出"，但用于时间域时，它所表达的核心内容是：射体与界标是中心—边缘关系，以射体"现在"所处的时间为中心，界标为不超出范围的边缘。路径小于射体与界标之间的距离，表示"早于"、"不迟于"、"不超出某段时间"之意。在例句 The project will be finished within one week. 中，射体是 the project，界标是 one week。完成射体（project）的时间点不超出界标（one week）的时间范围。所以我们不难看出 within 在该句中的隐喻意义为"早于"、"不迟于"。再如，在 I have seen Jane within last two weeks. 中，射体是 I，界标是 last two weeks。射体 I 见到她的时间点不超出界标 last two weeks。这段时间仍然是中心—边缘关系，表达"我最近两周见过Jane"之意。

其次，我们分析 within 用于程度域的认知意义的核心内容。射体与界标表现为中心—边缘关系。射体与界标可以是抽象的一维、二维，也可以是三维关系。基于路径小于射体与界标之间的距离这一空间概念，我们可以推断出介词 within 表示"不超出（某一限度或某一程度）"、"少于"、"低于"、"可能"等隐喻意义。例句 The young couple work very hard, and try to live within their income. 中，射体 they 的生活支出在界标 income 之内，该句中 within 的隐喻意义为"少于"。例句 It will be much safer for the drivers if they drive within the speed limit. 中，射体 drivers 的驾驶速度在限速之内，within 在该句中的隐喻义为"低于"。例句 Let's study hard, and keep within the rules and regulations of the school. 中，界标 the rules and regulations 本来是一条条具体的行为规则，但在这里，the rules and regulations 被隐喻化为容器，within 也就自然而然地获得了在这句话中的隐喻义："符合学校的规章制度，不能违反学校的规章制度"，其意象图式为三维的"体"。例句 This is a task well within her power. 中，within 的概念隐喻意义又得到了新的扩展，表示"能力所及"、"胜任"。例句 A pay rise next year is not within the realms of possibility. 中，within 的隐喻意义扩展到了可能性，意为"可能的"。

从以上例句的分析，我们可以看出介词 within 原来表示空间位置和关系的意义如何映射到时间域和程度域的认知过程。在这个过程中，within 的原型意义被隐喻化，拥有了多个概念隐喻意义。介词 within 表示"在某段距离内"这一一维空间意义映射到时间域时，它表达"早于、不迟于"的隐喻意义，映射到程度域时则具有了"少于、低于"的隐喻意义。介词 within 所表示的"在某地域范围内或在某容器内"这一二维或三维的空间意义映射到程度域时，它表达"权利、能力和可能性"等隐喻意义（毛智慧，2005）。

4. 介词教学中应用认知理论的建议

4.1 为常见介词建立意义家族

在英语中有很多不同的介词表达相同或类似意义的情况。教学中，我们可以把具有内在联系的介词放在一起，建立意义家族，帮助学习者在脑海中形成语义群组，然后通过原型范畴、意象图式或概念隐喻等理论进一步解释、说明这些介词的各项语义的内在联系及差异，以便帮助学习者对介词进行分类，归纳出它们的异同，掌握各义项的内在联系。这样有助于学习者的记忆，提高学习效果。

比如说，在英语里表示"垂直"这一空间概念的介词有 over、above、under、below。我们可以建立这四个介词的意义家族，在教学当中通过意象图式进行讲解，然后根据具体的语义，将它们分为两类。一类是表达"朝上垂直"关系的 over、above；另一类是表达"朝下垂直"关系的 under、below（如图10 所示）。在图 10 中，实心黑点是射体，虚线是界标。下面以 over、above 为例，说明在教学当中如何运用意象图式讲解 over、above 的异同。

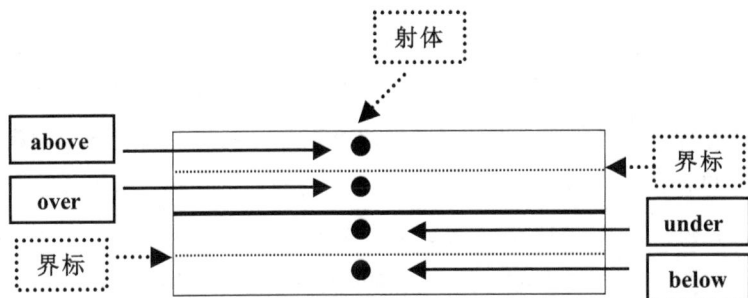

图 10　英语中表达垂直关系的介词

首先，把 over 和 above 的原型意义图展示在屏幕上（如图 11 所示）。让学生判断哪一个图表达 over 的原型意义，哪一个图表达 above 的原型意义，小组讨论其判断的依据。然后，请学生判断下面每对句子中的 over 和 above 是否是近义词，并解释每句里 over 和 above 的意义。

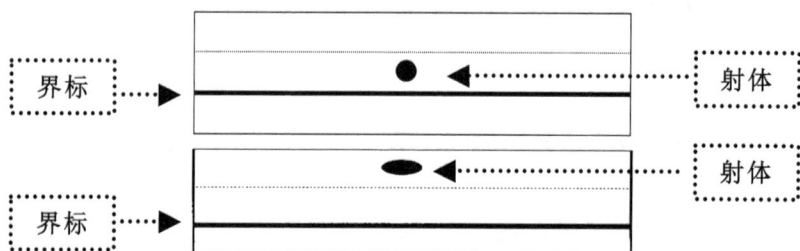

图 11　over 和 above 的原型意义图

第一组：① The picture is over the blackboard.
　　　　② The picture is above the blackboard.

第二组：① The maid hung the jacket over the back of the chair.
　　　　② The maid hung the jacket above the back of the chair.

其次，根据以上图式，教师讲解 over 和 above 的内在联系及其差异。诸多学者对 over 和 above 之间关系的解释告诉我们 over 和 above 是同义词，两者都表示射体高于界标。比如说，认知语言学家 Lakoff（1987/1990）认为 over 的"比……高"意义基本上等同于 above 的语义。因此，句子 The picture is over the blackboard. 和 The picture is above the blackboard. 中的 over 和 above 是同义词。但有时它们表达不同的意义：over 的原型意义表示射体高于界标，但射体处于界标的潜在范围之内；above 的原型意义也表示射体高于界标，但它强调射体与界标之间不可逾越的距离，即射体不处于界标的潜在范围之内。因此，在句子 The maid hung the jacket over the back of the chair. 和 The maid hung the jacket above the back of the chair. 中的 over 和 above 不是同义词。第一句中射体 jacket 被概念范畴化，over 表达射体高于界标 chair，但与其有接触；第二句中 above 表达的意义是射体 jacket 与界标 chair 不在接触范围内。

再次，请学生两人一组讨论下面两个句子中 over 和 above 所表达的具体意义：The birds are somewhere above us.（句子 1）；The birds are somewhere over us.（句子 2）。然后老师讲解它们之间的区别：above 所表示的位置没有 over 那么具体，它表示射体位于某一个不确定的大的范围或处于比界标高的未知的位置，over 所表示的是射体与界标处于同一个垂直线上（Brugman，1981）。句子 2 中 somewhere 和 over 所表达的语义之间出现了冲突，因为 somewhere 表达位置的模糊性，但 over 表达射体的相对具体的位置，所以，在这样的情况下，只能用 above 而不能用 over。

最后，先让学生判断下面哪个句子表达有问题：Mary twirled over the polished floor.（句子 1）；Mary twirled above the polished floor.（句子 2）。然后老师讲解：我们对这里描述的空间场景的理解是基于人类跳舞的经历。人们跳舞时舞者要与地面接触，因此，句子 1 正确，句子 2 错误。

英语介词看似简单，容易掌握，但学习者到了高级阶段还普遍存在介词使用错误的现象。我们建议在介词教学中，教师根据常用介词的核心语义，建立其意义家族，通过意象图式揭示介词的核心意义与延伸意义之间的内在联系以及在表达空间等概念上的差异，帮助学习者理解介词的原型意义被隐喻化的认知过程，从而提高介词的学习效果。

4.2 依靠图示与隐喻相结合的分析方法讲解介词的词义

意象图式与概念隐喻有着密切的联系。隐喻中的始源域能够映射到目的域是因为始源域和目的域具有相似性，并且人们借助这一相似性，通过意象图式把具体的、容易理解的始源域映射到抽象的、难理解的目的域上，从而理解和掌握目的域。了解概念隐喻的知识能够帮助学习者系统地掌握目标词各义项之间的内在关系，对于理解介词不同义项之间的关联有重要作用（王勃然，2007）。因此，我们建议在介词教学中，教师根据介词的原型意义，借助意象图式，通过认知模式帮助学习者推导出其隐喻意义。

我们在 3.2 中概括了介词 within 的空间概念的基本意义，分析了其隐喻意义是如何延伸的。在介词教学中教师可以借助意象图式开展基于概念隐喻的介词教学。

首先，根据介词 within 所表达的原型意义"在……之内，不超出"，展示 within 表示一维空间、二维空间和三维空间的意象图式的同时，运用具体例句讲解其表达的"在某段距离内"、"在某地域范围内"和"在某个容器之内"等意义。然后，解释这些空间意义如何被映射到时间域和程度域上。我们可以把 within 的原型意义，在不同的情况下射体与界标以及某个空间位置之间的空间关系，以及这些意义映射到时间域和程度域的认知过程用下面的图 12 表示。

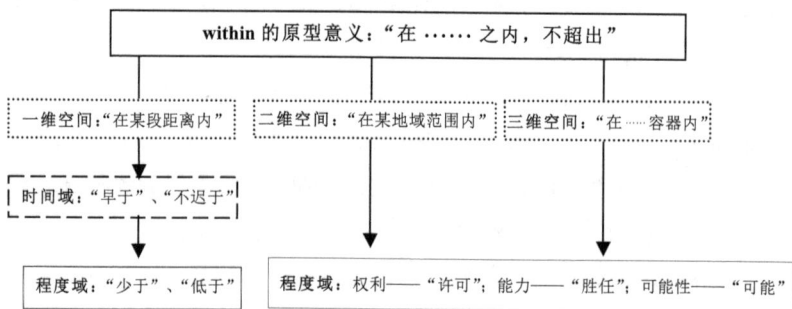

图 12　within 的意义图示

最后请学生根据以上讲解的内容判断下面的 6 个句子中 within 的不同意义。如果是其意义被隐喻化，说明其隐喻意义。

（1）My father promised to come back within an hour when he left.

（2）His mother always asked them to remain within call.

（3）The couple never borrowed money and kept on living within their income when their son was in hospital.

（4）The students are required to finish the exam within the time limit.

（5）The pets are kept within the apartment when the owners are away.

（6）Considering his performance, it's a task well within his power.

参考答案：

上面六个句子中，句子（2）和（5）表示空间概念意义。句子（2）中 within 表达一维空间概念，即"在……距离内"之意；句子（5）中 within 表达三维空间概念，即"在……（空间）内部"之意。

句子（1）是 within 的空间概念意义隐喻化为表达时间域的"早于、不迟

于、不超出某段时间"之意；句子（3）、（4）和（6）是 within 的空间概念意
义隐喻化，表达的具体意义如下：句子（3）中 within 表达"少于"，句子（4）
中 within 表达"低于"，句子（6）中 within 表达"能力所及、胜任"之意。

在介词 within 的教学中，教师可以根据原型范畴理论，从"在……之内、不超出"这一核心义项着手，然后根据认知模式，在学生头脑中构建一个语义网络，让学习者掌握基本词义"在……之内、不超出"与延伸义项"一维空间：在某段距离内"、"二维空间：在某地域范围内"和"三维空间：在……容器内"的联系。通过意象图式，将从原型意义到时间域和程度域的语义网络呈现给学生，让学生在教师的启发和引导下，逐步学会如何找出各义项之间的联系。教师通过意象图式揭示出多义介词的词义隐喻化过程，帮助学生加深对介词的认知，从而形成相关的介词隐喻概念。提高概念隐喻意识可以帮助学生掌握各义项之间的内在联系，理解概念隐喻的语义延伸过程，提高长期记忆，最终有效提高介词习得效果。

4.3 分析英、汉空间范畴化的异同，提高跨语言类型意识

认知语言学的观点认为空间范畴化指的是人类根据自己的感知对他所生活、生存的空间进行分类的认知过程。长期以来人类在对各种事物进行分类和加工的认知过程中形成了各自的空间概念系统。由于人类生活在同一个外部世界，用同样的知觉器官感知环境，对事物进行分类和加工，所以在空间范畴化概念系统方面存在相同之处。但有时人类从不同的视角感知客观世界，根据不同的参照物分析、判断和认知不同物体之间的空间位置关系，因此，不同语言的空间概念系统在构成方面存在差异（武和平、魏行，2007）。马书红（2008）根据认知语言学的范畴化理论，对比分析了英语介词 in、on 和汉语介词"（在）……上"、"（在）……里"在空间范畴化上的异同。研究发现，由于英、汉两个民族对空间关系的观察、分类和认知不同，在划分空间范畴的核心、非核心成员时既有共同之处，也存在差异。

语言迁移研究一直是二语习得领域颇受关注的重点问题之一。概念迁移是语言迁移研究的新的研究视角。根据认知语言学的概念迁移理论，学习者学习目的语时不仅要掌握其新的语言形式，而且还有必要学习其概念系统。不同民

族和语言社团由于居住环境、生活经验和社会文化的差异，各自形成了自己独特的概念系统。语言与概念之间的关系是语言建立在人类的概念系统之上，同时不同语言受到不同概念系统的制约和影响，语言之间的差异会体现在概念层面上（姜孟，2009）。比如说，英语和汉语在表达空间关系上存在很大差异。

在介词教学中教师应该有意识地进行英汉介词空间概念的对比，提高学习者跨语言类型上的意识。具体做法如下：

首先，教师列举下面的英语和汉语在空间概念上存在差异的例子，引起学生的注意。例如我们可以给出英汉两个语义上对应的句子，让学生分析使用不同介词的原因：

（1）我们住在校园里。We live on campus.
（2）墙上有一个钉子。There is a nail in the wall.

在第一句对中，汉语中是"在校园里"而英语中是 on campus，原因是汉英两个民族对校园空间结构的认知不同。汉语本族语者脑海中的校园是有围墙的三维空间，而英语本族语者脑中的校园是无围墙的二维空间。在第二个句对中，汉语中是"墙上"，英语中是 in the wall，原因也是我们与英语本族语者对物体与"墙"之间的空间关系的认知存在明显差异。凡是汉语本族语者能够用眼睛从墙上看到的物体，无论是和墙的平面接触，还是从表面深入到墙体内，都看成是"墙上"，只有当物体埋在墙里面，眼睛不能直接看到时，才说"在墙里面"。而英语本族语者用 on the wall 时，仅指物体与墙面接触；用 in the wall 时，可能是物体从墙面深入到墙体，或者是埋在墙体内。

学习者的中介语发展过程涉及他们的母语概念系统和目的语概念系统。学习者在目的语没能达到可以用目的语表达自己的水平的时候往往倾向于依赖母语概念系统，或有意识或无意识地利用母语中的范畴和概念作为参照点，理解和认知目的语概念。在这样的认知过程中，已经储存在学习者大脑中的母语概念形式容易被激活，学习者在母语概念系统的基础上建立和发展目的语概念系统。在这一学习者中介语发展的动态过程中，学习者难免会受到来自母语概念系统的影响。因此，为了避免母语干扰，减少来自母语的空间介词概念迁移，在教学中教师应该有意识地对比分析英、汉两种语言介词概念系统的异同，提高学习者对英、汉两种语言差异的跨语言意识，清楚地掌握哪些是两种不同语言之间的共同概念范畴，哪些是各自独有的概念范畴，逐渐培养学习者的跨语言类型意识，最终构建完全脱离母语概念系统影响的独立的目的语概念系统（任庆梅、杨连瑞，2010）。

5. 结语

本章分析了国内二语介词习得现状，简述了介词教学的认知观，重点讨论了意象图式理论和和概念隐喻理论对介词意义的解释，最后提出了我们对在介词教学中应用认知语言学理论的建议。认知语言学家认为介词的各义项之间存在内在联系，并构成了一个多义网络。其中有一个是核心义项，其他的义项都是根据核心意义引申而来的。认知语言学的理论为学习者提供了一个新角度来理解多义介词这一较为复杂的语言现象，为介词教学提供了新途径。实践证明这一途径能够有效提高介词教学效果。

需要强调的是，认知语言学理论视角下的介词教学不能完全代替传统的介词教学。根据我们自身多年的教学经验，我们认为原型范畴理论、概念隐喻等更适合于复习或者补救性教学（remedial teaching）。教师应根据实际情况来决定是采取认知语言学理论指导下的方法还是传统的教学法，抑或是将这两种教学方法有机结合，以达到优化介词教学的目的。

附录：教学示例——意象图式理论在介词 over 教学中的应用

教学目的： 通过意象图式掌握介词 over 的原型意义如何延伸到其他义项
教学对象： 中、高级英语学习者
教学内容： 介词 over 的原型意义及其延伸的其他三个义项
课前准备： 介词 over 的原型意义及延伸意义的图式及例句
教学步骤：
1. **猜测语义：** 首先给出下面四个句子，让学生四人一组讨论并猜测每句中介词 over 的具体意义及相互间的语义联系。

（1）The clock is **over** the blackboard.

(2) Tom found **over** fifteen kinds of errors in his composition.

(3) His father has a strange power **over** him.

(4) I would prefer milk tea **over** porridge for breakfast.

2. 理解原型意义： 讲解介词 over 的原型意义（"在或向（某人／某物）的上方，但不接触"，然后把原型意义的图式呈现在 PPT 上（如本章图 1 所示）。接下来老师给出更多的图片和具体的例子来巩固学生对原型意义的理解。

3. 根据原型意义推导介词 over 的延伸意义： 根据上面讲到的原型意义，老师通过意象图式逐一展现出上述句子（2）、（3）和（4）中 over 的延伸意义，详细讲解各延伸意义与其原型意义之间的内在联系，请看下面的例子：

（1）over 的"比……多"义项：over 能够把垂直向上的射体与相对应的界标联系起来。在我们的经验当中，垂直上升与量相关，因此 over 具有"比……更多"之意。例句（2）中，界标 fifteen kinds of errors 相当于某种标准。其实本例句中没有提到界标，但当我们解读本句时，我们推断界标是错误种类（15 或更多）。所以比 15 多的错误可以被理解为高于在本句中提到的 15 种错误。

（2）over 的"控制"义项：从人类的生活经验可知，控制其他人的人往往在地位上高于被控制的人，这与介词 over 的原型语义相符。在句子（3）中，射体 his father 的权力大于界标 him。此外，比如说在战斗中，胜利者或控制者在战斗结束后往往是站着的（身体朝上立着的）。被打败者的身体低于控制者，往往是倒在地上的。这些都与介词 over 的原型意义相符。

（3）over 的"喜欢、偏爱"义项：与矮相比人们约定俗成地更喜欢高。在人类体验中"上面"隐含着数量多；与数量少相比，一般情况下人们更喜欢数量多的东西。又如 up 经常与正面积极的状态（如"幸福"等）联系起来（如 He is feeling up today.）。很显然与不幸福相比，人们当然喜欢幸福。

4. 判断意义，实际应用： 给出下面的 6 个句子，要求学生判断每句里 over 表达的义项是否属于以上讲解的三种延伸意义，如果是的话，写出属于哪一个具体的义项。然后，要求学生写出包含上述 3 个义项的句子，每个义项写 2 句。

（1）My father found **over** twenty kinds of small fishes in the sea.

（2）Mary has authority **over** purchasing for the birthday present for my father (= the act of deciding what will be bought).

(3) I prefer country music **over** classical one.

(4) They put a transparent plastic sheet **over** the painted ceiling of the chapel during repairs.

(5) After the false start, they started the race **over**.

(6) Mary looked **over** the manuscript quite carefully.

参考答案：上面六个句子中句子（1）、（2）和（3）的义项属于刚讲过的 over 的三种义项，具体意义请看下面的解释：over 在句子（1）中的意义是"比……多"；over 在句子（2）中的意义是"控制"；over 在句子（3）中的意义是"偏爱"。句子（4）和（6）中 over 的意义是其原型意义"在……上面，但不接触"；句子（5）中 over 的意义是"重新开始"，相当于 again 之意。

5. 巩固及学习新的延伸意义： 分析学生写出的句子，总结和归纳 over 的三个延伸意义之后接着运用意象图式讲解第四步练习里出现的没有学过的 over 的其他延伸意义，例如："检查"（examining）、"反复"、"重复"（repetition）等。

第六章　时态教学

1. 引言

在英语教学中，时态是必然要涉及的基本概念，各种英语教材和语法著作都对此有较多的论述。英语时态也是中国学生最早学习的语法范畴之一。研究结果表明，这是中国学生使用英语的一个难点。例如李佳（2008）发现，英语专业二年级学生的时态错误占所有语法错误的 33.11%，位于语法错误的第一位。刘喜芳（2009：17）发现，高职高专学生的时态错误占整个动词错误的 18.23%，列第一位。再如文秋芳（2010a）的跟踪研究证明四年的英语专业学习对提高学生使用过去时的正确率没有产生积极影响。因此本章介绍如何运用认知语言学理论来解决传统时态教学中的问题。

本章的结构如下：首先分析传统时态教学存在的问题及原因，然后分别以认知语言学中 Reichenbach 和 Langacker 的模型分析英语时态的意义，最后提出将认知语言学理论应用到时态教学中的建议。

2. 时态教学的现状及原因分析

时态使用的错误本质上是学生在时态的形式与意义的匹配上发生了错误。最常见的错误是对不同时态的混用。如胡江（2010）在研究了中国英语学习者语料库（CLEC）和中国学习者英语口语语料库（COLSEC）之后，发现时态习得受到语境意义毗邻的其他时体的影响，因而导致混淆使用，主要体现在将现在完成时用于表达一般现在时、一般过去时和过去完成时。如以下几个时态混淆的实例均可以反映出这个问题（李佳，2008；杨丽琴，2010）（<>之中的是正确的时态）。

*Now I am a sophomore. University had changed <has changed> me a lot.
*I failed in the exams though I endeavored <had endeavored> to prepare before the exams.

*I decided to go back and give the money to the seller even if I have already
　paid <had already paid> for it.

*If I am <were> you, I will <would> sleep to eleven or twelve.

*If Mr. Hugo is <was> still alive these days, he might ...

以上例句反映出教师在时态教学中孤立地教授单个时态的问题。学生在学习单个时态的时候，新学的时态可能对先学的时态产生负迁移作用，或者先学的时态可能对后学的时态的习得产生错误的思维定式作用。尤其对于意义比较接近的时态，其意义/用法上的差别学生不易靠自己掌握。这时就需要教师在学生学习了一定的时态之后，把临近的、容易混淆的时态集中起来帮助学生比较各个时态的异同，揭示其用法上的细微差异，同时起到复习提高的作用。正像教育家孔子所言，学生"学而不思则罔，思而不学则殆"。复习就是一种更深刻的反思，这样才能"温故而知新"。认知语法注重对时态的意义的区分，有助于帮助学生掌握时态的用法。

3. 时态意义的认知解释

认知语法流派众多，对时态意义的解释差异很大。这里我们从解决教学实际问题出发，选择了 Reichenbach 的时间模型和 Langacker 的心理空间模型。我们认为在二语教学中，Reichenbach 的时间模型适合教授典型时态，Langacker 的心理空间模型更适合用于解释特殊时态的用法。

3.1 Reichenbach 的时间模型

Reichenbach（1947）认为时态蕴含着三种时间：说话时间（speech time）、事件发生时间（event time）和参照时间（reference time）。说话时间指真实世界中言语行为发生的时间坐标；事件发生时间是指语言世界中事件发生的时间；参照时间指说话者自我选择的时间参照点（viewpoint）。说话时间与事件发生时间属于客观时间，而参照时间指的是说话者自我设置的主观时间。客观时间存在于每个时态中，但参照时间是否出现取决于说话人的选择，换句话说，有的时态中没有参照时间，例如表 1 中例 1—例 3 就没有参照时间，而例 4—5 中三种时间都有。

表 1　例句分析

	例句	说话时间	事件发生时间	参照时间
例 1	The train is leaving at 20:30.	现在	现在	/
例 2	The train left early.		过去	/
例 3	The train will leave in an hour.		将来	/
例 4	The train had already left when I got to the station.		过去的过去	过去（从句）
例 5	The train has left.		过去	现在

　　表 1 中例 1、例 2、例 3 的说话时间都是现在，而事件发生时间分别是现在、过去和将来。例 4 中的主句是说话人所要表达的主要意思（the train had already left）。该事件无疑发生在过去，但说话人并没有使用一般过去时。为什呢？因为说话人在脑海中把这一事件与从句表达的事件（when I got to the station）进行了对比。虽然这两个事件都发生在过去，但时间先后上有差别，所以作者用一般过去时表达从句事件，用过去完成时表达主句事件。这就是说，例 4 中从句事件发生的时间就是主句事件的参照时间。参照点像一个坐标系，把一个事件的时间与另一个事件的时间进行了比照。例 5 的说话时间与参照时间相同，但与事件发生时间不同。例 5 选择的参照时间是"现在"，这表明"火车离开"这一过去发生的事件对说话人现在仍旧有影响，因此例 5 使用的是现在完成时。

　　这里需要强调的是，说话人有权决定是否采用参照点以及采用何种参照点。当说话者决定不选择参照时间来描述"火车离开"这一事件时，他就直接使用一般过去时；当说话人选择过去的某个事件作为另一个过去事件的参照点时，就需要使用过去完成时；当说话人选择现在作为某个过去事件发生的参照点时，他就要选择现在完成时。

　　按照说话人是否选择参照时间点，英语时态可以分为简单时态和复合时态。简单时态中只有说话时间与事件发生时间。一般过去时、一般现在时和一般将来时均为简单时态。简单时态的说话时间总是在现在，而事件发生时间有所不同。一般过去时、一般现在时和一般将来时的事件发生时间分别是过去、现在和将来（请见表1中例1—例3）。

复合时态中，除了说话时间、事件发生时间之外，还有参照时间。按照参照时间与事件发生时间的关系可以把复合时态分为两大类：前事件时态（anterior tenses）与后事件时态（posterior tenses）。前事件时态的事件发生时间在参照时间之前，如在复合句 Our train had left at 10 am when I was on the way to the station. 中，主句事件时间（过去的过去）在从句事件时间（过去）之前。后事件时态的事件发生时间在参照时间之后，如在 I'm going to visit the Martins. 句中，参照时间在现在（现在进行体定义了现在这个参照点），事件发生时间是将来（即访问马丁一家）。为了让读者系统地理解如何按照这种方式分析英语的主要时态，我们把分析的结果编入表2（参考 Radden & Dirven，2007：207，形式上有改动）。

表2　英语复合时态的分析

类型	时态名称	例句	时间坐标分析				
			过去的过去	过去	现在	将来	将来的将来
前事件	Present perfect	Peter has been to Europe many times.		E	RS		
	Past perfect	I had eaten lunch before they arrived.	E	R	S		
	Future perfect	I will have finished three chapters by tomorrow.			S	E	R
后事件	Present prospective	I'm going to leave.			SR	E	
	Past prospective	I was going to leave.	R	(E)	S (E)	(E)	
	Future prospective	*			S	R	E
	Prospective						

注：S = 说话时间；R = 参照时间；E = 事件发生时间。* 指的是形式与 I will be going to leave. 这样的句子类似。由于此类句子出现的概率很小，从教学的角度来看没有太大的讨论必要。

3.2 Langacker 的心理空间模型

Langacker 的时态模型（1987）借鉴了 Fauconnier 的心理空间（mental space）理论。我们认为"心理空间"这个名称更适合我们去理解这个模型的实质，所以我们把它称为心理空间模型，而 Langacker 本人则它称为 Model of Evolving Reality（1987）。Langacker 觉得该理论既能解释时态的典型用法，又能解释"特殊用法"，比其他理论模型更具解释力。但基于以往的教学经验，我们认为他的模型更适合应用于教授时态的特殊用法。

Langacker 的心理空间模型有两个子理论。本章从教学实际出发主要探讨其对特殊用法的介绍，因此只在这里介绍其中的一个子理论。Langacker 认为，过去时态的形态标记（如 -ed）反映的与其说是一个时间概念，不如说是一个空间概念。这个空间主要是指主观的空间，即心理空间。所以过去时态标记反映的是空间的距离性问题。易忠良（1987）也认为英语动词过去时态的实质是距离性（remoteness）。为了运用这个理论解释时态的特殊用法，我们先看表 3 中的 4 个例句。例 6 与例 7 是带一般过去时标记的特殊用法，例 8 与例 9 是带一般现在时标记的特殊用法。

表 3　时态的特殊用法

例句		心理距离
例 6	If he took better care of himself, he wouldn't be absent so often.	主观假想拉远距离
例 7	I wondered if you could help me with my car.	心理关系拉远距离
例 8	There is a famous story of President Abraham Lincoln, taking a vote in a cabinet meeting on whether to sign the Emancipation Proclamation. All his cabinet secretaries vote nay, whereupon Lincoln raises his right hand and declares: "The ayes have it."	记忆重现拉近距离
例 9	I have a meeting next Wednesday at that time.	主观计划拉近距离

例 6 与例 7 都带了一般过去时标记，但表示的事件都不是发生在过去，这些就是我们所说的特殊用法。例 6 是虚拟条件句，其动词加上了过去时的标记，但却不表示过去发生的动作或状态。例 6 的主句动词 took 表示说话者对现在的情景作了假想，假想属于非存在，与直接存在有距离。这种距离性

(remoteness）正是通过一般过去时的形态标记来表示的。一般过去时形态标记的存在与缺失正好区分真实与假想的存在。这种主观的假想使事件的距离感增强，因此对现在的、假想的状态不使用一般现在时标记，而使用了一般过去时标记。换句话说，如果例 6 的说话者使用一般现在时（If he takes better care of himself, he won't be absent so often.），那他（她）所表达的就是真实的存在。例 7 表达的是委婉的请求，动词虽然加了过去时标记，但表示现在或将来的动作，与过去时间没有丝毫关系。例 7 中主句动词的过去时标记 -ed 反映的其实是说话人与听话人的心理距离。说话人觉得自己与听话人的距离可能不是特别近，所以不便使用一般现在时来表达这个请求，而改用一般过去时的形态标记 -ed 来表达这种委婉的请求。所以，说话人的这种主观评估的人际距离拉远了心理距离，从而使不需要带一般过去时标记的句子带有该标记。相反，如果说话者在主观上认为自己与听话人的关系足可以使用直接的请求，那就可以使用含一般现在时的句子（I wonder if you can help me with my car.）。

我们再看一下例 8 与例 9 中的特殊用法。表 3 中例 8 是 Peter W. Rodman 在其书 *Presidential Command*（2010）中所写的一句话，表达的是林肯在签署《解放黑人奴隶宣言》时所说的话。虽然这句话使用的是一般现在时，但其实指的过去的事件。所以这是用一般现在时表示的历史过去时。怎么解释这种情况呢？根据 Langacker 的理论，说话者使用历史现在时说明他（她）在头脑中把过去的事情当作现在发生的事件，把距离远的过去移植到了近在眼前的现在。过去发生的事件在说话人脑海中的重现使得这一事件与现在的心理距离似乎被拉近了，这使得过去事件带有一般现在时的标记。从心理空间的角度来说，说话者的过去的心理空间与现在的空间重合起来了。这种重合有可能是下意识的流露，也有可能是有意识地让听众对事件的直觉栩栩如生。作者 Rodman 可能觉得例 8 所表述的是一个伟大的历史时刻，这一刻应该不仅属于过去，而就像永远地定格在我们眼前一样。例 9 从表面来看也是一般现在时，但其时间短语（next Wednesday at that time）表示该动词表示的是将来的动作。按照 Langacker 的模型，一般现在时所代表的直接存在是主观建构的，所以当说话者用一般现在时表示计划的行动（将来的动作）时，他（她）是把计划的、未实现的、潜在的存在当作了正在进行的、直接的存在，因为计划的行动是主观所打算实践的活动，是主观建构的未来现实。这种计划性使得在主观上拉近了与将来事件的距离。

4. 时态教学中应用认知理论的建议

Reichenbach 模型长于对时态的典型用法进行分析，Langacker 模型长于解释时态的特殊用法。因此我们从这两点出发分别提出两个教学原则：运用 Reichenbach 模型分析时态的典型用法；运用 Langacker 模型解释时态的特殊用法。

4.1 运用 Reichenbach 时态模型分析时态的典型用法

Reichenbach 模型适合用于对时态意义的教学，尤其对于区分相近的时态意义有重要的教学意义。首先要考虑教学的难易程度与先后次序。由于简单时态是二元结构（S、E），复杂时态是在此基础上的三元结构（S、E、R），所以可以按照由易到难、循序渐进的规律进行时态教学。前者是后者的认识基础，后者是前者的深入。其次，把时态分析为这种二元或三元的结构能够解释学生所犯的时态错误，从而有针对性地进行补救性教学。Reichenbach 的模型更适合进行复杂时态的教学或补救性教学。当学生脑海中的诸多复杂时态在一起互相干扰时，掌握其中的异同就显得十分重要。值得注意的是，Reichenbach 的模型主要依靠的是对时态的分析及反思，所以运用这一模型教学需要学生首先对某一时态已经有了一定的感性认识，包括对时态形式的掌握。

以下是一个利用这个模型进行教学的例子。学生经常将现在完成时与过去完成时、一般过去时混用（韩存新、樊斌，2007；胡江，2010）。教师可以在学生掌握了这三种时态的形式和意义并积累了一定的感性经验之后，介绍 Reichenbach 的三种时间的概念——说话时间、事件发生时间与参照时间。教师主要使用下定义及举例子的方式。三种时间的概念与例句详见上文。

然后，教师对 Our train has left already. 这一句话进行时间分析。在这个句子中，说话时间就是听者听到这句话的时间或者读者在读到这句话时合理推测或判断的时间。说话时间永远被默认为是现在。这句话的事件是火车离站这个事实。这个事件发生的时间是过去。但是这句话不是一般过去时，因为说话人还有一个主观上的参照时间。

继而，教师可以利用语言和图表的方式演示如何利用这三个时间概念分析现在完成时、一般现在时与过去完成时态的时间成分。如，一般过去时只有两种时间：说话时间在现在，事件发生时间在过去。现在完成时的说话时间在现在（这对所有时态都是一样的）；事件发生时间在过去（延续或不延续到现在）；它的参照时间与说话时间一致，都是现在（这一点是与一般过去时的区别）。过去完成时也含有三个时间：它的说话时间是现在，而参照时间移动到了过去，事件发生时间是过去（这一点是与现在完成时的区别）。教师可以利用表格的方式展示分析，如表 4。

表 4　三种完成时态的说话时间、事件发生时间与参照时间

时态	例句	过去的过去	过去	现在	将来	将来的将来
现在完成时	I've already eaten lunch.		E	RS		
过去完成时	Our train had left at 10 am.	E	R	S		
一般过去时	The train left at 6.		E	S		

教师应该在教学之后布置练习。该练习目的是帮助学生巩固所学的三种时间并掌握时态分析的能力。练习如下：

请分析以下句子的三种时间（说话时间、事件发生时间和 / 或参照时间）所在的位置（过去、现在、将来等），及该时态的意义（功能）。把每个句子的事件发生时间转写成另外两个位置（过去、现在或将来），并说明句子意义上发生的变化。

(1)　As you already know, cultures differ greatly.

(2)　Nothing like it had been seen on the stage before.

(3)　They were here only a few minutes ago.

例如，在句（1）中，As you already know, cultures differ greatly. 这句话中有两个时间：说话时间在现在，是说话人说话或者写作的时间；事件发生时间也在现在。该句时态为一般现在时，表达了一般真理。该句可以改为 As you already know, cultures differed greatly 及 As you already know, cultures will differ greatly。前一句表达的意思是："你知道，文化在过去有了很大的变化。"后一句的意思是："你知道，文化将有很大变化。"

教师还可布置一些习题以帮助学生巩固知识，如以下单项选择题：

—Our country_____a lot so far.

—Yes. I hope it will be even_____.

A. has changed；well B. changed；good

C. has changed；better D. changed；better

（正确答案：C）。

现在完成时与一般过去时的用法不易区分，教师可以用表4帮助学生分析。类似的习题还有：

—He _____to draw oil painting already.

—When_____he?

—Last year.

A. learned；has B. learned；did

C. has learned；has D. has learned；did

（正确答案：D）

4.2 运用 Langacker 时态模型解释时态的特殊用法

传统的教学语法认为时态与客观现实一一对应，比如过去时对应过去事件，现在时对应现在事件，将来时对应将来事件。这种观点能够解释很多时态现象，但是对于其他大量时态现象的解释是无能为力的。上文表4已经给出了例子。依据传统教学语法的传统时态教学可以帮助学生掌握时态的典型用法，而对于其特殊用法，教师只能建议学生作为例外情况记忆了。这样学生理解得不好，运用得也不好。认知语法中 Langacker 的时态模型可以解释时态的特殊用法，所以应用该模型可以改进时态教学。下面具体向教师建议一种应用该模型进行教学的方式。

首先教师可以给学生几个例句，如表3中的例6与例7（参见上文）。然后教师以提问的方式了解学生是否能准确理解这两个例句的意思。教师要让学生深入理解例6及例7虽带有一般过去时标记，但句子所表达的事件并不发生在过去，即它们不是一般过去时的典型用法，而是其特殊用法。接着教师向学生讲解应该如何理解这个特殊用法。这时教师应该先介绍 Langacker 的心理空间模型。教师应该结合表 3 中例 6 与例 7，让学生知道过去时态的形态标记（如 -ed）有时表达的不是一个时间概念，而是说话者的一个心理空间的距离感。具体如何应用这个模型对这两个例句进行分析请参照上文以及表 3 的第三列，此处不再赘述。教师可以用同样的方法处理一般现在时的特殊用法（如表 3 中的例 8 与例 9）。

在上面的讲解之后，教师应该进一步帮助学生掌握该理论。教师可以让学生将以下例句与其用法进行匹配，让学生把代表其用法的字母（A、B、C、D）填入句子后面的横线上。

(1)　It is time we started meeting._____

(2)　Did you know black cats are considered bad luck in the U.S. but good luck in Japan?_____

(3)　"So Abraham Lincoln stands up in the boat and waves his arms to catch past our attention."_____

(4)　If Cindy passes the bar exam, she'll be able to practice law._____

A. 现实条件拉近距离　　　　B. 记忆重现拉近距离

C. 心理关系拉远距离　　　　D. 主观建议拉远距离

答案应为：(1)D；(2)C；(3)B；(4)A。

最后教师应设置一些练习帮助学生巩固所学知识，比如以下练习题：

If I_____where he lived, I_____a note to him.

A. knew；would　　　　　B. had known；would have sent

C. know；would send　　　D. knew；would have sent

（正确答案：B）

附录：教学示例——Langacker 模型在时态教学中的应用

教学目的：通过运用 Langacker 的时态模型帮助学生掌握带有一般过去时

标记的一般过去时的特殊用法

教学性质： 补救性教学，即针对学生的错误进行针对性教学

教学对象： 针对未掌握含有一般过去时标记的句子的英语学习者

教学内容： 含有一般过去时标记的一般过去时的特殊用法

教学说明： Langacker 的心理空间模型在时态教学中的运用已经在前文中有所介绍。以下内容可以作为拓展或补充。

教学步骤：

1. 教师首先给学生展示以下句子，让学生两人一组讨论每句中动词的一般过去时的具体用法。

A. If I had a map now, we could easily get out of the forest.

B. It is high time children went to bed.

C. Could you please tell me where the restrooms are?

2. 教师分别解释各句中过去时的具体意义，让学生认识到同一种语法形式可以表达不同的意义。

A 句中的 had 不是表示过去的状态，而是表示与现在的事实相反的假想。如表 3 中的例 6 一样，说话人主观上的假想拉远了心理距离，因而动词使用了过去时。B 句表示说话人的一种主观期望与建议，建议表达的是主观上的、未实现的构想，不是客观上的现实，因此使用带过去时标记的动词，通过主观期望拉远了距离。C 句中的 could 表明了说话人婉转的态度，因而也是表示比较远的人际距离。该句表达的是说话者现在要求对方帮助的一种请求。请求可能会给听话者带来一种压力。说话人可能觉得自己与听话者的人际关系还不够近，所以使用了这种比较委婉、有礼貌的说法。所以说话者主观感知的较生疏的人际距离是这个请求语句使用过去时形式的原因。

3. 教师出题检测学生的理解。教师请学生将以下句子与其对应的用法匹配起来，把代表其用法的字母（A、B）填入后面的横线上。学生做完之后，教师应该进行反馈与讲解。

(1)　I thought you wanted to see my portfolio._____

（2） If I were you, I would take her advice._____

（3） If I had got there earlier, I would have met Mr. Li._____

A. 主观假设拉远距离

B. 心理关系拉远距离

答案：（1）B；（2）A；（3）A。

第七章　情态动词教学

1. 引言

　　情态对语言表达具有特殊作用，它反映了说话人对所说内容的态度与看法，体现了话语的主观性（梁晓波，2001）。情态动词是情态范畴的重要组成部分，也是各种语言实现情态表达最为重要的方式与载体。情态动词具有多义性，其意义会随着语境的改变而改变。所以，不管是对于学习者还是本族语者，情态意义的辨析都是一个极其复杂的认知过程（汤敬安、央泉，2008），情态动词的习得自然成为研究者与语言教师极为关注的话题。特别是对于二语学习者来说，每一项情态结构的背后都隐藏着复杂的社会意义，比如说话人的意识形态、话语双方的语轮互动以及不同文化背景下社会权利博弈等，这些都是学习者在进行语言理解时经常碰到而又感到无比困惑的现象（李基安，1998）。情态动词的学习在整个二语习得过程中占有重要地位，能否正确使用情态动词是衡量二语学习是否成功的指标之一。因此，如何让学生准确掌握情态动词的复杂用法，是摆在每位二语教师面前的问题。

　　范畴化、概念隐喻、意象图式、力动态图式以及心理空间等认知语言学理论的出现为情态动词教学提供了新视角。下面我们将重点讨论认知语言学视角下的情态动词教学。首先，我们简要介绍国内二语情态动词习得现状及其原因；然后重点探讨认知语言学对情态意义的解释；接着提出我们对认知语言学理论应用到情态动词教学中的建议，主要包括范畴化理论、力动态图式理论以及心理空间理论等；最后是结语与教学示例。

2. 国内二语情态动词习得现状及其原因分析

2.1 情态动词及学习者存在的问题

　　情态动词是情态意义的主要表达形式。情态意义大致可分为认识情态

(epistemic modality) 与道义情态 (deontic modality) 两大类型 (Biber et al., 1999；Coates, 1983；Larreya, 2004；Palmer, 2001；Quirk et al., 1985；Sweetser, 1990)。简单说来，认识情态主要表达说话人对命题真值的肯定程度，而道义情态主要表达主语所感觉到的义务、需要或者允许履行的行为 (梁茂成，2008)。

对学习者情态动词习得的研究是近年来的热点话题。不少研究发现，很多学习者在主要情态动词的习得与使用上存在不同程度的困难 (梁茂成，2008)。如 Hunston (2004) 对中国英语学习者情态动词的使用情况进行了研究，认为中国学习者在情态动词意义的使用方面存在一些典型错误，进而提出在英语教学中，不能总是采用传统的教学方法讲授情态动词的用法，而要结合相关语言学理论，对情态动词的意义进行详细解读。Hyland 和 Milton (1997) 发现，中国学习者在写作中，情态动词使用不当的现象普遍存在，这使其语言显得过于武断。部分原因可以归为学习者对于情态动词与普通动词之间的意义区别缺乏认识 (刘国兵，2012)。刘秋芬 (2006) 对比分析了中国学习者英语语料库 (Chinese Learners English Corpus，简称 CLEC) 和本族语者语料库 (The Lancaster-Oslo/Bergen Corpus，缩写为 LOB) 中情态动词的使用情况，发现学习者在九个核心情态动词的使用上，普遍过多使用 can、must、should 和 will，而较少使用 might、shall 和 would。特别值得一提的是，学习者在使用最常用情态动词 (如 can、will、must 和 should) 时更易出错。此外，马刚和吕晓娟 (2007) 的研究也发现了类似问题。

2.2 传统情态动词教学方法的不足

我们认为，导致学习者情态动词使用问题的原因可能很多，但其中一个主要原因是传统情态动词的教学方法存在明显的不足，其主要表现如下：

第一，在课堂教学中，教师依据传统语法，主要在句法结构层面讲授情态动词的意义，无法帮助学生从根本上领悟其内涵 (刘国兵，2013)。比如张道真 (2003)[1] 在讲解情态动词 could 的用法时基本集中在句法结构层面，没有全面系统地介绍 could 的多个意义。张道真给出的定义与解释是：(1)could 表示

1　详见《张道真英语语法》（2003版）第11章：情态动词。

主语所具有的能力，为 can 的过去式；（2）表示说话人对事情的猜测；（3）表示请求、许可；（4）"could＋完成时"用于肯定句时一般表示过去可能完成却未完成的动作。由此可以看出，传统语法在讲解情态动词时，句法结构以及语法意义是其关注的重点，而词汇本身的意义却被安排在次要位置。因此，传统语法在情态动词意义的解释方式上存在问题，对于语言教学以及学生词汇习得存在或多或少的负面影响（Tyler, Mueller & Ho, 2010）。

第二，在传统语法影响下，教师讲授情态动词的意义时，基本采用罗列的方式，孤立地解释与讲授情态动词的多义用法。比如，Biber 等（1999）、Quirk 等（1985）、章振邦（1997）、张道真（2003）等较有影响的语法著作在安排章节内容时，多数将情态动词与实义动词严格区分开来，且没有将同一情态动词的多个意义以及情态动词与相近实义动词之间的意义联系起来，而是分章单独讲解。受此影响，教师在课堂教学中于是也分别讲授。因此，对于学生而言，面对情态意义的多重性与复杂性，他们无法在同一情态动词的多个义项以及情态动词与相近实义动词之间建立联系，也不能有效区分意义相近的情态动词与实义动词，从而导致他们对情态动词词义的掌握不够系统，在应用中出现误用或回避等问题。

3. 情态动词意义的认知解释

3.1 情态动词意义的认知理据

认知语言学是 20 世纪 80 年代末在反对主流的生成语言学的基础上发展起来的一个新兴的语言研究学科（Langacker, 1987），它强调语言意义的理据性。在认知语言学家看来，人类的认知结构以自身的感知、动觉、物质以及社会经验为基础，进而对大脑中的基本范畴、直接概念以及认知图式进行有序的组织与构建。这一组织与构建过程直接反映在人类语言上，因此，语言的使用和意义的表达不是任意的，它与人们对现实世界的感知之间存在着密切联系（Langacker, 2008a；刘正光, 2010）。此外，人类基本的认知能力与源于实践的认知模式有其直接与广泛的语言学表征，同时，语言结构也为揭示人类的心理现象提供重要线索（Langacker，1991，转引自黄曙光，2007）。认知语言学的不同理论可以从多个方面对情态动词意义的理据性进行解释。

首先是 Talmy 的作用力图式理论（或称力量图式理论）。Talmy（1988）认为，情态动词所表达的道义意义与认识意义可以用现实世界中作用力的作用过程来解释，也就是所谓的作用力图式（Force Schemas）。该理论共包括三个部分，分别是力的强制作用（Compulsion）、力的阻碍作用（Blockage）以及阻力的消除（Removal of Restraint）。力的强制作用是指，当外力作用于某一物体时，该物体会顺着作用力的方向前进；但是，当外力遇到来自物体内部或者外部的阻碍时，该物体移动的方向会发生改变，或者造成物体沿着力的方向继续前进，这就是力的阻碍作用；当然，如果阻力消除，作用力就会使物体沿着既定的方向继续前进。对于英语中的多数情态动词，其意义都可以用该理论进行解释。

其次是 Sweetser 的隐喻扩展理论。认知语言学家认为，情态动词是一个相互联系的动态系统。情态动词的意义是有理据的，其多层含义之间相互关联。基于这种思想，Sweetser（1990）利用认知语言学中的隐喻扩展来研究情态动词。她的基本观点是，语言中的情态是真实世界对理性世界以及言语行为的投射，也就是说，认识情态是道义情态在语义上的延伸。二者意义上相互关联，在词汇意义的发展进程中具有一定的继承关系。她划分道义情态与认识情态的标准就是真实世界与理性世界，与此对应，涉及现实世界的情态，比如义务、能力等属于道义情态（有些学者称之为根情态或义务情态，本书中二者可以互换）；而理性世界中的必要性、可能性以及事情发生的概率等则属于认识情态。她同意 Talmy 关于作用力图式的观点，认为人们经常把外部世界的语言运用到内部心理世界，继而产生真实世界在理性世界的投射。她坚持所有投射都建立在作用力图式基础之上这一观点。

第三是 Langacker 的动态演变理论。关于情态动词系统的动态性，Langacker（1991，转引自黄曙光，2007）提出动态演变模式（Dynamic Evolutionary Model）来解释这一现象。动态演变模式主要包括两个方面：结构化世界模式（Structured World Model）与复杂认识模式（Elaborated Epistemic Model）。所谓结构化世界模式，就是说这个世界是按某种特定方式结构化而成的。因此，这种特定结构偏向于某些事情的发生而阻止其他事情的发生。只要条件允许，有些事情注定要发生，除非有外在力量阻止他们。但有些事情根本不会发生，因为他们与结构化的世界不相符。复杂认识模式与客观现实相对应。客观现实对于人类来说，只有有限的部分是已知的，人们对现实世界及其演变历史的了解是无法穷尽的。对于人类来说，世界可以分为已知现实（Known Reality）与虚构现实（Irreality），与已知现实联系紧密的虚构现实被称为未知现实，而其他的虚构现实被称为非现实（Non-Reality）。利用这些概念，Langacker 构建了情态动词的理想化认知模式，也就是我们所说的动态演变模式。这一模式还原了情态动词使用的过程，以及在该过程中所涉及的各种语言、社会和认知因素。

3.2 情态动词意义的范畴化特征

范畴化是认知语言学中的一个重要概念。就其本质而言，范畴就是人们在互动体验的基础上对客观事物普遍本质在思维上的概括反映，是由一些通常聚集在一起的属性概念构成的（王寅，2007：91）。一种事物及其类似成员（比如苹果）可以构成一个范畴，一类事物及其包含的事物（比如水果）也可以构成一个范畴，因此范畴有大有小，具有层次性特点。某一范畴的成员中，有些具有典型的范畴特征，我们称之为原型成员；具有相对较少范畴特征的成员叫作非原型成员或边缘成员。比如，日常生活中我们提到"家用电器"，马上会想到冰箱、电视机等，因为这是"家用电器"这一范畴的原型成员；而很少会想到手电筒、手机等，因为它们属于边缘成员。人们进行范畴化的过程，其实就是通过比较认知对象特征与某一范畴的原型成员特征来判定其是否属于同一范畴的过程。

情态动词是语言的重要构成成分，就其自身而言也是一种范畴；英语中几乎所有情态动词都是多义的，根据范畴的层次性特征，情态动词的每种意义也构成一种范畴。在情态动词教学过程中，我们可以借用范畴化理论，把同一情态动词的多种意义视作一个个范畴。各种范畴之间在特征上存在诸多联系，也存在很多相似之处。借用范畴的概念可以帮助学生在同一情态动词的不同意义之间建立起关联，从而使他们更系统地掌握情态动词的各种意义。

认知语言学中的范畴没有确定的边界，范畴与范畴之间的边界是模糊的。也就是说，世界上的任何范畴都不是孤立存在的，而是存在着各种各样的联系。例如，"水果"与"蔬菜"是两个完全不同的范畴，但这两个范畴之间存在很多联系，比如我们很难一下子判断西红柿是属于蔬菜还是水果。情态动词也一样，虽然不同意义之间存在差别，但就像"西红柿"与"蔬菜"和"水果"一样，他们之间存在不同程度的意义重合。

下面我们以情态动词 may 为例来解释这个问题。从认知语言学角度来看，may 可以表达道义意义与认识意义两种意义。表达道义情态时，它表示说话人的态度，表达"应允、允许"，与汉语中的"可以"语义基本相同，基本可以理解为说话人允许听话人做某事。当 may 表达认识情态时，它表示说话人对所表达命题（句子的主题）的评价，暗含说话人对命题真实性的把握程度不大，是对命题可能性的一种推断，与汉语中的"也许、可能"相当。请看以下例句：

（1）"You may go back now." The headmaster said.

（2）He may not be there.

（3）Tom may work out another solution with our proposal.

显然例句（1）中的 may 表达一种道义情态，它表示说话人发出的指令，意思是"可以……"。如果我们把道义意义作为一种范畴的话，那么根据例句（1）中 may 的用法，就可以总结出道义情态的范畴特征：(a) 说话人表示某种行为可以发生，即允许听话人做某事；(b) 情态的判断是根据社会法则作出的；(c) 说话人具有权威性；(d) 听话人为动作执行者，也就是施动者。例句（2）中 may 表达一种认识意义，通过同样的方法，可以总结出认识情态的范畴特征：(a) 认识情态是以说话人为中心的情态；(b) 它表示说话人对客观世界或人为事件的一种主观推测；(c) 说话人可以根据内在理性规则对过去、现在以及将来的情况进行推测。再看例句（3），我们发现这里的 may 兼具道义与认识两种情态特征。它既可以理解为：

（4）It is allowed for Tom to work out another solution with our proposal.

也可以理解为：

（5）It is possible that Tom worked out another solution with our proposal.

这种现象体现了情态动词 may 的语义模糊性，它是道义意义向认识意义发展的中间过渡地带。它既表达一种客观情态，其意义由外部客观因素决定；同时它又具有认识情态意义，介于道义意义与认识意义之间。由此可以看出，情态动词的各种意义之间并不是孤立的，而是存在着各种各样的联系。通过这种方法，可以帮助学生在情态动词的不同意义之间建立起联系。

3.3 情态动词语义的意象图式

意象图式（Image Schema）是认知语言学中的又一个重要概念，它是人们通过对具有相似关系的多个个例反复感知体验、不断进行概括而逐步形成的一种抽象的框架结构，是介于感觉与理性之间的一个重要环节（王寅，2007）。在人类理解外部世界时，它是人类知识和经验建立的基础，是理解和认知更为复杂概念的中间步骤，是认知能力的一种表现形式。人类的认知过程包括"现实—互动体验—意象图式—范畴—概念—语言"等环节（同上），人类在感知体验和互动的基础上逐步形成意象图式和认知模型，在此基础上再进行范畴化与概念化。例如，到图书馆借书时，我们会经历"走到图书馆，从书架上选出一本书，把书拿到借书处，借书，把书带回家"等一系列环节，这是对借书这一惯常行为的简单描述。我们在这个过程中需要调动自己的感觉和知觉。所以，认知语言学认为，类似的日常行为向我们揭示出思维和语言的基本特征。在这些惯常行为模式背后，支撑我们语言及思维的结构就是"意象图式"。此外，需要我们注意的是，"意象图式"和"图画"及"图形"没有关系。比如在饭店里吃了一道美餐，回到家，闭上眼睛，依然能想象出美餐的形象，这就是"意象"。"意象"作为心理学术语，指在没有外界具体实物刺激输入的情况下，人在心智中依旧能够获得其印象的一种认知能力（同上）。"图式"与具体形象无关，它是指人们把经验和信息加工组织成某种常规性的认知结构，可以较长期地储存于记忆中。Lakoff（1987/1990：267）指出，意象图式是我们日常身体经验中反复出现的比较简单的结构。它能够以类推的方式来建构我们的身体经验，还可通过隐喻来构建范畴、概念、意义，从而帮我们理解整个世界。认知语言学家 Lakoff 和 Johnson 都对意象图式做过深入研究。Lakoff（1987/1990：282-283）介绍了七类意象图式，而 Johnson（1987：126）对其分类更为详细，共列出 27 个颇具代表性的意象图式。在此基础上，Croft 和 Cruse（2004：45）将 Lakoff 与 Johnson 所论述的意象图式概括为七个大类，分别是空间、等级、容器、力量、整体 / 多样、辨认、存在等。下面我们以力量图式为例，简要介绍一下如何利用意象图式理论来理解情态动词所表达的不同意义。

前面我们提到，力量图式（也叫作用力图式）共包括力的强制作用、力的阻碍作用以及阻力的消除三个部分。这是依据物理学上的力学原理提出的。我们知道，在现实世界中，物体在运动过程中由于相互的机械作用，运动状态会发生改变。而语言是现实世界的反映，所以语言也应该包含一种类似于力学结构的语言结构。Sweetser（1990）认为，我们可以把情态看作是人类交际中说话人有意设定的、具有一定方向性的力或障碍物。因此，如果从作用力图式来分析情态动词，我们可以对其原型意义作出新的解释。基于作用力图式，Talmy（1985，1988）分析了英语中的三个主要情态动词 must、may 和 can 的道义情态用法。他给出了三个经典例句：

(6) You must hand in your term essay before the end of this week.

(7) You may enter the studio when the light goes out.

(8) Everyone who has a license can drive a car in New York.

在句子（6）中，must 用来表示"义务、责任"，句子（7）中 may 表示"允许"，而句子（8）中 can 则表示"能力"。如果利用作用力图式来分析，这三个情态动词分别表示"强大的、不可抗拒的作用力"、"潜在或缺失的障碍力"，以及"有效的能力"。在句子（6）中，must 表达由于某种外力（来自教师的权威）的影响，听话人必须按照这种外力指引的方向行事，这种外力不可抗拒，听话人无法根据意愿作出选择。句子（7）中，may 意为"允许"，是指障碍力移除或者潜在障碍力暂时缺失时，听话人可以根据自己的意愿支配自己的行为，从而作出自己的选择。而句子（8）中，can 表示的是强大的外力依然存在，不过这种外力没有句子（6）中 must 所表示的外力那么强大而需要听话人无条件服从。如果条件许可（has a license），听话人可以根据自己的意愿作出选择。此外，利用力量图式，Talmy 还对其他常见情态动词进行了详细分析（请参见本章 4.2 节)。

此外，美国认知心理学家 Fauconnier 提出心理空间理论（The Theory of Mental Space）来解释情态动词的意义。心理空间理论是一种以虚拟的心理空间来解释词际、语际语义关系的认知理论（靳琰、王小龙，2006）。从本质上讲，心理空间也是一种意象图式。在认知语言学家看来，心理空间是语言使用者用以暂时储存信息的容器，它不依赖于语言形式结构与语义结构而存在。在交际过程中，为了准确理解说话人表达的话语，听话人在破译语法信息的基础上，还要根据语法指令即时构建相应的心理空间。只有说话人与听话人构建的心理空间有重合时，语言交际才能顺利进行（有关心理空间的详细解释见本章 4.3 节)。

我们可以看出，认知语言学理论不但可以帮助我们厘清同一情态动词所表达的不同意义，而且还可以帮助我们理解不同情态动词之间的意义差别。

4. 情态动词教学中应用认知理论的建议

前一节我们解释了认知语言学对情态动词意义的解释。我们该如何将认知语言学有关情态动词的理论应用到课堂教学中去呢？本节将介绍并说明应用认知理论的三条建议。

4.1 应用范畴化理论在同一情态动词的多种意义间建立联系

范畴化理论让我们从另一种视角来认识与解释情态意义。它是认知语言学的基本理论之一，也是人类认识世界的基础。其基本观点是：意义是以范畴来表征的，人们通过认识范畴特征来理解意义，进而了解与认识这个世界。在人类的认知世界里，存在着一个个不同的范畴。范畴之间不是孤立存在的，而是有着千丝万缕的联系。人们通过范畴，可以把世界上的很多事物联系起来，进而更好地了解与认识它们。

下面我们还以 must 为例，来简要分析如何利用范畴化理论进行情态动词教学。课堂教学中，我们可以用示意图（如下页图 1）的方法来讲解情态意义之间的关系。图 1 中共有三种意义类型 [1]，即道义意义、认识意义以及二者兼有，也就是三种范畴。我们首先来看图 1 中道义范畴的例句（9）。从这句话可以看出，对于听话人来说，说话人 Miss Cherry 具有绝对的权威，话语中带有明显的命令口气。此外，根据社会法则，听话人从下周二开始需要每周支付五英镑，而且听话人是动作的实施者。也就是说，听完这句话以后，听话人就要按照说话人的要求去执行。因此，作为道义情态，这里的 must 表示听话人因为规定或法律有义务做某事，而且说话人的口气带有明显的指令性，这里 must 的意义等同于汉语中的"必须……"。通过分析我们可以总结出道义情态的范畴特征（见图 1 左栏）。

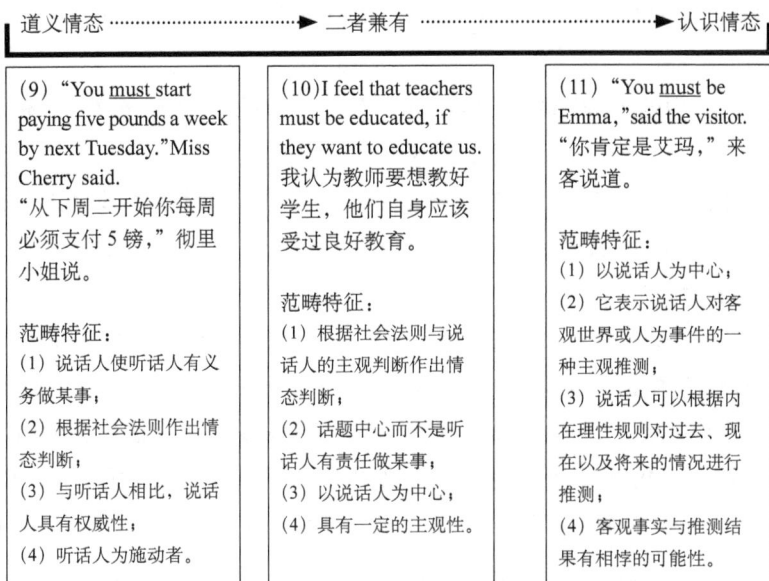

道义情态 ⋯⋯⋯⋯⋯⋯➤ 二者兼有 ⋯⋯⋯⋯⋯⋯➤ 认识情态

| (9) "You must start paying five pounds a week by next Tuesday."Miss Cherry said. "从下周二开始你每周必须支付 5 镑，"彻里小姐说。 范畴特征： (1) 说话人使听话人有义务做某事； (2) 根据社会法则作出情态判断； (3) 与听话人相比，说话人具有权威性； (4) 听话人为施动者。 | (10)I feel that teachers must be educated, if they want to educate us. 我认为教师要想教好学生，他们自身应该受过良好教育。 范畴特征： (1) 根据社会法则与说话人的主观判断作出情态判断； (2) 话题中心而不是听话人有责任做某事； (3) 以说话人为中心； (4) 具有一定的主观性。 | (11) "You must be Emma,"said the visitor. "你肯定是艾玛，"来客说道。 范畴特征： (1) 以说话人为中心； (2) 它表示说话人对客观世界或人为事件的一种主观推测； (3) 说话人可以根据内在理性规则对过去、现在以及将来的情况进行推测； (4) 客观事实与推测结果有相悖的可能性。 |

图 1 典型情态意义之间的过渡

我们再来看图 1 中表示认识范畴的例句（11）。显然句子（11）中的 must 与句子（9）的意义存在很大差别，这里表示听话人的推断，是一种认识意义，属于一种不同的范畴类型。它是说话人根据某些已知事实，对事情作出有把握的推测，相当于汉语的"肯定是……"。这种推测对于说话人来说尽管有相当的把握，但也有错误的可能。通过对句子（11）的分析，我们

---

1 情态动词must还有其他意义类型，为了讲解方便，这里只举出三种。此处"二者兼有"类型根据具备的道义与认识特征的多寡还可以进一步划分为更多的意义类型。

可以总结出认识情态的范畴特征，比如要以说话人为中心，说话人可以对过去、现在以及将来的情况进行推测，客观事实与推测结果有相悖的可能性等（见图 1 右栏）。

　　道义意义与认识意义是情态动词的两种基本意义范畴。除此之外还有其他范畴，比如道义、认识二者兼有类型。这种意义类型与道义、认识范畴相比，只具备它们的部分范畴特征，是道义范畴向认识范畴过渡的中间范畴。请看图 1 中句子（10）：

　　（10）I feel that teachers must be educated, if they want to educate us.

句子（10）中的 must 与句子（9）和（11）中的 must 在表达意义上具有相似之处，但又不完全一样。它兼具道义、认识两种意义的部分特征于一体。例如，这里的情态判断不仅仅是根据社会法则作出的，而且包含说话人的主观认识，即说话人自我感觉教师应该受过良好教育。在这项特征上，具有道义意义范畴的特点。此外，这里的情态是以说话人为中心的，且话题具有一定的主观性，这与认识情态又有些相似。但是，与二者不同的是，这里的说话人既没有权威性，听话人也没有做某事的义务，有责任做事情的是话题中心（话题谈论的对象）而不是听话人。这些特征都是道义意义与认识意义所不具备的。所以，句子（10）中的 must 表达的意义构成了一种新的意义类型，与（9）和（11）中的 must 分属不同范畴。但从以上分析我们同时也可以看出，三种不同意义类型之间在很多意义特征上都存在相似之处，他们并不是彼此孤立的，而是相互联系的。理解了 must 的一种意义范畴，则有助于理解其他范畴。

　　从图 1 可以清楚地看出，不同意义范畴之间存在特征上的相似性。从一种意义类型过渡到另外一种意义类型，这是一种渐进的过程，而非突然转变。也就是说，情态动词的道义意义发展到认识意义不是一步完成的，也不是突然失去了道义意义的全部特征，从而成为了一种新的意义类型。准确地说，从道义意义到认识意义是一个连续体。处于连续体两个端点上的情态意义分别为道义意义和认识意义，处于两个端点正中间的为二者兼而有之的混合体，其余的都是过渡类型。我们可以根据情态意义在图 1 中的位置，判断其所表现出的范畴特征。有些具有较多的道义特征，而有些则具有较多的认识特征。英语中常见情态动词 must、 can、may、should、will、shall 等，其多义现象都可以用类似的方法来进行解释。

此外，为了让学生熟练掌握这种方法，强化学习效果，我们可以给出以下例句，让学生根据范畴化理论来分析并判断句中情态动词的意义类型。对于学有余力的学生，可以给出更多例子。

(12)　"You must finish the thesis by the end of this week." The professor said. （道义情态）

(13)　You must have common sense, that's most important. （道义情态）

(14)　I think that the president candidates must be well-prepared, if they want to win the election. （二者兼有）

(15)　Erm I suppose it must be. （二者兼有）

(16)　This must be a very difficult job for you. （认识情态）

(17)　"He must be Prof. Lee's student," said the Chairman. （认识情态）

（以上例句选自英国国家语料库口语部分）

4.2 应用力动态图式理论帮助学生理解不同情态动词间的区别

我们知道，情态动词所表达的意义之间有着千丝万缕的联系，特别是一些常用的高频情态动词，在其所表达的众多意义中，有些意义很容易被学生混淆。此外，由于情态动词表达的是说话人的态度、观点等，很多情况下还隐含着说话人的意识形态、会话双方的文化背景以及权利差别等复杂因素。因此，对于很多二语学习者来说，要想准确把握和理解常用情态动词的意义并非易事，熟练掌握他们的用法就更加困难。我们认为，如果教师在课堂上恰当运用力动态图式理论，在一定程度上可以帮助学生准确理解常用情态动词的意义及用法。

Talmy（1988）和 Sweetser（1990）基于动力学提出力动态图式理论，并且用于情态意义的分析与研究。我们可以将其应用于课堂教学，以提高情态动词教学效果。Talmy 和 Sweetser 认为，情态动词的根意义与物理力学、障碍以及路径有着很多相似之处。因为从语言历史发展的角度来看，英语的情态动词是从最开始表达物理力量或社会意义的非情态词汇开始的（Tyler，2008）。Sweetser（1990）基于力的不同来源、不同种类，对英语中常用的基本情态动词进行了研究，区别了每个情态动词的根意义。比如，Sweetser 认为，must 的根意义是指外物对主体施加的一种不可抗拒的力量，例如下面这个句子：

(18)　You must do this or terrible things will happen.

在上面这句话中，强大的外力迫使 you 必须"这样做"，这种外力对于主体来说具有绝对权威，是主体无法抗拒的。而 need to 表达的则是由主体内部施加给自己的一种内力，这种内力要求行为主体按照要求去做某件事情或执行某个动作，但是与外力相比，这种内力的强度就小多了。例如：

(19) I need to wash my face.

在句子（19）中，对于行为主体"我"来说，内力来自于说话人本身想把自己的脸洗干净这样一种愿望，这种力量不带有绝对的权威，也没有巨大的强迫作用。如果想让 need to 与 must 这两个词表达的不同意义更清楚一些，我们可以把 You must do this or terrible things will happen. 这个句子稍微修改一下，试看下面两句话：

(20) You need to do this, but it depends on your schedule.
(21) *You must do this, but it depends on your schedule.

在句子（20）中，相对于主体内部的力量来说，来自于外界的力量就显得小多了。因为说话人可以根据自己的需要决定是否接受，拥有选择的余地。但是在句子（21）话中，因为 must 表示外物对主体施加的一种不可抗拒的力量，对于主体 you 来说，这种外力巨大且无法抗拒，所以这句话中 must 的用法显得非常奇怪，对于本族语者来说是无法接受的。通过这种方法，基于力动态图式，我们可以把几乎所有常见情态动词所表达的意义及其用法区别开来。

　　认知语言学认为，人类对语言的理解与使用是建立在物理世界的经验之上的。因此，利用认知语言学的方法解释情态动词，不会像传统语法那样用话语或者词典定义的方式来对意义进行解释，他们更倾向于借助图表或者场景的方法。例如 Tyler（2008）为了解释常用的十个情态动词，基于 Sweester（1990）的分析方法，勾画了十幅示意图。限于篇幅，这里只介绍 can 和 could 两个情态动词的示意图（如图 2、图 3 所示），其他情态动词的示意图及相关解释请看本章附录二。

在讲解这两个情态动词的道义意义时，传统语法通常解释为：could 是 can 的过去式，前者在语气上相对较为委婉。但单纯从语气上对这两个词的道义意义进行区分，对学生来说是远远不够的。实际应用当中，他们仍然无法辨别什么时候该用委婉语气，什么时候该用非委婉语气。我们同样也可以利用力动态图式理论来解释这两个词的道义意义和用法。

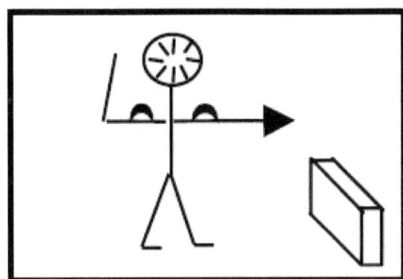

图 2　can 的示意图　　　　图 3　could 的示意图

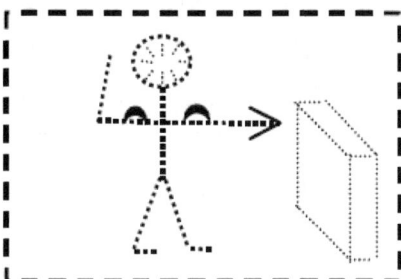

图 2 中的人代表行为主体，即动作实施者。箭头表示力发生作用或动作实施者运动的方向，箭头较粗，说明主体对于自己的能力拥有足够的自信。右下方的方块表示主体可以发挥作用的行为对象。从整个图形来看，行为主体对于完成某件事情拥有足够的自信。例如：

(22)　I know I can lift 100 kilograms.

在句子（22）中，主语 I 是行为主体，对于"举起 100 公斤"这种行为来说，具有足够的自信，相信自己有能力完成这件事情。因此，图 2 形象地解释了情态动词 can 的道义意义。

图 3 则表示不同的意义特征。与图 2 相比，我们发现，图 3 中用来勾勒行为主体的实线变成了虚线，图形右下方的实线方块也成了虚线方块。图 3 说明，could 所表达的道义意义与 can 相比，发生了变化。could 表示一种弱化的执行某种行为的能力，并且暗含一种"可能"。说话人或者行为主体认为能够完成某件事情，但与 can 相比，没有足够的自信，只是有可能具备这种能力。我们看下面的例句：

(23)　I've been going to the gym so I think I could lift 100 kilograms.

从句子（23）不难看出，这里的情态动词 could 表达的意义，与句子（22）中的 can 相比发生了明显的变化。句中的"我"对于"举起 100 公斤"这种行为并没有足够的底气与自信，只是基于一直坚持到体育馆锻炼这种事实，认为应该具有完成这种行为的能力。这种能力与句子（22）中 can 所表达的能力，在程度上差别很大。同时说话人也没有足够的自信。由此我们可以看出，can 与 could 的区别，并不像传统语法所讲的那样，后者只是前者的过去式，并且在语气上更加委婉，而是在意义特征上有着本质的不同。

为了帮助学生掌握这种方法，教师还可以给学生提供更多练习。比如，让学生根据下面句子内容，从 can 与 could 中作出选择。选项设置为两个：A. can；B. could。

(24)　We_____get on with our business afterwards.（A）

(25)　I think maybe Jim_____give us a good copy.（B）

(26)　Surely they_____solve all the problems now.（A）

(27)　A-level students_____come and see, but I'm not sure.（B）

(28)　I'd just like to ask if we_____have a meeting about the gallery.（B）

（以上例句选自英国国家语料库口语部分）

此外，教师还可以充分利用本章附录二的内容，为学生提供更多情态动词的示意图，让学生边做题边对照示意图，以巩固他们对情态动词根意义的掌握和使用。与传统教学方法相比，利用力动态图式理论来讲解情态动词的意义与用法，势必会在一定程度上增加教学的趣味性，从而也有效提高课堂教学效果。

4.3 应用心理空间理论培养学生综合运用情态动词的能力

Fauconnier（1985/1994）认为，语言使用的过程是一个不断构建心理空间的过程，这一过程通过能够触发构建心理空间的语言单位来完成，这些语言单位称之为空间构造单位（Space Builder）。通过空间构造单位，人们把现实构造成一个个虚拟的心理空间。人们构造的主要空间类型有：时间空间、地理空间、域空间以及假设空间等。情态动词是重要的空间构造单位之一。通过使用情态动词，人们表达不同情态意义，进而在特定语境下构造出不同的心理空间，其空间类型一般为域空间。从情态动词构造的心理空间来看，不同的意义在不同的域空间上表现出不同的域值，有大小强弱之分；而不同的域值反映在人的大脑中，会产生不同的心理距离。例如，我们在讲解 might 与 must 的认识意义时，可以借助心理空间的概念：

(29) "They must be playing basketball now."Tom told his mother.

(30) "It might rain before evening,"said Miss Bright.

对以上两个句子进行讲解之前，教师可以在黑板上把图 4 画出来。从图 4 可以看出，情态动词 might 与 must 分别构造了不同的心理空间。这种心理空间具有多维特点，分别表现在不同的域（如现实域、认知域等）上，且具有不同的域值。就像图 4 所示，must 与 might 在句子（29）与（30）中构造的心理空间，分别体现在现实域、认知域等六个域空间上。不同域空间上域值不同，所表达的意义强度也各不相同。

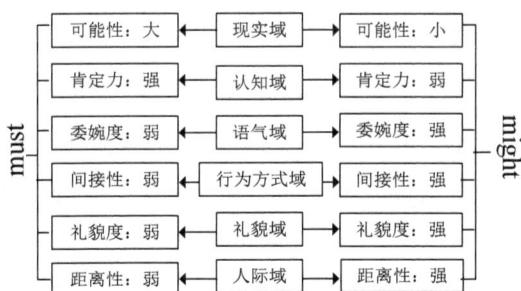

图 4 must 与 might 构造的心理空间

例句（29）中，must 表示"肯定……"。整句话的意思是 Tom 告诉妈妈："现在他们肯定在打篮球。"根据图中 must 构造的心理空间来看，由于说话人推测到事实存在的可能性很大，所以表达的肯定力很强，在现实域和认知域上的域值就高。同时，Tom 使用 must 一词，在说话语气及行为方式上显得非常直接，所以其委婉度和间接性就显得很弱。那么与此对应，其礼貌程度也低，由此产生的心理距离就会很近。从整体看，Tom 这里使用 must 是合适的，因为说话人与受话人之间为母子关系，不需要使用礼貌程度过高的词语，也不需要委婉地表达观点，采用直接的说话方式为好。

几乎所有英语情态动词的意义与用法都可以用心理空间理论来解释。表 1 总结了英语中常用的 10 个基本情态动词构造的心理空间情况，并按照其在各个域空间上表达意义的强度进行排序。

表 1　英语基本情态动词构造的心理空间 [1]

心理空间	现实域	认知域	道义域	人际域	主客域	语气域	行为方式域	礼貌域
表达意义	可能性	肯定力	命令力	距离性	距离性	委婉度	间接性	礼貌度
must shall will can may should ought to would could might	↑	↑	↑	↓	↓	↓	↓	↓

从表 1 可以看出，英语基本情态动词可以构建多元化的心理空间，分别表现为 8 个不同的域空间。由于表达意义的不同，这些情态动词在不同的域空间上表现出不同的域值。从 must 到 might，10 个基本情态动词在不同域空间上的意义存在大小强弱之分，处于一个连续体上。因此，利用表 1 中不同的域值，我们就能把容易混淆的情态动词从意义上进行有效区分。例如 will 和 would 的认识义都表示推测，传统语法中二者的意义区别不很明显，但从认知空间理论来看，二者的区别还是非常明显的。例如：

1　本表内容参考胡益军（2012：148），为了便于理解，我们在其基础上修改了部分空间名称以及在表中的出现顺序。

(31)　He'll be Jack's father, I think. 我想他一定是杰克的父亲。

(32)　Mary would have arrived by now. 现在玛丽可能都到了。

从表 1 可以看出，will 在表推测时，可能性与肯定力稍弱于 must；但与 would 相比，在现实域与认知域上的域值要高很多，此处 would 对应于汉语的"可能"，而 will 则多翻译成"一定……"。用 would 来表推测，说话人对事实的不确定性增加。例句（31）中，说话人对于"他是杰克的父亲"非常肯定，说话人的主观判断与事实之间的距离较短，说话方式比较直接，所以委婉度与礼貌度显得稍微逊色。与此相对应，例句（32）中 would 的可能性与肯定力就不如 will 了，因为说话人对"玛丽是否已经到了"这个判断不是很有把握，只是觉得"可能"，为自己留有充分的话语空间。因此，与 will 相比，would 在现实域和认知域上的域值较低，但在人际域、主客域、语气域、行为方式域以及礼貌域上的域值较高，这说明它除了在表达可能性与肯定力上不如 will 之外，在说话方式、语气以及礼貌程度等方面都要优于 will。

　　通过上文对 must、might、will、would 四个词的讲解，我们对现实、认知、语气、礼貌、人际与行为方式六个域空间表达的含义已有了解，这里不再赘述。除此之外，表 1 中还有道义与主客两个域空间。道义域与认知域对应，英语中多数情态动词都可以构建这两个空间而形成两个不同的义项。例如 must 在认知域中表达的意义是"一定是……"，表肯定猜测；而在道义域中表达的意义是"必须"，表义务。所以情态动词在道义域上的意义差别表现在命令力的大小上。其次是主客域，表示主观世界对客观世界的作用，也就是人作为行为主体主观建构的命题向客观转换的可能性。主观作用力越大，距离越小，可能性就越大。所以，与人际域相同，情态动词在主客域上的意义差别也表现在距离性上。为了让学生更清楚地了解如何利用心理空间来分析情态动词的意义与用法，我们可以利用例句来说明这个问题。为了便于比较，我们用成对辨析的方法分析以下例句：

(33)　They must be at home now. 现在他们肯定在家。

(34)　You must stay at home this afternoon. 下午你必须待在家。

这是 must 的两种典型用法：例（33）表示推测，例（34）表示命令。不管是认识情态，还是道义情态，must 都是程度最强的一个。因此在表示可能性、肯定力与命令力时，程度最高，体现在表 1 中前三个域空间上，域值最大（强）。相反，由于说话方式直接，对他人产生的主观作用力很大，说话人对于听话人来说具有绝对权威，因此说话语气就不够委婉，礼貌程度也差一些。所以体现在人际域等其他六个域空间上的意义就弱，域值也低。

为了帮助学生更好地把握情态动词的意义与用法，培养他们综合运用情态动词的能力，教师在课堂上可以给出更多的例句，供学生练习。以下练习供教师参考：

请根据上下文意思用括号中给出的情态动词填空（粗体词为答案）：

(35) Don't phone your father yet, he_____still be making the experiment.（**will**/would）

(36) The queen_____have been about eighty when she died.（**will**/would）

(37) "Though it's raining so hard, he_____still come,"the man said to his manager.（**might**/must）

(38) Jack looks so pale. He_____be ill.（might/**must**）

5. 结语

本章主要探讨了如何将认知语言学理论应用于情态动词教学。在二语习得中，情态动词由于其意义及用法的复杂性，对于教师和学生来说，一直以来都是个难点。认知语言学为此提供了全新的视角，为我们进行情态意义分析提供了新的方法。

但需要注意的是，与任何其他教学方法一样，认知语言学作为一种新的视角和方法，在教学中也不是万能的。认知语言学方法不能完全替代传统的教学方法，也解决不了情态动词教学中的所有问题。实际教学实践中完全采用认知语言学的方法是不科学的，也是不现实的。作为一种新的教学思想，它只能作为传统方法的有效补充。如何在二语教学课堂上恰当地应用认知概念，从而有效提高二语教学效果，对此本章只是一个初步的设想和探索，希望更多的一线二语教师在自己的教学实践中尝试运用认知语言学的一些理论进行情态动词教学，以帮助学习者有效提高学习效果。

附录一：教学示例

教学示例 1：力动态图式法

教学目的：利用画图的方法，通过比较不同情态动词根意义的力动态图式，帮助学生理解不同情态动词意义及用法之间的差别。

英语水平：中、初级

教学内容：英语中常见的基本情态动词

分组：四人一组

时间：45 分钟

课前准备：每个情态动词做一个独立的卡片，共 10 张。每个卡片上画出该情态动词所表达意义的力动态图式示意图，并给出例句若干，然后在卡片上标上序号。为每组学生准备一套卡片。

卡片内容及示例：

卡片一正面

卡片二正面

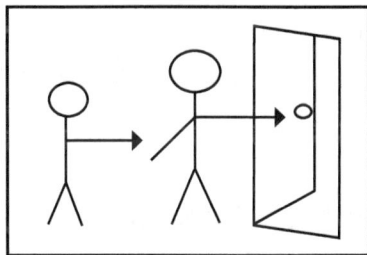

must 的根意义示意图　　　　　may 的根意义示意图

卡片一背面：

（1）We must ensure our children against contamination by bad ideas.

（2）Mrs. Allen must pay Mr. Farnham's legal costs.

（3）You must hand in your thesis before the end of this month.

（4）Why must you do everything as if you have to win?

（5）Everyone must be loyal to his motherland.

卡片二背面：

（1）May I stay here?

（2）You may go home now.

（3）They may bring it back tomorrow.

（4）Everyone may park here.

（5）All the faculty members may take it home.

教学步骤：

1.让学生讲解任意一个情态动词的意义及用法：从 10 张卡片中抽出任意一张。让学生阅读背面的例句，然后利用正面的情态动词示意图，对例句中情态动词表达的意义进行讲解。

2.鼓励学生利用力动态示意图，分析情态动词意义：按照卡片编号，让学生以小组为单位，根据卡片正面的示意图，对每张卡片背面的例句进行分析。重点总结每类情态动词表达的意义特点。

3.讨论学生的结论，对部分情态动词的示意图及例句进行讲解：找学生代表发言，让他们利用力动态示意图对情态动词的意义进行解释。解释过程中如果出现困难，或者理解有偏差，教师给予补充。

4.对学到的方法进行强化：教师设计部分练习题，并写在黑板上。让学生根据上下文，选择合适的情态动词填空。

5.复习并巩固学习内容：布置课外作业。采取随机抽取的方法，每组学生抽取一张卡片。要求学生按照该卡片中的情态动词，造出 10 个句子。

教学示例 2：心理空间法

教学目的：利用心理空间理论，分析不同情态动词表现在域空间上的多元化特点，比较它们的不同域值，帮助学生理解不同情态动词的意义及用法，全面提高基本情态动词的综合运用能力。

英语水平：中、高级

教学内容：英语中常见的基本情态动词

分组：五人一组

时间：45 分钟

课前准备：挂图一张，含有情态动词的例句若干。上课前把挂图挂在教室前部的显著位置，确保每一位同学都能看清挂图内容。把准备好的句子抄写在黑板上。

挂图内容：见本章正文表1。

例句：

(1) He must be writing to his mother.

(2) You'll have heard the news last week.

(3) The students should be home by now.

(4) Could they miss the bus?

(5) Tom might have taken the wrong bus.

教学步骤：

1. 利用传统方法分析例句中情态动词的意义及用法：按照传统的方法，对黑板上五个例句中情态动词的意义及用法进行分析，确保对每个情态动词的意义解释清楚。

2. 利用心理空间理论分析情态动词的意义及用法：利用挂图内容，讲解图中所有10个常见情态动词的意义及用法。确保学生明确理解心理空间以及每种域空间的概念，并基本熟悉每个情态动词表现在不同域空间上的域值大小。

3. 鼓励学生应用心理空间理论，分析情态动词意义：让学生以小组为单位，讨论如何利用心理空间理论来分析以上五个例句中情态动词的意义及用法。为了提高小组讨论的效率，分好的五人组中，每人重点负责一个例句。

4. 学生发言，利用心理空间理论对五个例句中的情态动词所表达的意义进行分析：找学生代表发言，让他们利用挂图对黑板上五个例句中情态动词的意义及用法进行分析。学生在解释过程中如果出现困难，或者理解有偏差，教师给予适当补充。

5. 强化练习：教师设计部分练习题，并写在黑板上。让学生根据上下文，选择合适的情态动词。习题可参考正文例句（35）—（38）。

附录二：基于力动态图式的英语情态动词道义情态示意图

1. will

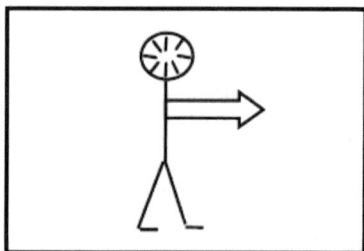

Force emanates from the doer. （力来自于行为执行者。）

2. would

Strong, but lessened commitment. （力量强大，但义务性不强。）

3. shall

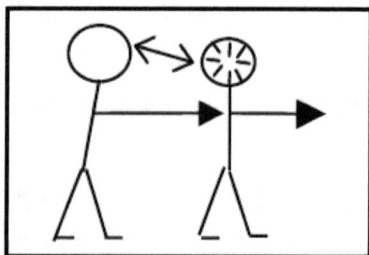

Actor recognizes the authority of the powerful external force. Sense of binding obligation. （行为执行者认识到强大外力的权威性。具有义务性。）

4. should

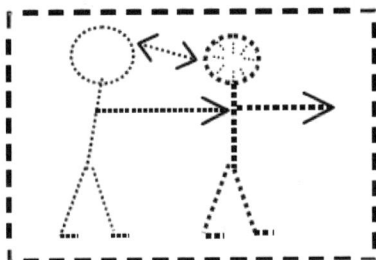

Lessened sense of the authority or the power of the external force. Lessened sense of binding obligation.（来自外力的权威性明显下降。做事情的义务性减小。）

5. might

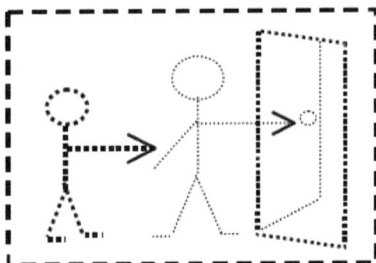

Weakened form of "may."（may 的弱化形式。）

6. need to

Internal desire to meet certain (societal) expectations. （达到某种社会预期的内心愿望。）

　　说明：Tyler（2008）给出了 10 个基本情态动词的道义意义示意图，在本章正文中我们给出了其中两个：can 与 could；在教学示例部分给出了另外两个：must 和 may。以上四个此处省略。

第八章 习语教学

1. 引言

英语习语是英语民族经过长期社会实践沉淀下来的语言形式，它们像镜子一样折射出英语语言的文化内涵、隐喻认知模式及特别的语用含义（张镇华等，2006）。Jackendoff（1997）指出英语中的习语有两万多条，而现今常用的有四千条左右；Cooper（1998）则发现"成人本族语者每星期说出大约3000个隐喻和7000个习语"。

英语习语的学习在二语习得过程中起着重要作用（Ellis，2002；Krasher，1989；Nattinger，1988；刘正光，周红民，2002；濮建忠，2003 等）；Cooper（1999）认为对英语习语的学习有利于二语学习者掌握原汁原味的地道英语；Ellis（2002）则指出能否流利地运用英语习语是衡量二语学习者是否具有近似本族语者语言能力的重要参数之一。

Lakoff（1993）、Lakoff 和 Johnson（1980）从认知语言学角度提出的概念隐喻理论为习语的习得研究提供了一个新的视角。Kövecses 和 Szabó 在 1996 年用一个小规模的实验证实了经隐喻意识培养的二语学习者对习语的习得率比用传统记忆方式学习的学生高 25%（Kövecses，2010：239）；而 Boers（2000a）的实验则表明接受了隐喻意识教法的学生词汇能力明显优于接受传统词汇教学的学生。

这一章我们就重点讨论认知语言学视角下的习语教学。第一节是引言。第二节提纲契领地介绍认知语言学应用于习语教学的核心思想；第三、四节集中探讨如何在教学中有效地应用这些理论，以便帮助学生更有效地理解、记忆及灵活地运用习语。这里习语取广义的概念，主要包括惯用语、短语动词、成语、谚语、歇后语、典故、俗语等。

2. 认知语言学用于习语教学的核心思想

传统的教学观认为英语习语（idiom）是固定的词组，语义上不可预测，结构上不可分析，整体语义无法由其构成部分的字面意义推测出来（张镇华等，2006），即构成习语的单词的意义和习语的习惯意义之间毫无关联。因此，传统习语教学仅告知学生习语的具体含义以及给学生提供相关练习，以期学生通过反复练习、模仿和记忆的方式学会使用习语。但是由于习语数目繁多、易混淆，传统的教法又缺乏有效性，使得习语成为英语学习中的难点（高黎、曾洁，2009）。唐玉玲（2007）通过对不同英语水平学习者进行英语习语测试，收集到英语习语错误语料，探讨了中国学生英语习语习得特征。她建议教师在英语教学中除帮助学习者扩充其英语习语的语言知识，加强母语和目的语语言与文化的对比外，还需强化学生们对习语形式与意义的匹配。

认知语言学的概念隐喻理论在此方面可为我们提供较好的借鉴（概念隐喻理论对习语具体的解释及分析请参见下一节）。Irujo 早在 1993 年就用实验证实了培养学生理解比喻性语言的策略有助于加深他们对习语的理解。Irujo（1993：217）指出，如果学生能够自己推测出习语的内涵，他们就能在习语本身的词汇与习语意义之间很好地建立联系，这将对他们对习语的理解和掌握大有帮助。下面我们简要介绍认知语言学与传统观点的不同及认知语言学应用于习语教学的核心思想。

认知语言学与传统语言学关于语言本质的不同观点，导致它们对习语意义的解释及习语习得研究的视角不同。结构主义认为，语义解释只与语言系统有关，而认知语言学家则认为，经验与认知在语言结构和功能分析中具有重要作用（Tylor，2003）。传统的观点认为对习语解释的重点在于其句法特征，研究者将所有习语都看成同一类，认为学习者要把习语作为长单词进行记忆和模仿（Bobrow，1973；Gibbs，1980；Swinney & Cutler，1979）。而事实是，相当一部分习语正如认知语言学家所分析的那样，是可以通过分析其内部成分而得到其意义的。认知语言学家认为，习语不仅仅是语言本身的产物，它的意义与人类的概念系统和语言使用者的知识紧密相连；习语的组成成分对习语的理解至关重要；多数习语都是可构造、可分解、可分析、有理据的。认知语言学家将习语根据语义的可分解程度进行归类（Nunberg，1978；Gibbs，1992；Glucksberg et al.，1992）并进行研究。研究（Gibbs，1980）发现：第一，学习者对可分解的习语的处理快于不可分解的习语；第二，习语中词的字面意义有助于加速学习者对习语的理解。另外，认知语言学领域大量的研究（如 Gibbs，1980；Swinney &

Cutler，1979）证明学习者对习语比喻意义的理解比对字面意义的理解更快。因此将认知语言学的观点应用于教学，有助于提高习语习得的效率。

认知语言学认为习语产生于人的认知结构，是隐喻思维在语言中的再现形式（张镇华等，2006）；学习和掌握习语的重点在于深入探究其内涵，特别是隐藏在其中的概念隐喻。在以传统的视角分析习语（仅限于分析单个词义及整体句式）的基础上，认知语言学对习语的解释有助于了解习语的认知机制及其生成的概念域这两部分知识（Kövecses，2010）。我们认为习语教学的重点在于：

第一，通过全面介绍认知基础来帮助学生有效理解和记忆习语。认知语言学认为，习语是人们通过多年实践获得的基本的经验图式；习语的意义至少是在三种认知基础上形成的，即概念隐喻、概念转喻和规约常识（Kövecses，2010：206）。很多情况下，习语的生成与理解需要概念隐喻、转喻和规约常识的共同参与。在习语学习过程中，如果学习者善于借助习语词典，弄清习语的语源、典故和隐喻概念，就能逐步培养习语的活用能力，对全面理解和掌握习语起到事半功倍的效果（陈万会，2008）。

第二，着重培养学生概念隐喻的意识，从而加强学生洞察习语内涵和创造性运用习语的概念隐喻能力。隐喻能力（metaphoric competence）这一概念由心理学家 Gardner 和 Winner（1978）首次提出；Littlemore 和 Low（2006）将隐喻能力细化为四个主要方面：使用隐喻的创造性，即创新隐喻的能力；理解隐喻的熟练度，指理解一个隐喻多层含义的能力；理解隐喻的能力，指正确理解原创性隐喻的能力；理解隐喻的速度，指迅速、精准地理解隐喻的能力。蔡龙权（2003）指出隐喻理论对二语习得的直接贡献之一在于通过学习隐喻性表达培养学生的语义逻辑扩展能力。Danesi（1992）认为隐喻能力是学习者熟练掌握一种语言的重要标志。

总之，认知语言学为习语教学带来了新的视角：习语的本质是概念性的；许多习语的内涵是有据可循的；隐喻、转喻、约定知识等认知机制把习语的本义与喻义有机地联系起来，提示这些深层的认知机制可帮助学生更好地理解和记忆习语；培养学生的概念隐喻意识及概念隐喻能力可以授之以渔，使学生突破被动地理解隐喻的局限，提高自身创造性地应用及创新隐喻的能力，从而帮助他们形成独立思考的习惯及有效的学习和思维方式。下一节，我们着重讨论概念隐喻理论对习语的解释。

3. 概念隐喻理论对习语的解释和分析

3.1 对习语意义的理解是由概念知识驱动的

Lakoff 和 Johnson 在《我们赖以生存的隐喻》一书中，从认知的角度运用始源域与目标域之间的映射及意象图式理论系统揭示了隐喻现象，使隐喻研究不再限于文学和修辞学，而正式进入认知科学领域。Lakoff 和 Johnson（1980）等人认为：隐喻代表了语言的常态，英语中大约有 70% 的表达是隐喻；隐喻不仅存在于我们的语言、思维、经验、言行之中，而且渗透到我们日常生活的各个方面（Lakoff & Turner，1989）；人类的大脑由于经验的作用积累了大量的概念知识和结构，它们以最佳范例或原型为中心组织起来，构成概念隐喻。从认知学视角看，我们对习语的理解是由概念知识驱动的。

Lakoff 和 Johnson（1980）认为，概念隐喻是参照一个知识领域去理解另一个知识领域，它起着桥梁的作用，连接抽象域和具体域。简单地讲，概念隐喻的主要功能是用一种相对较具体 / 熟悉的经验去理解另一种相对抽象 / 陌生的经验。例如在 Ideas are balls. 这一陈述中，ideas 是目的域，是抽象的概念；balls 是始源域，是具体的概念。隐喻的基本作用是把始源域与相应的目标域对应起来。图 1 表示的是 ideas 与 balls 之间的映射关系。

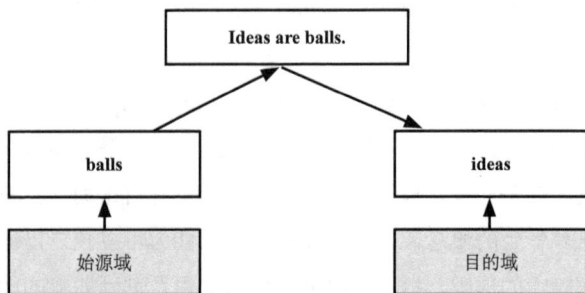

图 1　ideas 与 balls 之间的映射关系

Ideas are balls. 这一概念隐喻可以帮我们更好地理解一系列有关 ideas 的习语（King，1999），具体实例请参见表 1。

表 1　利用 ideas 与 balls 之间的映射关系讲解有关 idea 的习语

习语	用 ball 的特征对有关 idea 的习语的解析	例句
bounce an idea off you	把球扔到墙上的时候，它会 bounce 回来，把 idea 像球一样扔到对方头上，它同样会带着对方的想法弹回来。	Dr. Chomsky, I have an idea I'd like to bounce off you: What do you think about the idea that idioms are metaphors? 乔姆斯基先生，我有一个问题想听听您的意见：您对习语是隐喻这一观点怎么看？
be on the ball	如果一个人 on the ball，他会与球（ideas）亲密接触，因此，他会很聪明能干。	If Ralph were on the ball, he wouldn't keep missing the bus. 如果拉尔夫很聪明，他就不会一再错过公交车。
put a spin on it	扔球的时候，我们可以 put a spin，使它按我们预期的方向运动，如向上扔、向右扔等。对同一个 idea 我们有多种解释，put a spin 到 idea 上面，就是按预期的想法去解释它。	Arnold said that his new movie would be a love story. But when journalists asked him about it later, he put a different spin on it. He said that people would love the story of the action hero. 阿诺德曾说过他的新片将是个爱情故事。但后来有记者问到该片时，他的说法却出人意料。他说观众会喜欢这个动感英雄的故事。
kick around (kick it upstairs)	一群人针对一个 idea 发表不同见解的时候，他们就像把球踢来踢去一样，互相听取意见。	Bart, I think you should go to Brandeis University, but New York University is also a possibility. Why don't you kick it around with your parents and let me know what you think? 巴特，我觉得你应该读布兰迪斯大学，但你也可以选纽约大学。你再听听父母的意见，然后告诉我你的想法，行吗？

（待续）

（续表）

习语	用 ball 的特征对有关 idea 的习语的解析	例句
toss out a suggestion	把 suggestion 像 "扔球" 一样 toss out。	I'd like to toss out a suggestion: Coffee should be free for students. 我来提个建议：咖啡应该对学生免费。
ballpark figure	在棒球场地上，有非常精确的标尺。在 ballpark 内的即为合理的评价，而在 ballpark 以外的则为不合理的评价。	I asked the mechanic to give me a ballpark figure for fixing the radiator in my car, and she said it would be somewhere around $200. 有关修汽车散热器的合理价格，我咨询过技师，她说大约 200 美元。

因此，由 Ideas are balls. 这一概念隐喻可以生成一系列的习语；而其他与 balls 这一 "始源域" 共同形成概念隐喻的 "目的域" 还有很多，例如 life。由 Life is a ball game. 这一概念隐喻可以生成的习语包括 right off the bat、hit it off、touch base、go to bat for、be a hit 和 play hardball（King, 1999）等。由此，基于 balls 的不同特征构成的习语就形成了包含下列短语的习语族（表 2）：

表 2　基于 balls 的习语族

基于 balls 的习语族			
Ideas are balls.	bounce an idea off you	Life is a ball game.	right off the bat
	be on the ball		hit it off
	put a spin on it		touch base
	kick around		go to bat for
	toss out a suggestion		be a hit
	ballpark figure		play hardball

因此，只要我们对习语进行细致的观察和分析，不难发现多数习语都是可分析的，而且它们在很大程度上都具有概念隐喻的理据。我们凭着对一个事物的理解及与之相关的体验，通过隐喻这一桥梁就能把两个独立的领域连接起来，从而产生理解另一个事物的概念隐喻（陈万会，2008）。由此可见，对习语概念隐喻的分析有助于解释语言使用的认知结构，从而有助于加深学生对习语的理解；而基于概念隐喻给学生串讲习语语族则可使学生对习语的理解和掌握更具系统性。

3.2 习语存在句法灵活性和词汇可替代性特征

认知语言学认为，大量习语中都存在句法灵活性和词汇可替代性特征，无论是其结构形式还是语义都越来越灵活多变（陈万会，2008），而这些结构形式的变化都不影响习语本身的隐喻意义。例如在美国当代英语语料库中可查到如下有关 put a spin on it 的结构形式的变化：

A. 对习语的成分进行修饰：

Thirteen athletes show off their game and put a **new** spin on summer sportswear.

It's brightened by oversized ports that put a **modern** spin on the styling.

B. 通过主题化（topicalization）来强调习语中的某一成分：

The **spin I'd like to** put on that is a little more positive.

I'm not too surprised at **the spin Ron Brown would** put on it.

C. 强调习语中的某一成分：

However much spin the White House and Pentagon put on it, however much they declare it is so, the U.S. militant operation in Haiti is no more multinational than the Republican Party is multicultural.

Any constitution that denies the secular Sunnis the freedom to live their lives without radical religious rights domination is doomed to failure no matter **how much spin** Bush puts on it.

D. 被动语态转换：

Well, I think it's because of **the spin that's being put on** all of these issues from the administration.

The political variable will affect the **overall "spin" put on** a negotiation and treaty.

E. 时态转换：

Experts **are putting** a whole new spin on the beverage.

By the next day, other analysts **were putting** a different spin on the numbers.

（以上例句改编自美国国家语料库）

陈万会（2008）指出，某些习语的灵活性还体现在词汇灵活性（lexical

flexibility）上，具体表现为个别词可以替换，但其比喻意义不变，如：eat one's words 变成 swallow one's words 后的意义仍是"食言"。

　　因此，在习语教学过程中，我们除对习语以概念隐喻为基础解析其语义外，还可以从句法及词汇的灵活性两个方面入手，为学生较系统地提供更多的实例及练习，从而更好地培养学生创造性地应用习语的能力。下一节我们着重介绍习语教学实践中概念隐喻理论的应用原则。

4. 习语教学中概念隐喻理论的应用原则

　　我们上一节重点讨论了概念隐喻理论对习语的解释。在这一节，我们重点讨论习语教学中概念隐喻理论的应用原则，主要包括如下四个方面：(1) 习语的教学以概念隐喻解释为基础和起点，以期帮助学生更深入地理解和掌握习语；(2) 建立基于概念隐喻的习语语族，以便帮助学生更系统地记忆习语；(3) 比较隐喻在不同文化中的共性与差异，以便使学生更深层地理解习语的内涵；(4) 注重培养学生概念隐喻的能力，以便培养学生创造性地应用及创新习语的能力。

4.1 以概念隐喻解释为基础和起点讲授习语

　　Paivio（1971，1986）提出的双重编码理论很好地解释了为何以概念隐喻理论为基础讲解习语可以达到较好的教学效果。这一理论认为，我们的认知过程由两个基本的系统负责，一个是言语系统，另一个是非言语系统，两个系统相互联系，共同强化学习和记忆。双重编码理论获得了来自多方面研究的支持，并被广泛应用于教育领域。

　　根据双重编码理论，在学习的过程中，具体的材料比抽象的材料更容易记忆（Richardson，1999），因为具体的材料在大脑加工过程中能激起意象，从而涉及言语和非言语两个系统参与加工。但抽象材料不能激起意象，只涉及一个系统，因此不能进行双编码处理。

　　在习语教学的过程中，应用概念隐喻解析习语意义的过程，是帮助学生把抽象域和具体域联系起来的过程，是使抽象域具体化的过程。经过这一过程后，具体域中的意义在学生头脑加工过程中激起意象，即使学生对习语的加工过程经过双重编码，从而达到加强学生的理解和记忆的效果。从这个角度讲，以概念隐喻为基础解释习语可以帮助学生更好地习得和记忆习语。

另外，Paivio（1971）基于图形比词汇更容易记忆的发现进一步指出，非言语编码的记忆效果要优于言语编码。因此在讲授习语的过程中，如能进一步应用具体图像说明概念隐喻的内容，则可以达到更好的效果。例如可以用图 2 说明 Time is money. 这一概念隐喻（Wright，2002）。

I think I am running out of time.

图 2　表示 Time is money. 这一概念隐喻的图形

接着引入下列有关时间的习语：

to spend time; to waste time; to value time; to run out of time; to spare time; to afford time; to save time; to be short of time; to have plenty of time

另一方面，Craik 和 Lockhart（1972）的加工水平理论则很好地解释了习语的教学为何要以其概念隐喻解释为起点。这一观点认为，信息初次处理程度的深浅决定新信息进入长时记忆可能性的高低。加工水平理论中一个重要的假设是"深水平的加工能比浅水平的加工产生更精细、更持久、更强烈的记忆痕迹"。Hyde 和 Jenkins（1973）及许多其他研究结果均支持这一假设。

对于一个新的习语来讲，意义层面上的加工产生于较深的层次上，而单个词汇语音形式上的加工发生在相对较浅的层次上。正如 Cook 和 Cook（1993）在介绍词汇记忆方法时所指出的，把词作为一串音来重复背诵是低层次的处理，记忆效果最差，而找出词汇在整个句子中的意义则属于最深层次的处理，记忆效果最佳。

因此在习语教学过程中，要以概念隐喻分析为基础和起点，使学生对习语的掌握过程始于对习语语义的精细加工，这样可以强化学生对习语的掌握和记忆。因为加工越深入，越精细，学生对习语的记忆效果就会越好。正如 Craik 和 Tulving（1975）指出的，长时记忆依赖于精细加工。

4.2 建立基于概念隐喻的习语语族

Lakoff 和 Johnson（1980）认为我们思维中的隐喻概念具有系统性；隐喻内的映射具有系统的对应关系。我们根据一种经验去理解另一种经验，不同概念彼此独立却相互关联，并由具体到抽象，形成一种认知隐喻体系。因此在讲授习语的时候，除了以概念隐喻为基础，为学生提供尽可能多的信息外，如能引导学生把习语按概念隐喻分组，并分析同组习语间的联系，就可以帮助学生更好地利用这些关联记忆习语。正如 Tinkham（1997）所指出的，语义相关联的词对于学习者来说更易习得，而 Schmitt（1997）也认为分类讲解词汇是帮助学生有效组织和记忆词汇的重要因素。鼓励学生建立习语语族的方法不仅能帮助学生习得单个的习语，还可以帮助他们逐渐熟悉和掌握推理规则，最终提高他们习得习语的能力。

例如在讲解习语前可以把如下习语及其例句给学生，请学生根据上下文推测出习语的始源域，并填写到相应的区域中（见图3）。

a couch potato; put a spin on it; kick around; ballpark figure; shed some light on; beyond the shadow of a doubt; chew out; reap the benefits; plain as day; see it in a whole new light; hit it off; it dawned on me; in the dark; skim (the) profits; a big cheese; the cream of the crop; toss out a suggestion; go to bat for; play hardball; touch base

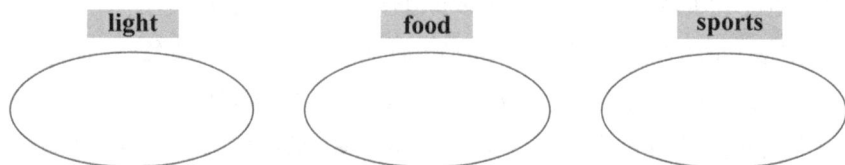

| light | food | sports |

图3　将习语按形成其概念隐喻中始源域的不同分类图示

学生通过对习语的分析，可将该组习语按始源域的不同分类如下：

Light: shed some light on; beyond the shadow of a doubt; plain as day; see it in a whole new light; it dawned on me; in the dark

Food: reap the benefits; skim (the) profits; a big cheese; chew out; a couch potato; the cream of the crop

Sports: toss out a suggestion; kick around; ballpark figure; put a spin on it; go to bat for; play hardball; hit it off; touch base

在后面的课程中还可以进一步在始源域中画出二级始源域，如在 sports 中标出 baseball、football 等，请学生进一步区分（见图 4），以便使信息加工进一步细化，从而帮助学生通过精细的始源域网络较系统地掌握习语。

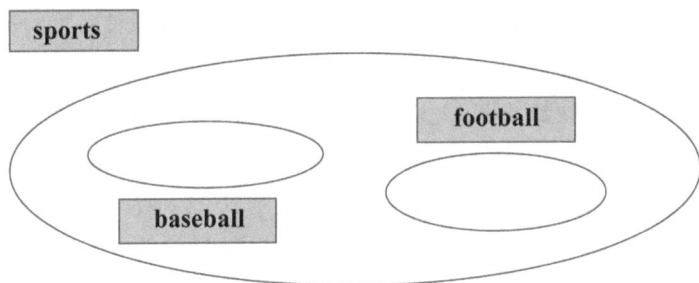

图 4　按始源域关系进一步分类习语

在复习过程中则可以请学生以主题或概念隐喻为基础总结出习语系列或语族。如以 Life is a journey. 的概念隐喻总结出的习语语族（见表 3）可包含下列习语成员（King，2008）：

表 3　基于 Life is a journey. 的习语语族

基于 Life is a journey. 的习语语族			
The beginning of the journey	miss the boat	the middle of the journey	Take it in stride
	pave the way for		Be up and running
	get your feet wet		don't rock the boat
	start out on the wrong foot		be in the same boat
	be on the verge of		on board

（待续）

（续表）

基于 Life is a journey. 的习语语族				
the end of the journey	end of the road	more about journeys	run for (office)
	end of the line		riding on it
	pass away		jump the gun
	go downhill		in a tight spot
	it's all downhill from here		clear sailing

　　如果习语语族的成员比较多，还可以利用原型理论，请学生将习语的分类进一步细化。

　　原型理论认为，所有概念都具有一个原型结构。从某种程度上讲，所有概念都是以一个中心表述（即原型）来代表整个类别。原型可以是一组特征属性的集合或者某一概念的一个或多个最佳实例（Rosch，1978）。为更好地解释原型的含义，胡壮麟（2004）以 bachelorhood（单身）为例进行了形象的说明：bachelorhood 这个范畴的成员是已达到结婚年龄但尚未结婚者，是愿意和异性结婚者，所处社会都支持让足够的适龄男女成婚，使群体得以存活延续。这样，电影《卡萨布兰卡》中的男主角 Rick 是 bachelor 的原型成员，而人猿泰山则不很理想。Lakoff 和 Johnson（1980）认为，人类是通过部分的和理想的认知模式来形成对世界的概念的，因此存在原型效应和辐射式范畴。

　　在复习活动中我们可以请学生利用原型理论梳理哪些习语是该概念隐喻的最佳实例，哪些是边缘成员。学生可以根据自己的理解建构起辅助记忆的辐射式网络结构（见图5），从而通过成员间的联系与差异更有效地记忆习语。

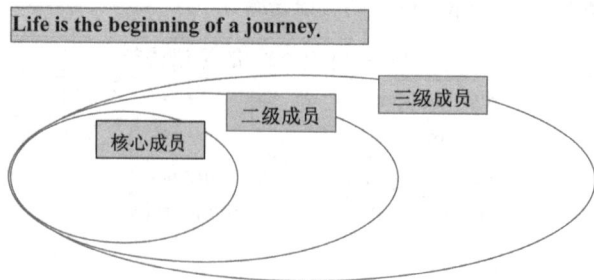

图 5　按原型理论进一步分类掌握习语

例如，学生通过对习语的分析，可将该组习语按原型理论分类如下：

核心成员：miss the boat；pave the way for
二级成员：get your feet wet；start out on the wrong foot
三级成员：be on the verge of

让学生基于概念隐喻将习语进行分类，可以帮助学生在同一习语语族成员间建立语义关联，从而更有效地记忆习语；而让学生基于概念隐喻确定同一习语语族的原型成员，则可以帮助学生更深层地探析习语间的联系和差异，对习语语义进行进一步的精细加工，从而帮助学生更有效地掌握和记忆习语。

4.3 比较隐喻在不同文化中的共性与差异

Lakoff（1993）认为，概念映射在普遍性方面存在差异：有些似乎是通用的，有些是普遍存在的，而还有一些似乎是特定文化所独有的。因此两种不同文化间的隐喻具有可比性。比较两种不同语言的习语可使学习者进一步探究它们的异同及背后的原因，加深他们对所学习语内涵及来源的理解。

Hiraga（1991）提出了比较两种不同文化背景下的概念隐喻时可能出现的四种情况：第一种是相同的表达方式表达相同的概念，如英语的 burn one's boats 对应汉语的"破釜沉舟"；第二种是不同的表达方式表达相同的概念，如英语中的 Every little helps a nickel. 对应汉语的"聚沙成塔"；第三种是表达方式相同，表达的概念隐喻不同，如汉语中"肥缺"表示"收益很好的职位"，而 fat 在英语习语 fat chance 中却指"没戏，机会渺茫"；第四种是不同的表达方式表达不同的概念隐喻，即两种语言的习语存在完全不对应关系，如汉语中与"红"相关的习语（如"滚滚红尘"）在英语中很难找到对应的表达方式，又如英语中很多与人物相关的习语（如 attic salt）在汉语中也很难找到对等的表达方式。

在习语教学过程中，教师可以通过相应的课堂活动，引导学生比较不同文化间习语的差别，从而加深对习语的理解。例如，教师可以在黑板上画出四个区域（见图 6），每一个区域代表上述一种情况。请学生通过讨论确定英语习语同相关的汉语习语相比应属于哪一类，然后说明他们将相关习语归为这一类的主要依据。

A 型，如 burn one's boats 对应 "破釜沉舟"。	B 型，如 Every little helps a nickle. 对应 "聚沙成塔"。
C 型，如 fat 指 "肥或丰富"，fat chance 指 "机会渺茫"，而汉语中 "肥缺" 指 "收益好的职位"。	D 型，如汉语中的 "滚滚红尘" 及英语中的 attic salt。

图 6　按隐喻在不同文化中的共性与差异分类习语

另外，比较两种不同语言的习语还可以帮助老师和学生抓住习语教学中的难点和重点。因为两种语言中相同或相似的概念隐喻，对学习者来说更容易接受。由于部分隐喻在两种文化中同时存在，学习者从英语文化中的一个概念隐喻能联系到汉语中相似的思维模式，这无疑可以缩短语言间的心理距离，从而有利于发挥语言学习的正迁移作用（陈万会，2008）。Charteris-Black（2002）经研究证明，概念与语言表达完全吻合型习语（即第一种情况）对二语学习者来说最易习得，而相同的表达方式却表达不同的概念型习语（即第三种情况）对学生来说最难习得。因此教师在教学活动及时间安排上会着重关照第三种情况，以帮助学生克服习语习得过程中的难点。

4.4 注重培养学生概念隐喻的能力

胡壮麟（2004）在《认知隐喻学》一书中用整章篇幅讨论了隐喻能力，阐述了其重要性，并指出隐喻能力的培养是第二语言教学中必不可少的环节。王寅和李弘（2004）也提出语言能力、交际能力和隐喻能力三者合一的教学观，强调三种能力同等重要，认为培养隐喻能力可以增进语言学习，提高语言的流利表达能力与地道性。研究证明，我国英语学习者的概念隐喻能力有待提高。姜孟（2006）运用实证研究方法，详细考察了我国英语专业学习者的隐喻能力发展情况及隐喻能力与英语水平之间的关系，研究发现：（1）中国学生极少使用隐喻；（2）学生无论语言水平高低隐喻能力都比较低。对国内学习者概念隐喻能力的研究表明，语言学习者在利用隐喻构建目标语言的概念系统方面缺乏系统训练（蔡龙权，2003；胡壮麟，2004；王寅，2004）。

如本章第二节所述，Littlemore 和 Low（2006）将隐喻能力细化为四个主要方面：使用隐喻的创造性；理解隐喻的熟练度；理解隐喻的能力和理解隐喻的速度。若从习语教学的角度来看隐喻能力，可简要概括为快速、深入、精准地理解习语中的隐喻，贴切地应用习语，以及创新隐喻三个层面的能力。在习语教学中我们需要有意识地培养学生在理解的基础上有效应用及创新隐喻的能力，从而引导学生构建一种新的概念（思维）系统及更贴近目标语的思维世界。因此，除鼓励学生大量阅读含有隐喻的材料外，我们建议在课堂教学中有意识地培养学生的隐喻能力。例如，通过概念隐喻分析活动鼓励学生逐层找出始源域与目的域的对应关系，从而增强学生对概念隐喻的敏感度。在讲解相关习语前，老师可以先给学生呈现包含不完整习语成分的句子，然后请学生推测出完整的习语及其概念隐喻。例如，教师准备如下例句：

1. Everyone wants lower taxes these days. The governor will have to **jump on the bandwagon** or he will lose the next election.

2. All right, we've been discussing global politics. Now I want to **switch gears** and talk about global economics.

3. The company spent a lot of money on new computers, and now it is **reaping the benefits**.

根据这些例句为每组（两个同学一组）准备两个不同版本的练习。如同学 A 读到的练习如下：

1. Everyone wants lower taxes these days. The governor will have to_____ **on the bandwagon** or he will lose the next election.

2. All right, we've been discussing global politics. Now I want to_____ **gears** and talk about global economics.

同学 B 读到的练习如下：

1. Everyone wants lower taxes these days. The governor will have to **jump on**

the＿＿＿＿＿or he will lose the next election.

2. All right, we've been discussing global politics. Now I want to **switch**＿＿＿＿＿and talk about global economics.

鼓励学生通过推测完成隐喻有利于调动他们的认知机制；讨论及口头填空的练习有助于鼓励学生构建新隐喻；请学生将自己创新的隐喻与原隐喻进行比较有助于他们对原隐喻的理解和记忆。类似的提高学生对隐喻使用的敏感度的活动可以激励学生创造性地思考，并在平时更加关注和有意识地积累建立在概念隐喻基础上的语言表达；同时，类似的活动还可以帮助学生深入理解概念隐喻带给习语的理据性，进一步培养学生对概念隐喻的敏感度，从而鼓励他们思考隐含的深层思想及语言规律。Boers（2000a）指出培养学生对日常交际中概念隐喻的敏感度，有助于他们对于比喻性词汇的掌握，并可帮助他们长时间地记住这些表达方式。

另外，我们还可以尝试使用逆向推导型活动，鼓励学生通过联想猜测、比较、隐喻推导，探索习语及与其相关的概念隐喻的形成过程，从而培养学生创造性地应用语言及创造新的隐喻的能力。例如在习语教学的引入部分，老师可以通过给学生提供有关习语的不完整的来源信息，请学生推测有关习语完整的来源故事、完整的习语及相关的概念隐喻。

5.　结语

本章讨论了认知语言学应用于习语教学的基本理念，着重探讨了概念隐喻理论对习语的释解及其在习语教学中的应用原则。认知语言学在探索习语意义方面无疑为我们提供了新的视角，为我们揭示了习语语义的理据性及可分析性。

另一方面需要指出的是，认知语言学对习语的生成及理解的研究同样有它自身的缺陷和不足（刘正光、周红民，2002）。其一，它把习语的任意性排除在外，其必然结果是对相当一部分习语无法作出合理的解释。其二，经验主义的认识论方法并不能保证将所有的语言事实归类到一定的概念或概念结构中去。其三，到底是概念结构生成习语还是习语生成概念结构，它并未提供足够的有决定意义的证据。

我们倾向于认为，无论是传统的任意性观点，即习语在句法和语义上是任意的（不可分解的），还是认知派的分解性观点，即习语是可分析、可分解的，都具有一定的说服力，但都只能部分地揭示出习语的本质特征。正如本章主体部分所述，大多数习语是可分析或可分解的，而有一部分习语的意义已不能从构成词的意义中直接分析出来，也很难由"概念隐喻"来解释，例如 by and large（总的来说）、kick the bucket（死）、shoot the breeze（闲聊）等。习语的任意性是部分的，分解性是局部的（刘正光，2004）。

因此，我们在教学中应依据具体习语的特点，充分考虑传统观点与认知视角在习语教学方面的优势及弊端，将两种观点和教法有机地结合，以期达到最佳的教学效果。

附录：教学示例

教学示例 1：概念隐喻／转喻比较法

教学目的： 通过比较两种不同文化中相关习语的概念隐喻，鼓励学习者进一步探究习语的异同及其背后深层的文化内涵，从而加深对所学习语的理解。

英语水平： 中、高级

教学内容： 四种类型（A. 相同的表达方式，表达相同的概念；B. 不同的表达方式，表达相同的概念；C. 相同的表达方式，表达不同的概念隐喻；D. 不同的表达方式，表达不同的概念隐喻）的二十个习语。A 型: pour oil on the flame, strike while the iron is hot, walls have ears, steering according to the wind, with seven mouths and eight tongues, throw cold water on; B 型: as silent as graves, spring up like mushroom, plentiful as blackberries, look like a drowned rat, birds of a feather flock together; C 型: fat chance, give somebody a piece of one's mind, break a leg, a fat lot of use; D 型: above the salt, a Parthian shot, bite the bullet, bust one's chops, cross the Rubicon.

分组： 四人一组

课前准备： 准备一些独立的卡片，每个卡片上列出一个英语习语及含有该习语的例句，然后在卡片上标上序号。为每一组学生准备一套卡片。

教学步骤：

1. 鼓励学生比较两种文化中的相关习语并将其按四种类型进行归类：在黑板上画出四个框，每个框代表一种类型，如图 7 所示：

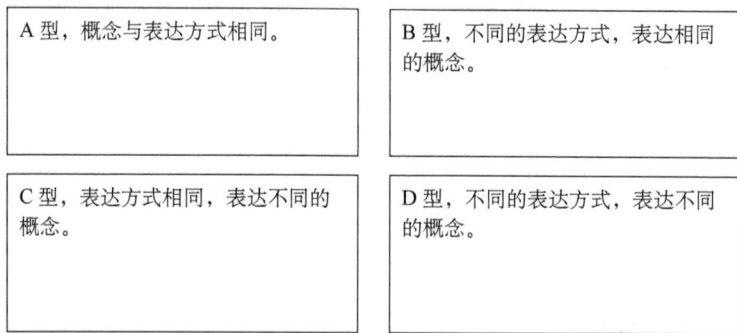

A 型，概念与表达方式相同。	B 型，不同的表达方式，表达相同的概念。
C 型，表达方式相同，表达不同的概念。	D 型，不同的表达方式，表达不同的概念。

图 7　概念隐喻比较与分类讲解

2．请学生找出把习语划归相关类别的依据：将卡片分发给学生，每一组学生拿到的是同一套卡片。请学生通过讨论确定卡片上的英语习语同相关的汉语习语相比应归入上述哪种类型，然后在卡片背面注明类别、相对应的汉语习语或归类的主要依据（如图 8 所示）。

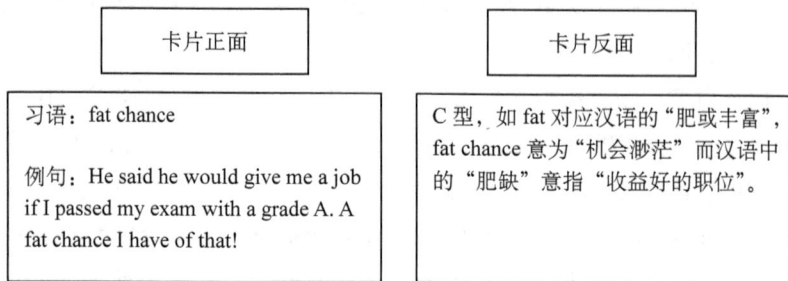

卡片正面	卡片反面
习语：fat chance 例句：He said he would give me a job if I passed my exam with a grade A. A fat chance I have of that!	C 型，如 fat 对应汉语的"肥或丰富"，fat chance 意为"机会渺茫"而汉语中的"肥缺"意指"收益好的职位"。

图 8　卡片内容及活动要求示例

3．讨论学生的结论，讲解正确分类并提供更细化的练习：请学生讲述他们的判断并详细解释作出该判断的原因。如果其他组都赞同并且答案正确，老师给出更多的实例加以说明，以强化学生的记忆；如果有不同意见或答案不正确，老师通过问题引导学生重新作出正确的判断，然后给出更多的实例加以说明。老师在讨论的过程中逐一将正确的答案填入相应的方框内。

4．巩固和复习：老师将框内的答案擦除，重新读出习语，请学生回忆出相应的例句、所对应的汉语习语等。

教学示例 2：概念隐喻／转喻探索法

教学目的： 鼓励学生探索习语及与其相关的概念隐喻的形成过程；培养学生创造性地应用语言的能力；鼓励学生创造新的隐喻；培养学生小组讨论合作的能力。

英语水平： 中、高级

教学内容： 由概念隐喻或转喻构成的二十个习语，例如：influence peddling; kick around; open a can of worms; drive a hard bargain; hit the nail on the head; food for thought; a blanket statement; duck the issue; take flak; bowl me over; have a short fuse; come apart at the seams; pay through the nose; have deep pockets; up in the air; fly of the handle; foot the bill; get a grip; wolf down; the cream of the crop; the nineteenth hole.

分组： 两人一组

课前准备： 为每组准备两套卡片。一套为习语卡片：每个习语做成一个独立的卡片，每个卡片上列出一个习语及含有该习语的例句，然后在卡片上标上序号；另一组为相应习语的概念隐喻的来源及含有该习语的例句，但是例句中习语部分为空，然后标上与对应的习语卡片相同的序号。下图为习语 the nineteenth hole 的卡片示例。

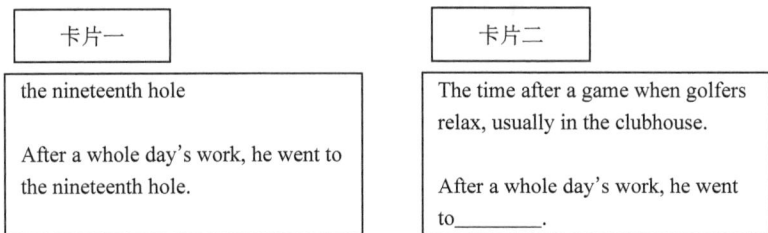

卡片一	卡片二
the nineteenth hole After a whole day's work, he went to the nineteenth hole.	The time after a game when golfers relax, usually in the clubhouse. After a whole day's work, he went to_____.

图 9　卡片内容及活动要求示例

教学步骤：

1．鼓励学生通过讨论相关的概念隐喻或故事推测习语：老师首先给每组下发卡片二。每组同学共同依据故事讨论确定填入相应练习中的习语。

2．讨论学生的结论：学生完成全部练习后，老师请不同组的同学介绍他们填入的习语并解释作出相应判断的原因。

3．将学生推测出的新习语进一步精细加工：老师在黑板上画出三个方框，在里面分别标出：与字面意义雷同、老生常谈和较贴切新隐喻字样（见图10）。

与字面意义雷同	老生常谈	较贴切新隐喻

图 10　课堂活动板书示例

全班同学共同讨论，确定每组创新的隐喻各分属哪一类，并通过讨论和比较确定填入每个句子的最佳隐喻。

4．老师讲解习语并提供更细化的练习：老师下发卡片一，让学生比较他们猜出的隐喻与原文的区别与联系，然后老师给出更多的例句及练习。

5．巩固和复习：老师重新读出习语并请学生说出例句。

第九章　句式教学

1. 引言

传统的语法分析把语言分为词和规则，认为只有词汇才有意义，句法仅提供词汇组合的规则，自身不具有意义（王寅，2011a）。这样的分析方法可以解释很多语言现象，但不能解释为何"我吃苹果"和"苹果吃我"这两个由包含同样意义的词汇、按同样句法规则组成的句子，前者可以接受，后者则不行。完全脱离语义因素的传统语法分析方法存在明显不足，也正因为如此，洪堡特说"把语言分解为词和规则"是"经科学剖析得到的僵化的劣作"（洪堡特1880，转引自姚小平1995：122）。

认知语言学打破了这种词汇—语法二分的观念，主张语法结构本身具有独立、整体的语义，且语义具有理据性。Lakoff（1987/1990）等语言学家的研究表明，形式与意义／功能的理据关系广泛地体现在语言现象中。构式语法（construction grammar）是认知语言学的重要组成部分。该理论认为，构式（construction）作为形式与意义／功能的匹配，是语言的基本单位。学习一门语言，就是掌握这些基本单位（即"构式"）的过程。作为教师，如何帮助学生尽快学会这些构式？目前对这个问题鲜有讨论。

本章将以简单句句式教学为例，系统探究构式语法理论在二语教学中的应用。全章的总体结构是：首先阐发构式的基本特征对二语教学的启示，接着讨论对构式意义的解释及其对教学的启示，最后将理论与课堂教学实践紧密结合，初步探讨构式语法视阈下具体的语法教学方法。附录部分提供了详细的教学示例。

2. 构式的基本特征及其对二语教学的启示

传统语法把语法分解为音系、句法、语义三个拥有各自规则的独立模块，构式语法则把三者看作构式的有机组成部分。构式语法认为，构式具有整体性，是形式与意义 / 功能的匹配体，主张语言的形式与意义、结构与功能不可分割（如图 1 所示）。

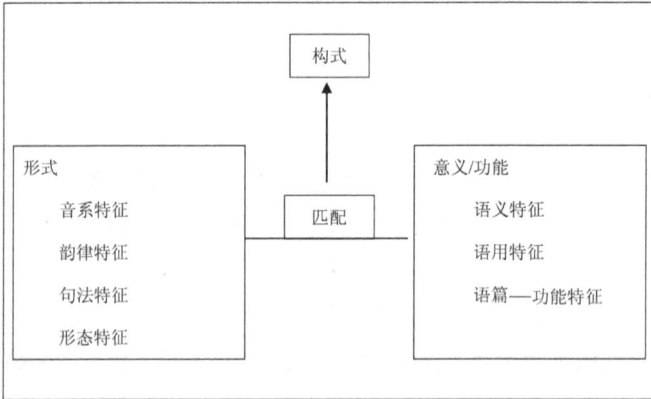

图 1　构式语法对构式的描述（改编自 Croft，2001：18）

构式语法将对意义 / 功能的分析恢复至语法分析中，例如表 1 显示了其对 block、to 及 Harry walked to the café. 三个构式的分析（改编自 Bergen，Chang & Narayan，2005）：

表 1　对 block、to 及 Harry walked to the café. 的分析

形式	意义 / 功能
block	
to	
Harry walked to the café.	

Goldberg（2006：6）依据构式的大小（size）及复杂度（complexity）两个维度，列述了九种类型的构式（如表 2 所示）。"大小"指构式的单位，包含传统语法中的语素、词汇、短语、句式及语篇，如表 2 中 1—5 显示了构式单

位由"词素"到"习语"的逐渐扩大。"复杂度"指构式的固定性或抽象程度，如表2中The Xer the Yer和The more you think about it the less you understand. 两个构式具有不同的复杂度，它们一个抽象，一个具体，较抽象的具有更高的复杂度。

表2 构式实例（改编自Goldberg，2006：6；严辰松，2006）

	构式名称	英语实例	中文实例
1	词素（morpheme）	pre-, -ing	者、头、子
2	词（word）	avocado, anaconda, and	幽默、憧憬
3	复合词（complex word）	daredevil, shoot-in	木马、蓝领
4	复合词（部分待填）(complex word [partially filled])	[N-s] (for regular plurals)	
5	习语（固定性）(idiom [filled])	going great guns, give the Devil his due	哪壶不开提哪壶
6	习语（半固定/部分待填 (idiom [partially filled])	jog <someone's> memory, send <someone> to the cleaners	有 _____（经验）；谁知道 _____？
7	共变条件（covariational conditional）	The Xer the Yer（如：The more you think about it the less you understand.）	越 _____就越 _____
8	双及物（ditransitive）/双宾语（double object）	Subj V Obj1 Obj2（如：he gave her a fish taco. He baked her a muffin.）	双及物句型
9	被动（passive）	Subj aux VPpp (PPby)（如：The armadillo was hit by a car.）	"被"字句

构式语法认为，语言是上述两个维度的连续体：一个是从传统语法中的语素、词汇到语篇，这一连续体不可分割，因为连续体中的成员具有共同的性质，即都是基于互动体验，借助语言形式，表达意义/功能；另一个是从固定构式到抽象构式，它们同样是不可分割的连续体，因为尽管它们的抽象程度不同，表达的核心意义却密切相关。

构式语法认为构式是语言的基本单位，存在于语言的各个层面，是二语习得的对象及核心（Goldberg，1995，2003，2006）。从构式语法的角度来看，英语的五大基本句型可视为英语的五大基本构式（王寅，2011a：272）：

（1）主谓构式（SV）

（2）主谓宾构式（SVO）

（3）主系表构式（SVC）

（4）主谓宾补构式（SVOC）

（5）主谓宾宾构式（SVOO）

尽管我们可以在形式上应用构式观念分析传统句型，但二者存在本质的不同。本节主要基于 Goldberg（1995，2003，2006）的构式语法理论，以及 Bergen、Chang 和 Narayan（2005）的观点，揭示这些不同及其对二语教学的启示。王寅（2011a）列举了构式的十大特征，本节重点讨论构式的体验性、传承性及概括性特征。

我们以构式的体验性为基点，因为理解其体验性有利于学习者对构式意义的深入探析；然后讨论构式的传承性，因为对其传承性的理解有利于学习者理解构式是一个有序的系统；最后探讨构式的概括性，体验是概括的基础，概括是应用的前提，对构式概括性的把握有助于提高学习者创造性应用构式的能力。

2.1 构式的体验性

传统的语言观认为语言的意义超越个体的体验，是静态和客观的，与人类的身体经验及社会经验无关。因此传统语法教学强调死记硬背结构及规则，教学玄奥而远离现实体验，使语法学习成为一大难点。认知语言学认为语言结构产生于人与世界的互动体验，对语言结构不仅可知其形，还可探其源。我们将构式的体验性对二语教学的启示归纳为如下两个主要方面：

第一，从体验哲学的角度解释构式，将构式与现实体验及具体语言结合起来，探析构式产生的根源及理据。例如对英语的五大基本构式可从体验哲学的角度作出如下解释（如表3所示，改编自王寅，2011a：272）：

表3 从体验哲学角度解释英语的五大基本构式

构式	解释	实例
主谓构式（SV）	生活中，人们为了生存需要做出大量动作，如仅突显动作本身，而不涉及具体的动作对象，就出现了不及物动词和主谓构式。	In winter, it often snows. 冬天经常下雪。
主谓宾构式（SVO）	在动作事件中如果要突显动作对象，就出现了及物动词和主谓宾构式。	Either of these two plans suits me. 这两个计划中的任何一个都适合我。
主系表构式（SVC）	主系表句可视为主谓宾构式的一种特殊表达形式。	In a sense, he is right. 在某种程度上讲，他是对的。
主谓宾补构式（SVOC）	施事者凡是发出一个实在性动作，在作用于对象之后，总会对其产生一定的影响，会出现某种结果，语言中就相应出现了主谓宾补构式。	Walking does me good. 散步对我有好处。
主谓宾宾构式（SVOO）	生活中还经常涉及事物的传递和所有权的转移，语言中就出现了双宾构式。	They offered her a secretarial post. 他们给了她一个秘书的职位。

第二，通过应用图式、图片或其他媒体模拟构式，激活学生的身体体验。体验构式语法认为，提高学习者对语言的理解能力在于以语言输入为基础，激活其内在的感觉运动系统，因为这一系统在语言产出和理解过程中起主要作用（central function）（Bergen, Chang & Narayan, 2005）。Pulvermüller 等（2001）在实验中设计了一项词汇选择任务，即请被试看一张用脚踢球的照片，然后要求他从 grab、kick 及 chew 中选择一个，来描写照片上的动作。他们发现在被试选择 kick（踢）的时候，负责"踢"的腿部神经结构的一些部分（如小腿等）被激活。实验结果表明，对语言的理解，首先要激活身体体验，并在大脑里模拟或想象所描写的场景。体验构式语法认为，利用身体体验及图式模拟构

式（如表 4 所示），对学习者理解及产出构式具有促进作用（Bergen，Chang & Narayan，2005）。基于构式体验性的详细教学示例请参见本章附录部分的教学示例 3。

表 4　基于体验对构式意义的推理图式

2.2 构式的传承性

构式语法认为，语言中的构式尽管数目庞杂，却是有理据的（motivated）的网络系统，网络中的连接是通过传承关系（inheritance relations）实现的（Goldberg，1995：67-73）。我们认为构式的传承性能够帮助学习者理解构式间的联系，从而加强对构式的系统把握。Goldberg（1995：75）重点概括了四种传承连接：多义性连接（polysemy links）、次部分连接（subpart links）、实例连接（instance links）和隐喻连接（metaphorical extension links）。

第一，多义性连接。构式语法认为，构式本身具有意义，并且像词汇一样，也可能是多义的，其多个意义中，非中心成员在中心成员的基础上延伸出来，形成意义网络。例如，"双宾构式"从中心意义"X 致使 Y 收到 Z"（Joe gave Sally the ball）可延伸出很多非中心意义，如"X 能使 Y 收到 Z"（Joe permitted Chris an apple），"X 致使 Y 收不到 Z"（Joe refused Bob a cookie）等，从而构成"双宾构式"意义家族（同上）（参见本章 4.2 节）。

第二，次部分连接。Pat pushed the piano into the room. 属"致使移动构式"；The piano moved into the room. 属"不及物移动构式"，二者可独立存在，但这里"不及物移动构式"的句法及语义内容可以是"致使移动构式"的一部分，两构式之间的关系可看作是一种次部分关系（牛保义，2011：92），如下图所示：

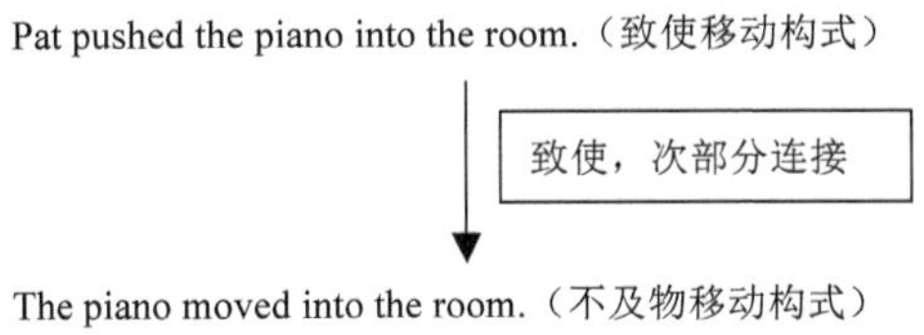

Pat pushed the piano into the room.（致使移动构式）

致使，次部分连接

The piano moved into the room.（不及物移动构式）

图 2　次部分连接简图

第三，实例连接。构式 The draught blew the pencil off the table. 是"动结构式"SVOC 的一个实例。该实例通过实例连接受到"动结构式"SVOC 的控制，同时它又通过次部分连接控制"动结构式"。两构式间相互作用。一个构式的实例可以是该构式的句法、语义及话语功能的理据或理解，反之亦然（同上）。

第四，隐喻连接。隐喻连接是指一个构式所表达的语义是通过隐喻的方法由另一个构式的语义延伸而来的，因此两个构式间是通过隐喻进行连接的。不同构式之间可进行隐喻扩展，相同构式的不同实例之间也可进行隐喻扩展。例如，Pat hammered the metal flat. 属"结果构式"，表示状态的变化。Tom threw the metal off the table. 属"致使移动构式"，表示实际方位的变化。隐喻是用实在的事物说明抽象的事物，这里是用实际的方位变化来说明状态的变化，所以两个构式间是隐喻连接关系。

相同构式的不同实例之间也可进行隐喻扩展，例如 Tom gave him some relief. 和 Tom gave him some food. 都是双宾构式，其中 food 是具体的食物，而 relief 是一个抽象的概念，这里 food 被隐喻化为抽象的概念 relief，因此两个构式间也是隐喻连接关系（王寅，2011a：211）。

学习者对单个构式的记忆易随时间淡化。构式的传承性对二语教学的启示在于，在教学过程中，引导学生通过上述传承性连接关系，组建构式网络，帮助学习者收缩语言的宽度，体察语言的密度，感受其有序性及系统性，从而更好地把握及应用语言。构建构式网络的具体教学操作请参见本章 4.3 节。

2.3 构式的概括性

不同于传统语法强调规则的观念，Goldberg（2006：25）强调构式语法是以用法为基础的。构式语法认为，概括性是语言的本质。语言的概括性知识来自从现实用法中归纳出的规律性信息。她指出语言学习需要经历一个对其形式和功能进行概括的过程，即从具体实例出发，然后逐渐概括、抽象出一般化的规律。

我们认为构式的概括性对二语习得的启示主要体现在如下两个方面：

第一，概括需要以大量高频的语言范例输入为前提，因此构式语法强调语言习得有赖于高频输入。Ellis（2002）指出范例及频率决定着二语构式的习得。Goldberg 等人（2004）的研究也表明有意识、高频次的输入帮助学习者掌握的范例可优化构式的学习。

Fillmore 等（1988）认为，语言的概括性是普遍存在的，不只限于能产性较高的构式，如表 6 中的 Determiner + noun，还要兼顾不具能产性的固定构式，如表 6 中的 the house。Bybee 和 Thompson（2000）的研究证明，范例频度（token frequency）（如 the house 等具体构式的出现频率）有助于提高不规则构式在大脑中的保持度，即学习者更容易识记那些频繁出现的不规则构式，而类别频度（type frequency）（如 Determiner + noun 等图式或抽象构式出现的频率）则决定语言输出。因此教学中范例及类别的高频输入都是需要考虑的关键因素，显性、高频、偏态的输入为学习者概括及记忆构式提供了客观条件及可能性。基于构式的概括性进行教学的具体建议请参见本章 4.1 节。

第二，构式语法认为人们概括及抽象出来的语法构式又可被无限量地应用，这就使得语言具有"创造性"及"能产性"。例如我们可以从众多像 What is John doing in my office? 这样的实例构式中概括或抽象出 WXDY（what X is doing Y）图式性构式，再通过模仿、记忆及创新去习得更多的 WXDY 构式，如 What is the cat doing on my table? 等。表 6（改编自 Holme，2009：179）可帮我们更好地理解构式的能产性及图式性：

表6 构式的能产性及图式性

图示性	构式类型	能产出的实例
高 ↓ 低	限定词 + 名词 (Determiner + noun) ⟶	如：a book, that house, this street, one night, every function
	定冠词 + 名词 (definite article + noun) ⟶	如：the book, the house, the street, the night, the function
	房子 the house ⟶	the house

在教学中除为学生提供高频的语言输入外，教师还需提醒学习者注意语言/构式的概括性及能产性特征，并有意识地培养学生概括、抽象及创造性地应用构式的能力。基于构式的能产性进行教学的具体建议请参见本章 4.4 节。

综上所述我们认为，帮助学习者把握构式的体验性、传承性及概括性，能够帮助他们更深入地理解构式的意义及功能、更完整地看待语言系统，把握其整体，概括其联系，从而能够执简驭繁，使学习省时高效。

3. 构式语义的认知解释及其对二语教学的启示

这一小节中我们依据 Goldberg（1995，2002，2006）和 Fillmore（1977）的观点，探讨构式语法对语义的创新解释及其对教学的启示。

3.1 区分构式义及词义

构式语法认为构式本身具有独立意义，句子的构式义不等于句子词汇意义的简单相加。例如 The draught blew the pencil off the table. 一句中，任何单词都不包含"致使—移动"的意义；Mary baked Joe a cake. 中，任何单词都不包含"致使—接受"的意义，这些意义是构式的独立意义。另外，构式语法认为，句中词汇的意义包含了丰富的经验和文化知识。Goldberg 依据 Fillmore 的定义，把这些知识称为框架语义知识（frame-semantic knowledge）（Goldberg，2006：25-27）。我们认为构式义及词义的区分对二语教学的启示主要体现为如下两点：

第一，以构式的整体意义／功能为起点进行教学，构式的形式、语义、语用、语篇、认知等信息不可分割。例如 Mary bought the child a book. 这一构式由下列构式组成（见表 7）：

表 7 构成 Mary bought the child a book. 的构式

双及物构式	buy the child _____
动词短语构式	buy_____
名词短语构式	the child
词构式	Liza、buy、the、child、a、book
词素构式	-ed

讲授时需以最大的构式，即"双及物构式"为起点，为学生提供应用该构式的实例，如：

(1) They gave us a map.

(2) I bought him an ice-cream.

(3) The doctor gave him an injection.

(4) Peter told me the news.

(5) They made me an attractive offer.

然后请学生概括上述实例构式在构成、语义、语用及功能上的相似之处，并列出更多此类构式。基于构式语义整体及独立性的具体教学建议请参考本章 4.1 节。

第二，基于经验、文化及百科性知识（encyclopedia knowledge）理解词义。构式语法认为构式本身具有意义，独立于词义之外，但并不否定词汇构式，尤其是动词构式意义的作用。构式语法强调将词汇构式的意义置于框架语义，即经验、文化和百科知识中来理解（Goldberg，2006：25-27）。

例如讲解动词构式 pay（付款）时，需要帮助学习者理解 pay（付款）的意义是基于由"买方"、"卖方"、"货物"和"钱"构成的语义框架的，而 buy（买）的语义框架则主要由"买方"、"货物"、"卖方"和"计价"等成分构成（Fillmore，1977）。这些成分就是动词框架语义的参与者。

构式语法认为，这些参与者有的更重要，称为"焦点"（focal points）。框架语义的参与者中，哪一个是"焦点"或"侧重"（profile）由动词本身的意义决定（Goldberg，2006：44）。理解动词构式的"焦点"/"侧重"可帮学习者明晰语义。例如依据相关动词的"焦点"/"侧重"，可明确地比较出下面两句话的异同：

Jesse **robbed** the rich (of all their money).

框架语义参与者：抢劫者　遭抢者　目标

侧重（加粗部分）：rob（**抢劫者　遭抢者**　抢劫物）

Jesse **stole** money (from the rich).

框架语义参与者：偷窃者　失窃物　遭偷者

侧重（加粗部分）：stole（**偷窃者　失窃物**　遭偷者）

二者的区别首先是基于生活经验的。我们的经验是：虽然都是受害者，遭到"抢劫"的人所受的身体伤害比遭到"偷盗"的人大，所以人们更关注"抢劫者"及"遭抢者"。而遇到"偷窃"事件时，"失窃物"则更容易成为人们关注的中心。

基于语言的具体应用及框架语义所作的词义分析，可以激活学习者的百科性知识，这一知识是基于语境、用法及体验的，因此也更有利于学习者更好地理解及区分句子意义。基于该理念的具体教学步骤请参见本章附录中的教学示例 3。

3.2 强调多义构式的原型义及延展义之分

如上文所述，构式具有多义性。本章表 3 中所列五大基本构式均具有多义性特征。我们经常强调学习中要"举一反三"，这个"一"就是一类事物的"原型"，"三"则代表同类的、由"原型"生发出来的其他事物（陈万会，2008）。具有这样性质的事物即具有"原型性"。构式语法认为，多义构式的多个意义中，其原型意义为核心，其他与之相关的意义为延展意义（extensions），它们共同形成辐射性的语义家族，因此构式的多义性具有原型特征。例如"双及物构式"（即致使—接受构式，如 Joe baked Mary a cake.）的中心意义是施事者成功地使接受者接受受事，其他意义为其延展义。这一构式的中心意义与其延展意义可构成如下意义网络（见图3，改编自 Goldberg，1995：38）：

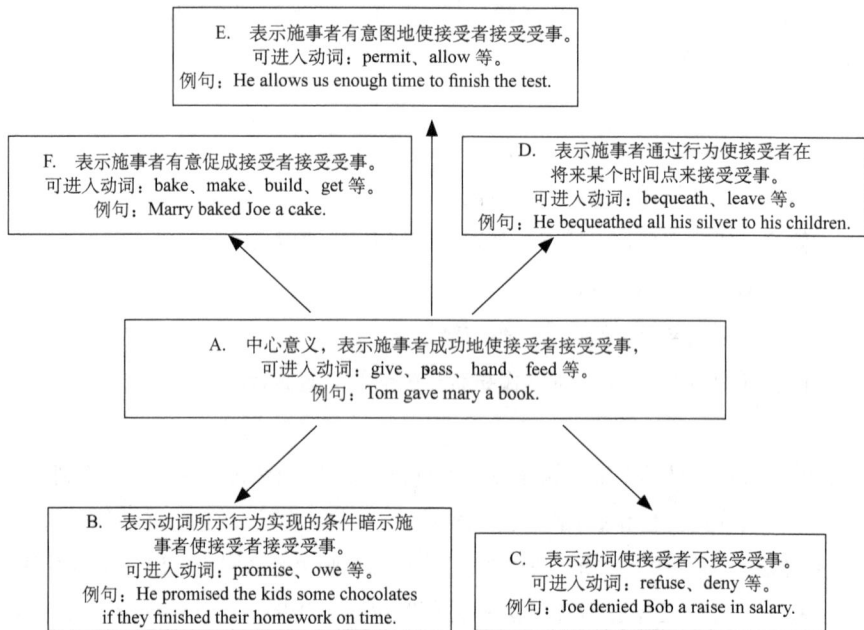

图3　双及物构式的原型多义网络

我们认为强调多义构式的原型义及延展义对二语习得的启示主要体现在如下两个方面：

第一，重视构式原型义教学。例如双及物构式的教学需以"施事者成功地使接受者接受受事"这一构式义为起点，在输入的构式实例中，也需包含与此义相关的动词，如 give、feed、hand、pass 等。原型义是代表构式意义的最佳实例，在构式学习中如果能够较好地把握其原型意义，对其他延展意义也会形成较合理的判断，因此在教学中要以构式原型义为起点，然后逐步拓展，形成网络，以便减轻学生的记忆负担。

第二，在学生深入理解原型意义的基础上，逐步输入延展义的实例，鼓励学习者依据原型意义进行推理。如果学习者能够在构式的多个义项之间进行推理及分析，分辨出意义的联系与区别，再依据其内在联系进行基于原型的划分和排列，无疑对他们整体把握构式系统大有帮助。

4.　教学建议

本节以双及物构式为例，对如何将上述理论应用于课堂教学，提出四点建议：(1) 从特殊到一般概括构式，以便培养学生的抽象思维及概括构式的能力；(2) 构建构式家族，以便帮助学生系统地掌握构式；(3) 比较构式在英语及汉语中的共性与差异，以便教师和学生了解并突破教学中的重点和难点；(4) 从一般到特殊扩展构式，以便培养学生创造性地应用及创新构式的能力。

4.1 从特殊到一般概括构式

Ellis (2002, 2003, 2006) 认为，构式学习的典型路径是从套语 (formulae) 出发，到抽象程度不高的低域模式 (low-scope pattern)，最后到抽象程度较高的构式。Goldberg (2006) 也指出，构式是在外部输入和普通认知机制的基础上习得的。语言学习必须从记忆具体的例子出发，然后再逐渐概括出一般化的规律。

构式具有整体性特征，具有独立的语义，因此学习者需要概括的不只是语言的形式，更重要的是了解语言的语义及功能是如何通过形式表达的。如本章 2.3 中所述，教师需要为学生提供相关构式高频、偏态(以教学目的为重心)的语言输入。以双及物构式为例，教学过程中可请学生从实例构式中概括双宾构式的构成及语义／功能。教师可为学生提供如下实例，引导学生初步形成对构式语义／功能、句法及角色（王寅，2011a）的认识（如下页表 8 所示）。然后引导学生得出双及物构式的核心意义，即"一个施事发出动作，致使一个客体转移到接受者"（X CAUSE Y TO RECEIVE Z）（Goldberg，1995：32）。

(1) She gave me a book.

(2) Sally handed her sister a cake.

(3) He gave her a brand new house.

(4) Tom handed me a drink.

(5) She passed him the ball.

(6) Happiness gave me a lot of inspiration.

(7) The noise gave Terry a headache.

表 8　基于实例构式的概括（改编自王寅，2011a：30）

	She	gave	me	a book.
概念结构	施事者（始源）	发出动作	接受者（目标）	客体
	X	Cause	Y (to receive)	Z
句法功能	主语	传递，使领受	间接宾语	直接宾语

　　类似的活动可帮助学生将结构与语义 / 功能联系起来。目标构式在不同语境中重复出现，目的是以不同方式来激活及强化这些联系。根据认知心理学的加工层次理论（Craik & Lockhart，1972），要使信息进入学习者的长时记忆，需要对其进行精细加工。基于意义的加工产生于较深层次上，因此请学习者根据构式的语义及功能概括其中的联系，可加深认知加工的深度，以便帮助学习者在后面的学习中有效地提取相关信息。

　　同时此类活动设计也符合联结主义的观点。联结主义认为，学习的过程就是从语言材料中抽取特征的过程，语言获得的过程是通过特征浮现获得规则，而不是直接学习规则（李平，2002）。另外我们认为，不需要局限在教材指定的位置来进行语法教学，在课文或练习中遇到相似或相关的构式即可随时讲解，逐层引入知识。这样随时随地的螺旋式教学与学习方式，可帮助学生将已有的知识迁移至新的语言现象中，从而稳步更新知识结构。

4.2 比较英汉相应构式的异同

　　成人在习得二语时，其母语对二语中介语会产生正面或负面的影响（Ellis，2001：9）。当母语构式和目的语构式一致时，前者对后者产生正迁移作用，不一致时，产生负迁移作用。胡学文（2007）的研究表明，中国学生英语双宾构式的错误主要源于母语构式的影响。教学中增加母语和二语构式的对比分析能帮助学习者克服母语的负面影响并发挥其正面的促进作用。以双及物构式为例，教师可提供如下实例（见表 9—表 11，引自王寅，2011a：106-108），引导学生比较英汉双及物构式的异同。这里我们将英汉构式的比较粗浅地分为三类：完全相同、不完全相同及完全不同，其中第二及第三类容易产生语言的负迁移，是教学的重点。

表 9　英汉双及物构式中完全相同的情况

I	gave	him	a book.	可接受
我	给了	他	一本书。	可接受
She	baked	a cake.		可接受
她	烤了	一块蛋糕。		可接受
She	baked	me.		不可接受
她	烤了	我。		不可接受

表 10　英汉双及物构式中不完全相同的情况

I	gave	a book	to	him.	可接受
我	给	一本书		他。	不可接受
我		把一本书	给了	他。	可接受

如表 10 所示，在这种情况下汉语要用"把"字来引入直接宾语，再加"了"表示动作已经完成，语句才可接受，而英语则不需要。

表 11　英语或汉语双及物构式完全不同的情况

I	lent	him	ten dollars	语义清晰	可接受
我	借了	他	十块钱。	有歧义	可接受

英语中用 lend 或 borrow 就可明确语义，汉语中却需要说"我借给他十块钱"或"我从他那里借了十块钱"。与本例类似的英汉完全不同的情况是中国英语学习者容易出错的地方，因此讲到该构式时需要强调 lend 与 borrow 的区别。

Schmidt（1990）指出语言输入须经过充分注意才能被吸收。比较英汉构式的异同有利于学生注意到英语构式中的特殊现象，进而重点学习和掌握，同时也有利于教师发现学生的学习难点。McLaughlin（1990）在强调记忆作用的同时，提出学习目标语的过程就是建立新的概念系统或语义系统的过程，比较英汉构式的异同也是引导学习者构建新的概念系统的起点。

4.3 组建构式网络

如本章 3.2 部分所述，构式具有多义性；构式的多个意义中，有中心成员及非中心成员，即原型义及延展义之分。在教学过程中，如果注意引导学生以构式原型意义为核心，基于语言输入推知构式的延展意义，从而掌握相关构式的多义网络，这对他们学习构式可达到可事半功倍的效果。

在引导学生对构式的形式及意义 / 功能进行初步概括的基础上（即本章 4.1 所述步骤），我们可以为学生提供更多的实例构式，请他们确定哪些属于原型意义的实例构式，哪些属于延展义的实例构式。例如给学生提供双及物构式的如下例句，请他们确定哪些是属于原型义构式：

（1）Joe gave Sally the ball.

（2）Joe refused Bob a raise in salary.

（3）His mother denied Billy a birthday cake.

（4）His mother promised Joe an ice-cream.

（5）Tom handed me a drink.

（6）Bill promised his son a car.

其中（1）和（5）为原型义构式；其他为延展意义构式。其中（2）、（3）表示施事者使接受者不接受受事；（4）、（6）表示动词所表示的行为实现的条件暗示施事者使接受者接受受事。它们的意义关系如图 4 所示：

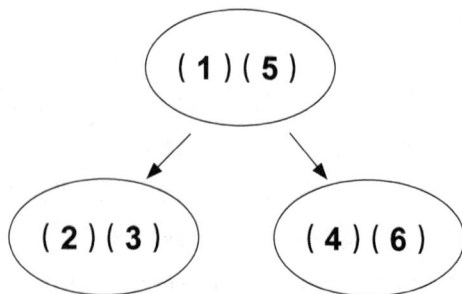

图 4 （1）—（6）的关系图

另外，我们可以再增加更多的实例，如例句（7）—（9），引导学生依据构式的传承性（参见本章2.2），创建（1）—（9）的传承关系图（如图5所示）。

(7) The sauce gave the baked beans some flavor.

(8) The sound of ambulance gave him some relief.

(9) The missed ball handed him the victory on a silver platter.

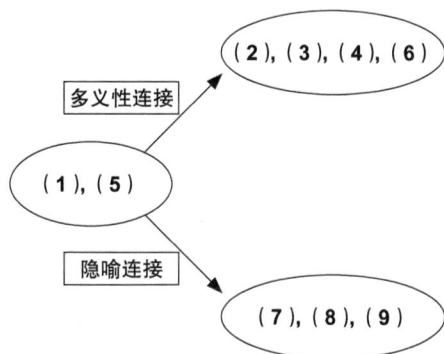

图5 （1）—（9）的传承关系图

类似的活动在为学生提供更多显性输入的同时，可使学生对构式间的关系形成更清晰的认识，从而更系统地掌握构式的意义及用法。

4.4 从一般到特殊扩展构式

如本章2.3部分所述，人们概括及抽象出来的语法构式（如WXDY）可被无限量地应用，这就使得语言具有创造性及能产性。具有较强生成能力的构式能容许不同程度的分解和重组（参见表12），因此在教学中我们可鼓励学习者依据不同的语境生成更多可接受的实例构式，创造性地运用抽象构式，同时也检测已概括出的规则。构式扩展的练习可以逐层深入，可以先请学生分组做相关的成分重组练习，再做创造性产出练习。

例如可先利用表12，请学生依据相应意义／功能，形成更多的实例构式。要求以某一隐喻意进行扩展或表达构式某个层次的义项等。

表 12　构式扩展练习表格示例：依据相应意义／功能要求，根据提示词重组构式

实例构式	She	gave	me	a book.
概念结构	施事者(始源)	发出动作	接受者(目标)	客体
	X	Cause	Y (to receive)	Z
句法功能	主语	传递，使领受	间接宾语	直接宾语
表示施事者使接受者不接受受事的扩展示例	Joe	refused	Bob	a raise in salary.
扩展构式 1				
扩展构式 2				
以因果事件为迁移的隐喻扩展	The paint job	gave	the car	a higher sale price.
扩展构式 1				
扩展构式 2				

在此基础上，教师可引导学生进一步优化先前概括的应用规则，并鼓励学生尝试在不同语境中应用目标构式。因为对构式的扩展、深入概括及应用属深层语义加工，对这些项目的强化练习有利于学习者更好地掌握构式，尤其对产出水平的提高更有帮助。有关构式扩展的具体教学示例请参见附录的教学示例 2。

5.　结语

构式语法理论（Goldberg，1995，2002，2006）认为语言是基于使用的，语义源于人类与世界的互动体验；强调构式是形式与意义／功能的结合体，具有可习得性，应作为一个整体习得；认为构式具有理据性，构式是相互联系的意义家族；构式习得的核心是基于高频输入了解及习得其概括性。

构式语法理论启发我们重新思考语法教学，为学习者多提供实例，少谈理论，鼓励学习者在对构式的概括及扩展中学习语法；教师需要多引发思考，少限定规则；可从词汇、短语、课文、练习等任何一部分引出相关构式，语法学习不需要局限于语法课上；语法教学的目的是启迪智慧及思考，培养学习者的概括及推理能力；注意与记忆都是构式习得的重要因素，但都需与语义加工有机结合。这些思想都可成为传统语法教学的有益补充。

如其他任何一种理论一样，构式语法也面临诸多置疑，例如：语言中到底有多少构式，能否穷尽？词库如何建立？组合法则如何确定及描述？如果说所有的词都是构式，那么语言中的构式就不计其数，在强调语言概括性的同时，是否影响了语法分析的概括性及简约性？构式语法能否对语言作出全面的描述及解释（严辰松，2006）？另外构式语法理论在英语作为第二语言习得领域的实证研究目前还很少，英语作为母语习得的研究结果是否可直接用于二语习得领域还值得商榷。本章中提到的体验构式语法理论本身还尚未成熟，被戏称为"刚刚会飞的小鸟"（牛保义，2011：169）。

因此教师在教学实践中需要从实际情况出发，谨慎考虑如何将构式语法教学理念与现有的教材及传统语法有机结合，以期达到较好的教学效果。

附录：教学示例

教学示例1：构式概括法

教学目的：鼓励学生探究构式生成的理据，从而加深对相关构式的理解和掌握；培养学生的概括能力；培养学生小组讨论合作的能力。

英语水平：中、高级

教学内容：相关构式的至少五个实例构式。以双及物构式为例：

（1）Give him time to find his feet.

（2）Habit has given him confidence.

（3）Allow him time to absorb the information!

（4）Being organized did not give him pleasure.

（5）Both jobs will give him time to catch up with this international chairmanship.

（6）The amount of time he has spent in social work has given him access to various kinds of care units.

（以上例句摘自英国国家语料库）

分组：两人一组

课前准备：为每一组学生准备一张实例构式卡片，内容为以上实例构式。

教学步骤：

1. 鼓励学生概括构式的结构、意义及功能：请一组中的一位同学逐句朗读实例构式，另一位同学猜测及概括目标构式的结构、意义及功能。例如学生甲读出第一、二个句子，学生乙可根据例句猜测构式的基本结构及意义，如果不确定，可请学生甲继续读实例，直到确定为止。

2. 讨论学生的结论，讲解正确答案并提供更细化的实例：请学生讲述他们的判断并详细解释相关原因。如果其他组都赞同并且答案正确，老师给出更多的实例加以说明，以强化学生的记忆，例如双及物构式的描述为 SBJ VERB OBJ1 OBJ2，中心意义为 X CAUSE Y TO RECEIVE Z；如果有不同意见或答案不正确，老师通过问题引导学生重新作出正确的判断，然后给出更多的实例加以说明。

3. 巩固和复习：老师收回卡片，请学生根据记忆说出刚刚读过或讲过的实例构式，并回顾其结构、意义及功能。

教学示例 2：构式扩展法

　　教学目的：鼓励学生生成新的构式；培养学生扩展构式的能力；培养学生创造性应用语言的能力；培养学生小组讨论合作的能力。

　　英语水平：中、高级

　　教学内容：请学生依据构式的结构、意义 / 功能生成新的构式并作相应点评。

　　分组：三人一组

　　课前准备：为每组准备一套卡片。卡片内容包括：（1）构式的结构及意义 / 功能；（2）按要求生成的新构式的具体示例，如表 13 所示。

表 13　构式扩展法卡片内容示例

实例构式	She	gave	me	a book.
概念结构	施事者(始源)	发出动作	接受者(目标)	客体
	X	Cause	Y (to receive)	Z
句法功能	主语	传递，使领受	间接宾语	直接宾语
表示施事者使接受者不接受受事的扩展示例	Joe	refused	Bob	a raise in salary.

教学步骤：

1．鼓励学生依据对构式的描述生成新的构式：老师首先为每组下发卡片。每组同学分工合作，其中一位同学提出不同的动词，另外两位同学确定该动词是否可进入构式并表达相关义项，如果可以，则给出完整的构式。例如，同学甲说出动词 refuse，同学乙和丙给出相应的例句。

2．老师点评学生的新构式：学生完成全部练习后，不同组的同学依次读出他们的新构式，老师确定哪些构式是可接受的，哪些是不可接受的，并详细说明原因。

3．巩固和复习：老师请学生根据记忆写出印象最深的五个新构式。

教学示例 3：体验法

教学目的：培养学生对构式意义的抽象概括能力，及在语义框架中理解动词意义（详情请参见本章 3.2）的意识，从而加强对相关构式的理解和掌握；培养学生小组讨论合作的能力。

英语水平：中级

教学内容：相关构式的至少五个实例，这里以双及物构式为例（引自王寅，2011a：53）：

(1) Mother bought the baby a toy.

(2) Mother cooked me a dinner.

(3) She found me a good book.

(4) She left Tom a book.

(5) They make Mary a doll.

(6) He painted me a nice picture.

分组：两人一组

课前准备：为每一组学生准备一张实例构式卡片，内容为以上六个句子。

教学步骤：

1. 用图片引出其中一个句子（如图 6 所示）。请学生猜测下图表示哪个句子。

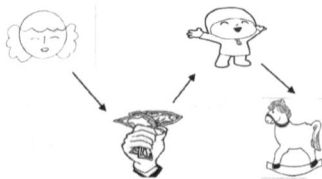

图6　引出构式的图片

2. 请学生指出句中动词语义框架涉及哪些参与者。

3. 画出更多的构式图示：请每组中的两位同学逐句画出图示，并请对方根据图示猜测相关句子是哪一句。

4. 讨论构式的构成、意义及功能：猜测环节结束后，逐步引导学生依据实例讨论并概括构式的基本结构及意义，引导学生得出结论并在此基础上生成更多的实例。

5. 引导学生归纳构式中动词的特点：请学生先讲述他们的判断并详细解释其依据，然后归纳这组动词的特点。这里双及物构式的描述为 SBJ VERB OBJ1 OBJ2，中心意义为 X CAUSE Y TO RECEIVE Z；动词的特点是都表示有意识动作（王寅，2011a：52）。老师给出更多的实例加以说明。

6. 巩固和复习：老师收回卡片，请学生根据记忆说出刚刚讨论过的句子，并回顾其结构、意义及功能。

第三部分　教学研究篇

时体与情态教学研究

多义词教学研究

多词单位教学研究

构式语法教学研究

　　自 20 世纪 90 年代起，随着认知语言学理论研究的不断深入，从认知语言学角度探索语言习得与教学问题的研究陆续展开（如 Boers，2000b；Boers & Demecheleer，1998；Lindstromberg，1996，2001）。其中，一些学者（如 Allen，1995；Boers，2000a；Kövecses & Szabó，1996；MacLennan，1994）尝试将认知语言学理论运用于二（外）语习得与教学领域的研究。进入 21 世纪，此类研究的研究队伍日渐庞大，成果逐步丰富，显示出该研究课题蕴含的巨大价值。

　　本书的教学研究篇将对认知语言学与二语教学相关的研究进行回顾和梳理，但不涉及认知语言学研究本身，其主要目的是帮助外语教师了解如何从认知语言学的相关理论出发，思考外语教学，并着手进行相关教学研究。经过一个多月的文献检索和筛选，我们总共搜集到相关文献 45 篇，涉及的期刊有 18 种，其中国内期刊有《山东外语教学》、《解放军外国语学院学报》、《外国语文》；国外期刊有 *Applied Linguistics*、*TESOL Quarterly*、*Cognitive Linguistics*、*Second Language Research*、*Annual Review of Cognitive Linguistics*、*Language Learning*、*ELT Journal*、*Language Teaching Research*、*AILA Review*、*The Modern Language Journal*、*International Review of Applied Linguistics*、*Vigo International Journal of Applied Linguistics*、*Language Awareness*、*International Journal of Bilingualism*、*Construction and Frames*、*Gesture*。

　　考虑到文献综述的条理性，我们根据研究内容将以上文献进行了分类归并，将相关文献纳入"时体与情态教学研究"、"多义词教学研究"、"多词单位教学研究"以及"构式（小句层面）语法教学研究"四类，每一类别的文献梳理与评价独立成篇。

第十章　时体与情态教学研究

1. 引言

按照传统语法对时、体和情态范畴的解释，"时"（tense）和"体"（aspect）是体现在动词上的语法概念（范畴），"时"是表示"时间区别的动词形式"，"体"是表示"动作或过程在一定时间内处于何种状态的动词形式"（章振邦，2009：119）。此前，Biber 等（2000：460）也有类似的论述："时"和"体"都与体现在动词（短语）上的时间差异相关，"时"主要指"过去"和"现在"的时间取向，"体"主要考虑动词所描述的事件或状态的完成与未完成情况。"情态"表示说话者对命题的主观态度或评价。人的主观态度或评价可用多种方式表达，比如：英语里常用 can、could、may、might、would、should、must 等情态助动词表达情态；法语里通过动词形态变化来体现陈述、条件和虚拟等语气（mood）；许多语言里都可以用副词来表达说话人的情感态度；此外，在一些语言里的补足语（如俄语）和连词（如霍次语）也可以承载情态意义（参见 wikipedia）。概括起来，"时"是动词形式与其描述的动作或状态发生的时间之间的关系；"体"是动词所描述动作的状态；"情态"是说话者对事件的态度。

有别于以上观点，认知语言学家们对时、体和情态这三个语法范畴作出了不同解释，如：Sweetser（1990）指出，情态是真实世界和言语行为领域的隐喻投射。认知主体将现实世界行为发生的必然性或可能性（根情态）隐喻性地扩展至推理和联想等思维领域，产生了认识情态。Langacker（1991）的"动态演化模型"全面地解释了人类体验与语言中的时、体和情态之间的关系：人类体验着现实世界，现实世界随时间的流逝而不断变化，因而有"过去世界"、"现时世界"和"将来世界"之分。语言系统通过语法界定人在现实世界中体验的事件：现时世界的各种事件一般用现在时和未完成体来表达；过去世界的事件常用过去时和完成体来表达；将来世界的事件主要通过情态动词等词汇和句法手段来表达（谢昆，2013）。

Patard 和 Brisard（2011）专门从理论上探讨时、体与情态，为帮助人们从认知视角理解时、体及情态作出了重要贡献。不同于传统语法对以上三个语法范畴的解释，认知语言学家们达成基本共识：时、体和情态都是"人类范畴化和概念化的结果，具有主观性"。因此，时范畴是"言语事件与它的参与者的心理接触"；体范畴"是人们对事件或动作的内部时间结构的不同看法"；情态范畴是"说话者对于事件或者动作所持的认知态度"（赵永峰，2013）。

在二语时体研究方面，众多文献（Clahsen，Martzoukou & Stavrakaki，2010；Hantrakul，1990；Hinkel，2004；Izquierdo，2009；Labadi，1990）显示，二语时体的难度大、习得晚，是二语学习者面临的一大挑战。相关研究大多围绕二语时体项目的习得和使用展开，主要关注习得水平、路径与顺序、使用错误等主题，较少涉及二语时体的教学研究；情态也是二语学习者深感困难的项目，与时体相比，情态动词和语气（陈述、条件和虚拟）的习得难度有过之而无不及。在二语情态方面展开的研究主要涉及二语情态动词的意义、功能与用法，母语与二语情态对比等方面的主题，而从认知语言学理论视角进行的二语情态教学实证研究不多。由此看来，有关二语时体和情态教学的实证研究还是一个尚未怎么开发的研究领域，有着大量的课题亟待探索。有鉴于此，本章首先对二语时体与情态教学的实证研究进行梳理和评价，在此基础上，对该领域的未来研究进行初步展望，为广大外语教师开展二语时体和情态的教学与研究提供参考。

2. 研究概述

前面已经提到，从认知视角对时体和情态教学进行的研究很少。笔者只检索到四篇文献，均发表在国外期刊上。其中，一篇于 2006 年发表在 *The Modern Language Journal* 上，另外三篇于 2010 年分别发表在 *Language Learning* 和 *AILA Review* 上。Ellis 和 Sagarra（2010）以及 Strauss、Lee 和 Ahn（2006）的研究是关于二语时体教学的实证研究；Tyler、Mueller 和 Ho（2010）以及 Llopis-García（2010）这两项教学研究则涉及情态（情态动词以及陈述、虚拟语气）。表 1 是这四项研究的基本信息。

表 1　四项时体和情态教学实证研究的基本信息

研究	认知理论	语言项目	受试	研究发现
Ellis & Sagarra (2010)	学习注意，突显，迁移	时间指示（副词和动词形态变化）	数十名母语为英语、汉语、俄语等的拉丁语和西班牙语二语学习者	先前的语言接触与训练影响后期学习的注意倾向及效果。
Strauss, Lee & Ahn (2006)	概念化，构式	韩语完成体的三个构式	10 名韩语教师，25 名韩语二语学习者	受试有掌握和运用概念化型式的能力；本研究中的教法与材料有效。
Tyler, Mueller & Ho (2010)	力动态，隐喻扩展	英语情态动词 could、would、should、must	64 名母语不同的大学英语二语学习者	认知组好于传统组；认知组进步显著，传统组无进步，控制组有微弱进步。
Llopis-García (2010)	认知语法，原型，隐喻扩展	西班牙语中的陈述和虚拟语气	81 名德国大学中高级西班牙语学习者	认知语法用于二语语法教学有助于帮助学生学习二语语法项目。

　　下面笔者将分别介绍上述时体和情态的教学研究，并在此基础上作出评价，最后讨论未来研究的趋势。

3. 时体的教学研究

　　与时体相关的两篇文献分别涉及"时"和"体"两个语法范畴，其中，Ellis 和 Sagarra（2010）关注西班牙语中的"时"，具体考察学习者母语以及从先前西班牙语学习中获得的时间指示信息对后期西班牙语学习中相关时间指示信息的注意与习得的影响；Strauss、Lee 和 Ahn（2006）聚焦韩语的"体"，是一项具体关注韩语完成体教学的研究，探索概念语法（融合了语料库、话语分析和认知语言学）在韩语二语完成体教学中运用的有效性。

　　两项研究都与认知语言学相关，但具体视角稍有不同：前者关注先期语言使用与学习经验对后期语言学习的影响，也就是先期语言经验相关的认知活动对后续语言学习活动中的认知倾向与行为的影响；后者基于体验和概念化与构

175

式的形成、选择和使用的双向互动作用，考察了学习者对目标构式（概念化型式）的掌握和运用能力及本研究的教法对二（外）语语法学习的作用。

3.1 Ellis 和 Sagarra 的研究

3.1.1 认知理论

本研究涉及的认知理论主要有"学习注意"（learned attention）、"突显"（prominence/salience）和"迁移"（transfer）。"注意"是认知识解（construal）的基础，先期学习经验中获得的"学习注意"对后续学习过程中目标项目的注意与识解必然产生影响。因此，"学习注意"的实质是基于过去体验 / 经验而形成的对客体世界的一种认知，具体体现为一种注意倾向。

Ungerer 和 Schmid（1996：F38）认为"突显"是指"对语言所传达信息的取舍与安排"。本研究中，学习者在先期学习训练中获得目标项目输入的方式有两种：接触和强化。"接触"是一种常规输入，输入材料的文字信息全部采用常规排版和印刷样式；而"强化"则通过改变输入材料中目标项目（动词词尾变化信息）的字体和颜色，使其更加突显，是一种强化的输入。在这里，通过排版印刷方面的"取舍和安排"而实现了输入的强化，增加了目标项目的突显性，因而更容易被感知和注意。

在传统二语习得研究领域，"迁移"被理解为二语习得中的语际影响，主要体现了语言跟语言之间产生的关系。从认知语言学视角来看，"迁移"也是人类认知活动的体现，即基于先前语言使用 / 学习等体验活动所获得的经验对后续语言学习活动中的认知倾向与行为等方面产生的影响。

3.1.2 语言项目

本研究的语言项目是西班牙语中指示时间的副词与动词形式：副词 hodie 与 heri 及其指示时间的信息（前者指"今天"，后者指"昨天"），动词 cogito 和 cogitavi 及其指示时间的信息（前者指"现在"，后者指"过去"）。

3.1.3 受试

实验室研究：第一项研究的受试为 54 名拉丁语二语学习者，是母语为英语的大学生（18—33 岁；男性 20 人，女性 34 人）；第二项研究的受试包括以上受试，并增选了母语是汉语、英语、西班牙语和俄语的拉丁语二语学习者（具体人数不详）；第三项研究的受试为母语分别是汉语和英语的拉丁语二语学习者（人数不详）。

真实课堂教学研究：实验组受试为母语是英语的初级和中级西班牙语学习者，是分别参加第三和第八学期西班牙语课程的大学生。他们成年后才开始学习西班牙语，且不会其他二语；控制组受试为西班牙语或英语的单语者，不会任何外语。两组受试的人数不详。

3.1.4 研究设计

本项研究分为实验室研究和真实课堂教学研究两部分。

在实验室研究中，作者设计并实施了三项具体的实验研究：第一项研究考察前期语言（包括母语和二语）接触/学习所导致的"学习注意"效应。作者回答了两个研究问题：(1) 先前针对学习者进行的拉丁语时间指示信息的教学是否对他们后续的拉丁语学习有影响（"学习注意"的短时效应）？ (2) 学习者母语的动词特征（不同时态是否表现为动词的形态变化）是否对其拉丁语学习有影响（"学习注意"的长时效应）？第二项研究回答的问题是：拉丁语动词词尾曲折变化信息的突显程度与复杂程度对不同母语学习者学习拉丁语时态是否有影响？第三项研究回答的问题是：拉丁语动词词尾变化的先期学习训练在后期拉丁语学习中是否会增加学习者对动词形态变化的注意？三项研究的具体实施步骤如下：

第一项研究首先将受试随机分为副词学习组、动词学习组以及控制组，然后分四个阶段进行实验。第一阶段（实验前训练阶段）：副词组学习两个副词（hodie 与 heri）及其所指示的时间信息（前者指"今天"，后者指"昨天"）；动词组学习两个动词形式（cogito 和 cogitavi）及其所指示的时间信息（前者指"现在"，后者指"过去"）；控制组没有这样的实验前训练项目。第二阶段

（训练阶段）：首先，向三组受试展示六个句子，句中分别包含按时间指示信息正确搭配的"副词—动词"组合（hodie cogito、cogito hodie、heri cogitavi、cogitavi heri、cras cogitabo、cogitabo caras）；然后，让受试判断这些句子是指现在、过去还是将来，如果判断错误，受试会得到反馈信息。第三阶段（接受性测试）：将副词（hodie、heri、cras）和动词时态标记形式（cogito、cogitavi、cogitabo）分别两两组合，然后向受试出示含有这些组合的句子，并要求他们采用五级量表来判断句子指示过去、现在或将来的情况。第四阶段（产出性测试）：让受试将下列英语表达形式翻译成拉丁语：I thought、I think、I will think、yesterday、today、tomorrow、yesterday I thought、today I think、tomorrow I will think。

第二项研究与第一项研究的设计完全一样，只是增选了母语为汉语、英语、西班牙语和俄语的受试，同时增加了目标动词的难度（包含动词的第一、二、三人称单数形式），考察动词形态变化信息的突显度和复杂度效应。

第三项研究仍然沿用上述设计，具体包括两个实验：实验（1）考察实验前的拉丁语动词学习训练对不同母语受试的后续拉丁语学习的影响；实验（2）考察通过排版印刷的强化手段（将动词词尾的曲折变化变为粗体和蓝色）而实现的动词形态变化信息的突显效应，即实验前的动词学习训练中的强化输入是否会影响后期学习中对动词形态变化信息的注意。

在真实课堂研究中，首先要求所有受试完成语言学习背景方面的调查问卷；其次，要求西班牙二语学习者完成三项测试：西班牙语水平测试、动词曲折变化及时态方面的语法测试、用来评估是否理解目标动词和副词的词汇测试；最后，运用专用仪器（EyeLink 1 machine）对所有受试进行视线跟踪测试：要求受试依次阅读包含指示时间的副词和动词曲折变化信息的句子，每读完一句，就回答一个 Yes/No 形式的理解性问题，并当即得到反馈。西班牙语单语者和二语学习者受试阅读的句子和问题用西班牙语撰写，英语单语者受试的输入材料是英文版的。输入材料共四套，每位受试只接触四套中的一套，由仪器随机分配。每套材料包含 146 个句子（练习用句 6 个，干扰句 100 个，实验句 40 个），所有句子的长度和难度相当。测试中，仪器自动记录受试阅读动词、副词以及动词和副词之前那个单词等的平均时长。

3.1.5 研究发现

第一项研究发现：控制组产出副词与动词的正确率没有显著差异；副词学习组和动词学习组对训练项目（副词或动词）的产出正确率显著高于非训练项目，说明实验前的学习训练导致受试获得了"学习注意"，从而影响了后续学习过程中的注意力分配，最终显著地影响了学习效果。此外，研究还发现，长期使用母语而形成的注意倾向对后续二语学习的注意分配也产生显著影响。

第二项研究发现：三组受试都更多地注意到副词，且动词形态变化越复杂，受试就更多地依赖副词信息；受试母语中的动词形态变化越丰富，他们获得的二语动词时态曲折变化方面的知识也越多（Ellis & Sagarra，2010：93-94）。

第三项研究发现：实验前的动词学习训练增加了学习者在后续句子处理过程中对动词词尾变化信息的使用，动词学习训练对母语中动词形态变化不丰富的受试影响更加明显，体现了前期学习训练与母语的交互作用；通过排版印刷手段实现的输入强化对汉语和英语为母语的两组受试都一样有效，即增加了他们对动词形态变化信息的注意。两个实验表明，前期学习训练和输入强化分别在时间和空间维度对学习者的注意进行再分配，这样的短时分配能够重新调整长时"学习注意"的效果（同上：95）。

概括起来，研究发现"学习注意"效应在短时（最初一小时）实验室研究和长时（其后八个学期）课堂教学实验中均有体现：在二语学习的初始阶段，受试会关注更为明显的词汇信息，因为他们的母语中大量使用词汇方式来表达时间，这比运用动词形态变化手段更为简单。因此，母语习得中获得的时间表达信息会阻碍二语动词形态知识的习得；后期二语学习中，受试对不太明显的动词词尾变化信息的注意受到目标语动词形态变化的复杂度和先前语言学习的影响，但先前语言学习形成的注意倾向可以通过控制当前注意得到改变。此外，在二语教学方面，通过前期学习训练或者输入强化等手段突显动词形态变化特征，可以增加学习者对动词形态变化信息的注意，有利于二语时、体的习得。

3.2 Strauss、Lee 和 Ahn 的研究

3.2.1 认知理论

本项研究涉及的认知理论有"概念化"（conceptualization）和"构式"（construction）。

"概念化"就是形成概念（结构）的过程（沈家煊，1994），是人类基于自身身体经验而获得事物意义的过程，这一过程紧密关联着意义、概念结构和认知，是人类认知能力的重要体现。因此，在语言层面，人类经验的概念化结果就是语言的语法（Croft & Cruse，2004）。从另外一个角度看，学习一种语言的过程就是用特定的方式去体验和识解世界，获得相应概念结构的过程。

语言中的"构式"是形式和意义的匹配组合（Goldberg，2006），是众多概念化型式（conceptual patterns）的集合，存放于人的心智，可建构实际的语句（王寅，2011a）。构式来源于人的身体经验、对世界的识解和概念化以及语言交际：在语言交际过程中，如果一些语言成分不断地在语境中共同出现，频率效应会促使它们逐步地固定下来，最终成为"形—意"匹配的组合——构式，存储在人的大脑中。此外，语言使用者对不同构式的选择和使用表明了他们对所描述事件的态度和立场方面的差异，是将这些差异概念化并在形态句法层面进行具体表达的实践活动。换言之，构式来源于人的体验和概念化，构式的选择和使用进一步体现了人的体验和概念化结果。

3.2.2 语言项目

本研究的语言项目是韩语完成体的三种表达形式：基本构式 V-a/e pelita 和 V-ko malta，以及其复合构式 V-a/e peliko malta。前两个构式都含有"终结"之意，不同之处在于第一个构式强调终结的"完成性"（整体性终结），第二个构式强调终结的"未完成性"（有阻力或挣扎的终结）。第三个构式意义的概念化体现了前两个构式的概念化顺序。

3.2.3 受试

本研究受试为 10 名韩语本族语大学教师和 25 名韩语非本族语学习者。学习者上大学之前都没有正式的韩语学习经历，截止到本实验时，他们已在大学接受了 51 周的韩语课堂教学。

3.2.4 研究设计

本研究分两个部分进行。第一部分：三个构式隐含意义的语料库考察。在规模为 30 万单词的韩语口笔语语料库中，韩语完成体的表达只出现了 V-a/e pelita、V-ko malta 以及 V-a/e peliko malta 三个构式。将包含这三个构式的话语抽取出来，从话语分析和认知语言学视角分析话语里的主要动词，发现三种构式的语义和语用特征分别是：第一个构式 V-a/e pelita 的意思是"整体性终结"，带有"终点聚焦、过程、运动、变化"以及"动作彻底完成"的含义；第二个构式 V-ko malta 的意思是"有阻力或挣扎的终结"，隐含"结果不理想"以及"动作最终没有完成"之意。第三个构式 V-a/e peliko malta 出现在话语中时，其表达的意义首先是"整体性终结"，然后是"有阻力或挣扎的终结"（Strauss，Lee & Ahn，2006：191-197）。

第二部分：基于以上语料库考察，研究者对受试进行了教学实验。首先，通过语法练习和听力活动，进行第一个构式 V-a/e pelita 的教学；然后，分别让教师和学生完成长达 14 页的《韩语完成体语法练习手册》，并接受问卷调查，提供对语法学习材料和教学方法方面的反馈意见；最后，学生分别用三个构式造句，教师运用 10 级量表给学生造出的句子评分。

3.2.5 研究发现

大多数受试对三个构式的掌握情况都比较好。尽管在前期教学中只涉及了第一个构式 V-a/e pelita，但受试除了对这一构式掌握最好以外，对教学中没有涉及的另外两个构式的掌握情况也比较好，这说明受试具有掌握和运用包含目标构式的概念化型式的能力。问卷结果显示，师生对于这种教法和语法练习材料都持肯定态度。最后，作者提出，概念语法以话语为中心，融合了语料库、话语分析和认知语言学研究范式，在韩语二语完成体教学中效果显著；概念语法还可以推广到其他语法构式的教学，比如，可以将其运用到"词汇、话语标记以及其他项目的教学"上（Strauss，Lee & Ahn，2006：203），可以使语言学家、教师和学生基于具体目标语法项目同它在话语中的意义和用法之间的关系，形成新的规则——概念化型式。

4. 情态的教学研究

涉及情态的教学研究有两项：Tyler、Mueller 和 Ho（2010）以及 Llopis-García（2010）的研究。前者探讨如何将认知语言学理论应用于英语情态动词教学；后者聚焦西班牙语的陈述与虚拟语气的选择问题，探讨如何运用认知语法来辅助二语语法教学。

4.1 Tyler、Mueller 和 Ho 的研究

4.1.1 认知理论

本研究涉及的认知理论包括"力动态"（force dynamics）和"隐喻扩展"（metaphoric extension），下面分别作简要说明。

"力动态"是一个语义范畴——实体与力的相互作用关系，包括施力、阻力、克服阻力、力的堵塞与解除堵塞等概念（Talmy，1988：49）。Sweetser（1990）和 Talmy（2000）提出，情态动词的"根意义"要与物理世界的力、向前的运动以及路径联系起来，因为我们对物理世界的力的理解与我们对概念层面的力和路径的理解之间存在着一个系统的隐喻性映射。因此，情态动词的"认识情态"（epistemic modality）是其"根情态"（root modality）（又称"义务情态"）的语义延伸。基于这些研究，Tyler、Mueller 和 Ho（2010：35）提出，人类将真实世界的相关情态所固有的"力"和"阻碍"隐喻性地扩展到人的推理和逻辑预测范畴，并以此来理解情态动词的意义和用法（相关理论探

讨，请看前面的章节）。如：情态动词 must 的"根意义"可表征为"一种把对象或行动者引向具体行为的不可抗拒的力；一种由他人施加的不可抗拒的强制力"；而 need to 的"强制力"则来自行动者自身，而不是由他人施加，故并非"不可抗拒"。内部强制力可由说话者 / 行动者自己抵制，但外部强制力一般不可抗拒。因此，相比之下，must 比 need to 的强制性程度更高（Tyler，Mueller & Ho，2010：34）。

隐喻扩展是一种隐喻性的思维，是认知语言学的一个重要理论主张：我们的空间、物理、社会经验在很大程度上决定了我们的认知结构，这一结构体现在语言里。也就是说，我们常用物理世界的事件和经验思考概念层面的事件和经验（Tyler，Mueller & Ho，2010：33）。具体到本研究对情态动词的分析与讨论，涉及的隐喻扩展包括：(1) 力动态的隐喻扩展；(2)"近处是现在，远处是过去"的概念隐喻。前者是指我们通过对外部物理世界的基本力动态（比如物体沿着路径运动，决定物体运动方向的力的类型等等）的观察和体验，获得了重要的运动事件图式，然后就可以使用这些图式来推理和谈论非物理世界的运动（事件）；后者是从人类的现实生活经验到思维领域的隐喻性扩展：相对于过去的事件和情景，人类对当前发生的事件与情景更加确信，因为它们能被感知和证实，即当前的事件和情景距离感知者较近，过去的事件和情景则与感知者相距较远。

4.1.2 语言项目

本研究的目标语言项目为四个英语情态动词：could、would、should 和 must。

4.1.3 受试

受试为 64 名母语不同（汉语、阿拉伯语、土耳其语等十种语言）的英语二语学习者，都是在校大学生。

4.1.4 研究设计

将受试分为认知处理组（38 人）、言语行为（传统教法）处理组（16 人）

和控制组（10 人）三组，分别进行以下实验处理：

认知组：首先，对该组受试进行情态动词掌握情况的前测；然后是 50 分钟的师生互动式讲解，由教师向学生展示从力动态和隐喻扩展角度理解四个情态动词的图示（详见下图，来源于 Tyler, Mueller & Ho，2010：37-38），解释图示中的符号意义，以及"近处是现在，远处是过去"这一概念隐喻，并就四个情态动词的力动态图示展开集体讨论；随后，组织学生进行小组讨论；4 天后，受试在实验室运用计算机辅助学习程序复习力动态与情态动词的意义及用法，并学习更多的例句，50 分钟以后，进行后测，测试内容为要求受试根据句意选择合适的情态动词。

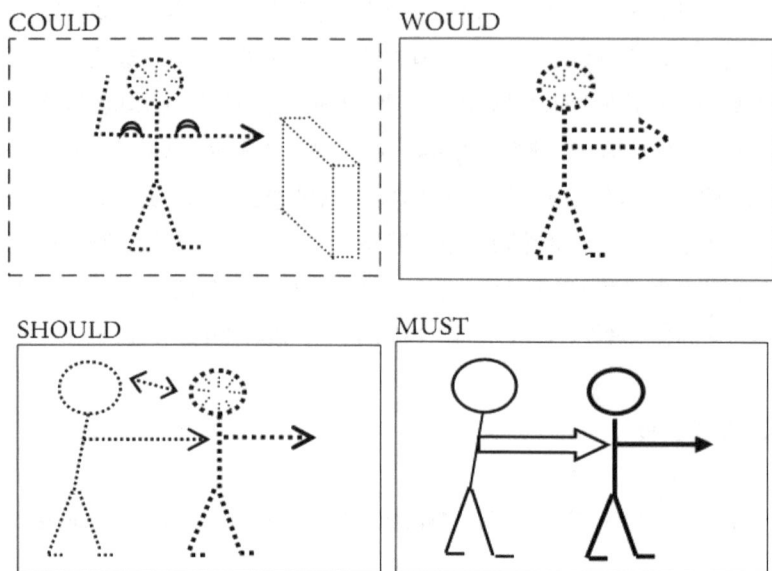

图中所画人物头部里面的线条表示来自行动者（actor）内部的力；双线胳膊比单线胳膊表征的力的强度更大；现在时态的情态动词用实线标示，过去时态的情态动词则用虚线标示。因此，could 图示表明：力来自内部，实施行为的能力弱化，意味着可能性；would 图示表明：内部力的强度大，但"承诺"和"愿望"的意味有些弱化，表明说话者的强烈建议；should 图示表明：有三种力（强大的外部权威力量、行动者对这一力量合理性的识别以及行动者的内部力量）在起作用，通常表示"义务"和"职责"；must 图示表明：来自外部的权威的力量不可抗拒。

言语行为组：首先进行情态动词掌握情况的前测；然后，运用美国情景喜剧短片里含有 could 和 would 等的会话情景，师生一起讨论情态动词的用法，并借助讲义上对情态动词及其功能的归纳，对现行英语教材中总结的情态动词执行的 9 种言语行为功能（如表示能力、请求、建议等）进行讨论，并完成三项小组互动任务（编写使用情态动词的对话、识别并改正对话中的情态动词使用错误、根据电视节目表讨论在某一时段打算观看的具体节目）；4 天后，利用选自教材的 9 篇文章，进行 50 分钟计算机辅助的情态动词学习、复习和练习，学习结束后立即进行后测，测试内容与认知组相同。

控制组：该组受试没有像其他两组那样进行情态动词的教学与学习活动，只接受情态动词掌握情况的前、后测，旨在证明"没有教学而仅靠前后两次检测不会产生学习效果"这一假设。

4.1.5 研究发现

通过对以上三组受试的不同教学实验处理与测试，研究发现：认知组使用情态动词的情况显著优于言语行为组，教学处理类型能解释 12.5% 的变异；三组受试使用情态动词的前后测成绩的比较显示，认知组进步明显，言语行为组没有进步，控制组有微弱进步。尽管我们对于"言语行为组没有进步，控制组有微弱进步"这一结果心存疑虑，但主要研究发现仍然表明，运用力动态和隐喻扩展理论辅助情态动词教学，其效果明显优于传统的情态动词教学方法，有助于解决二语高年级阶段教学中情态动词的复杂用法问题。

4.2 Llopis-García 的研究

4.2.1 认知理论

本研究涉及认知语法（cognitive grammar）、原型（prototype）以及隐喻扩展等认知理论。

认知语法是由 Langacker 在 20 世纪 70 年代首创，后经 Lakoff、Taylor 及

Johnson 等认知语言学家的发展而形成的一个理论体系。认知语法以体验哲学作为理论基础，"阐述了人们对世界的感知体验"，以及基于这样的体验而"形成的种种认知方式是如何形成和约束语法构造的"，同时还"解释了语法规则背后的认知方式和心理基础，以及构造与意义之间的关系"等问题。认知语法认为，"认知和语义是语言形成其句法构造的内在动因，句法构造的外在形式是受认知和语义因素促动的"（王寅，2005：2），也就是说，语言的形式与意义不可分割。因此，二语语法并非"语言形式与规则的任意集合体，而是学习者使用二语建构现实的必需工具"（Llopis-García，2010：74）。具体到本研究中的语气选择问题，认知语法教学法认为，意义来自人对客观世界的体验和识解，意义决定语气选择，语气选择与说话者是否表达对所陈述事实的"断言"有关：陈述语气表达对所陈述事实的一种断言；虚拟语气表达对所陈述事实的一种非断言。因此，需表达一种断言时，使用陈述语气；如需表达一种非断言，就使用虚拟语气。（Tyler，Mueller & Ho，2010：77）

　　按原型理论，任何概念都以一个典型表述代表整个类别，这个"典型表述"就是原型，它可以是一组特征属性的集合，也可以是概念的最佳实例（Rosch 1978）。认知语法主张，语言形式和意义之间的联系遵循原型原则，即每一个语言形式的意义都有一个"原型"（prototype），该语言形式的其他众多意义用法都可以从这一原型的基本意义（primary meaning）推断出来，是主要通过隐喻性扩展而实现的原型意义的"辐射"（radiality）。因此，基于认知语法教学法的二语语法教学，首先要教给学生语法项目的原型意义，然后采用隐喻性扩展实现原型意义的辐射，学习和掌握语法项目的其他意义和用法。

4.2.2 语言项目

　　西班牙语的陈述语气和虚拟语气以及表示关系、时间和让步的三种从句。

4.3.3 受试

　　本研究受试为 81 名德国大学生，属于中低水平的西班牙语学习者，熟悉西班牙语中的陈述语气，并接触过一些虚拟语气的使用实例。

4.3.4 研究设计

将受试分为理解组（35 人）、产出组（31 人）和控制组（15 人），针对受试进行不同的教学处理：对理解组和产出组进行西班牙语语气方面的教学（理解组的教学中只有输入任务，产出组只有产出任务），控制组没有这样的教学活动，只是完成测试任务。教学实验前，先简要介绍虚拟语气，让学生了解认知语法对语气的解释（包括其意义和使用规则）；实际的实验涉及在关系、时间和让步三种从句中陈述和虚拟语气的选择问题，教师根据每一种语气在三种从句中的意义及使用，选择相关材料，设计多种教学与练习活动，依次进行三种从句中的语气选择教学和练习。在每一种从句的语气选择教学实验过程中，受试都接受三次测试（前测、后测一和后测二），每两次测试之间间隔一周。

4.3.5 研究发现

研究获得以下发现：在关系从句中的语气选择上，理解组和产出组之间差异显著，这两组与控制组之间的差异也极其显著；在时间从句中的语气选择上，理解组和产出组之间无显著差异，但这两组与控制组之间的差异都达到了极其显著的水平；在让步从句中的语气选择上，理解组和产出组之间差异不显著，但这两组与控制组之间的差异都极其显著。这表明：将认知语法应用于二语语法课堂教学，能有效促进学生对语法项目的学习。现行二语语法教学大多沿用传统的教学模式，割裂形式与意义的联系，让学生孤立地记忆语法结构形式，然后在人为设想的语境中进行操练。而基于认知语法的二语语法教学，既关注形式也关注意义，强调"形式—意义"联系，体现了认知语言学对语言的理解及相关理论主张，对于二语语法教学（尤其是高级学习者所面临的高难度语法项目）具有现行二语语法教学手段不能比拟的效果。

5. 基本评价

现在，我们从研究视角、研究方法以及理论基础三个层面对本章报告的四项研究进行简要评价。

　　研究视角层面： 四项研究分别涉及二语的时、体和情态三个语法范畴，总体上采用了认知语言学视角，不再将二语语法理解为意义与规则的任意组合，而是学习者用二语识解和建构现实的必需工具。因此，二语语法教学不再是机械地记忆语法结构的形式与意义，而是基于人对客观世界的体验，隐喻性地扩展到人的认知系统，形成对世界的识解，进而从这样的经验和识解出发解释语法结构的形式与意义。

　　在二语语法系统或者更小范围的二语时体和情态系统，四项研究所涉及的具体内容仅为冰山一角，研究成果极其有限，还不能为我们全面了解学习者二语时体和情态的习得提供充分的实证数据，但从认知语言学视角展开二语语法教学研究，不仅具有理论价值，而且具有现实意义：理论方面，有助于拓展与深化人们对语法的认识与理解，进而为二语语法教学研究提供新的视角和方法；实践方面，为广大二语教师开展二语语法教学提供了可资借鉴的样例，有助于他们更新教学方法，提高二语语法教学效率。

　　研究方法层面： 四项研究基本上都称得上合格的准实验研究（应用语言学领域的研究对象是学生或教师，难以采用严格的实验室研究设计，因为很多变量不可能得到严格控制），有具体的研究项目；有受试，且四项研究中有三项采用了实验组和控制组设计；有研究问题或假设（第三项研究虽未明确提出研究问题，但从研究设计可以推知其主要研究问题是"采用力动态和隐喻扩展的教学是否有助于受试学习和掌握情态动词的用法？"）；有教学实验及后测（两项研究采用了常见的"前测—教学处理—后测"设计）；有针对测试结果展开的分析讨论以及由此形成的研究结论。这些是一般教学实证研究设计的基本要素，这样的研究设计可以通过比较实验组和控制组的测试成绩，考察教学实验的效果，进而明确相关理论应用于二语语法教学的有效性。尽管前三项研究在设计上存在缺陷（如在 Ellis 和 Sagarra（2010）的研究中，作者提出了八个研究问题，显得繁琐，而且该项研究没有设计前测；Strauss、Lee 和 Ahn（2006）的研究仅区分了教师组和学生组，而没有采用实验组—控制组设计；Tyler、Mueller 和 Ho（2010）的研究没有提出明确的研究问题），但从整体来看，四项研究的设计可供未来研究借鉴，相关研究的缺陷也为未来研究的设计提供了可供改进的地方。

　　理论基础层面： 四项研究都不同程度地与认知语言学领域的一些理论关联，

如突显、概念化、构式、力动态、隐喻扩展、原型等，但真正以认知语言学的相关理论作为理论框架进行设计，或者针对相关实验数据，运用认知语言学理论进行分析讨论的只有两项研究：Tyler、Mueller 和 Ho（2010）在力态理论框架内探讨如何进行英语情态动词教学，Llopis-García（2010）考察认知语法理论对于指导二语语法教学的有效性。前者不仅有力动态理论的介绍，还借助图示，展示了四个英语情态动词的力动态含义，基于力动态图示的教学实验以及后续测试结果，运用力动态和原型范畴理论对研究结果进行了分析和讨论，较好地体现了认知语言学的力动态理论对于指导英语情态动词教学的有效性；后者基于认知语法理论，考察西班牙语学习者对陈述和虚拟语气的选择，并从认知语法和原型范畴理论视角对实验测试结果进行了分析讨论，明确了认知语法在二语语法教学中的价值。

另外两项研究与认知语言学的相关理论（如突显、概念化、构式等）有关，但研究本身并非完全基于这些理论，对研究发现也没有从认知语言学理论视角进行深入讨论，如 Ellis 和 Sagarra（2010）发现，先前的语言接触或者训练（包括母语和二语）会形成"学习注意"的倾向，影响后期二语学习过程中的注意分配，进而影响二语学习 / 习得效果。这里的"学习注意"实际上是一种语言体验经验的迁移，但已不是传统二语习得研究中的语言迁移，而是人基于对语言的体验和识解而获得的语言认知倾向与行为的迁移。文中对"学习注意"的分析不够深入，难以深化人们从认知视角对于先前语言经验影响后期语言学习的认识；Strauss、Lee 和 Ahn（2006）涉及了概念化和构式，实验研究结果表明，运用作者编写的练习手册进行韩语二语完成体教学，对于学习者学习和掌握这一语法项目效果显著，同时学习者还具有掌握和运用概念化型式的能力。文章如能运用认知语言学的相关理论，对研究结果进行更加深入的分析和讨论，将会使研究具有更加厚实的理论基础。

6. 未来研究展望

本章报告的四项研究中，一项发表于 2006 年，另外三项发表于 2010 年，说明将认知语言学理论运用于二语时、体和情态教学的实证研究开展很晚，数量也极其有限，还有很大的拓展空间。

　　研究内容层面，在二语时、体和情态系统内还有众多研究课题，如英语里"时"范畴的过去时和现在时，"体"范畴的进行体和完成体，"时"范畴单独使用以及与"体"范畴组合而成的八种英语二语时体形式，都可能成为研究课题；情态范畴的研究内容涉及所有能够表达说话者主观立场、态度的情态动词、副词（短语）、语态、语气等。具体的研究内容既可以是不同语言作为二语的相关时、体和情态项目的教学研究，也可以是不同母语背景的学习者学习相同的二语时、体和情态项目的教学研究。

　　研究方法层面，未来研究可进一步完善教学实验研究的设计，采用实验组（可有多个水平层次）和控制组的"前测—教学实验处理—后测"研究设计，也可参照本章报告的第一项研究，采用较严格控制下的实验室研究以及真实的课堂教学实验研究两种研究设计。此外，对教学效果的测试方面，可采用时间间隔较长的后测和再测，以便考察教学处理的长时效果。更为理想的研究设计是针对同一批受试，进行较长时间的历时跟踪研究，多次实验，多次测试，更好地考察教学实验处理的效果。

　　最后，未来研究应该注重进一步探索认知语言学相关理论对于二语教学的适用性与有效性问题。认知语言学的所有理论主张并非都适用于二语教学，认知语言学理论也并非能够解决二语教学领域的所有问题。因此，未来研究应避免削足适履——随意拿一个认知语言学理论来探讨二语教学问题。好的研究应该建立在充分的理论思辨的基础上，精心设计教学实验，回答研究问题或检验相关假设，明确相关理论主张在二语教学中的适用性和有效性，进而逐步完善认知语言学理论辅助二语教学的理论体系与操作模式。

第十一章　多义词教学研究

1. 引言

　　"一词多义"或"多义词"（polysemy）这个术语是由语义学创始人法国学者 Michel Bréal 于 1897 年提出的，指一个词项具有两个或两个以上的不同意义。词汇的多义性是人类语言的普遍现象，符合语言的经济性原则。它减少了词汇总量，就减轻了人们的记忆负担。Byrd 等（1987）指出，1963 年版的《韦氏新大学词典（第七版）》中有 36% 的单词是多义词，且多数属于基本词汇，如英语介词 over 就有几十个义项。由此可见多义词对于二语学习者词汇习得的重要性。

　　然而，多义词一直是教学的难点。以英语为例，表面看来英语词汇的多义词各义项之间似乎没有任何关联。现有的教法基本上是将多义词的各个义项向学生逐一展现，并示以例句，接下来通过反复做词汇练习和课堂测试的方法来巩固学生对多义词各义项的记忆，效果往往事倍功半。这种传统教法主要受制于传统语言学的理论主张，认为多义词各义项之间是没有联系的，词义的延伸无理可据，缺乏系统性（Csabi，2004；Tyler & Evans，2004）。

　　近年来，认知语言学在二语教学中的应用逐渐进入了研究者的视野（如 Holme，2009；Littlemore，2009）。Robinson 和 Ellis（2008）认为，认知语言学理论可以为二语教学提供全新的视角，是对传统教法的有益补充，但不会取而代之。认知语言学对二语词汇教学研究也随即产生了影响。Boers 和 Lindstromberg（2008a）指出，在教学中强调词汇语义的语言理据（linguistic motivation）能够促进学习者对词汇的认知加工，从而深化理解，促进并延长记忆，进而帮助学习者脱离死记硬背的苦海；就学习者的情感因素而言，了解语言的理据性和非任意性会增强他们学习二语词汇的信心。

　　目前我国多数认知语言学的研究和应用还停留在理论思辨和经验总结阶段，缺乏对认知语言学理论在教学中应用的可行性和有效性进行验证的实证研究。此外，学者也发现，中高级英语水平学习者普遍掌握的是多义词的核心义，而对词汇延伸义的习得处于裹足不前的状态（张绍全，2010）。鉴于现状，本章将述评国内外已有的将认知语言学理论应用于二语多义词教学的实证研究，以期为该领域的后续研究提供借鉴与参考，并由此改善二语多义词的教学。

2. 研究概述

本章所涉及的多义词教学研究仅包括应用认知语言学理论进行教学介入的实证研究，综述的文献主要来源于国内外核心期刊和论文集。其中，国外期刊有 *Applied Linguistics*、*ELT Journal*、*Language Awareness*、*Language Learning*、*Language Teaching Research*、*Vigo International Journal of Applied Linguistics*；论文集有 *Cognitive Linguistic Approaches to Teaching Vocabulary and Phraseology*。国内期刊包括《解放军外国语学院学报》、《山东外语教学》、《外国语文》及《外语与外语教学》。

表 1 列出了 1996 年到 2011 年底国内外二语多义词教学实证研究的总体情况，并将研究分为两个阶段。1996—2007 年为积累阶段，2008 至今为发展阶段。将 2008 年作为发展阶段的起点，主要的依据是词汇教学研究者 Boers 和 Lindstromberg 于这一年出版了由他们主编的论文集 *Cognitive Linguistic Approaches to Teaching Vocabulary and Phraseology*，使认知语言学在二语词汇教学中的应用价值藉此得以正名。此外，个别研究论文同时报告了两项甚至更多研究（如 Boers et al., 2008），也有研究采用了多种研究设计（如刘艳、李金屏，2011），因此，表 1 中各部分罗列的研究总数并不等于现有文章总量（17 篇）。

表 1　认知语言学介入多义词教学实证研究总体状况（1996—2011）

研究阶段	文章总量	文献来源			研究的目标多义词		研究设计				
		期刊	论文集	专著	空间介词	动词、名词、形容词	前实验	准实验	问卷调查	访谈	课堂话语分析
积累阶段（1996—2007）	6	6	0	0	2	5	0	6	0	0	0
发展阶段（2008 至今）	11	6	5	0	5	6	1	8	2	2	2
总计	17	12	5	0	7	11	1	13	2	2	2

从研究的目标多义词来看，两个阶段的研究都集中在常用的空间介词、动词、名词和形容词。这两个阶段的主要差异体现在论文数量、文献来源和研究设计等方面。从论文数量来看，相关研究文章共 17 篇，在积累阶段约 12 年间仅有 6 篇，而在发展阶段仅 4 年间就出现了 11 篇研究文章。就文献来源来看，积累阶段的研究文章来源于期刊，而发展阶段的文章来源于期刊和论文集。就研究方法来看，从积累阶段到发展阶段，研究设计渐趋多样化，经历了从单一实验研究数据来源到多渠道数据收集的过程。两个阶段的研究都以基于实验的量化研究为主，尤其是积累阶段的研究基本都使用了准实验设计。量化实验研究的实施过程基本由前测、教学处理、学生小组活动、即时后测以及延时后测等构成（参见图 1）。当然，不同的研究出于各自的考虑，可能会在一些步骤上有所缺省，或没有前测，或没有小组活动，或没有延时后测。在发展阶段，研究设计出现了多元化趋势。例如，个别研究在完成教学实验后，对研究对象进行了问卷调查（如 Lam，2009；刘艳、李金屏，2011）或访谈（如曹巧珍，2010；刘艳、李金屏，2011）。此外，发展阶段有两项研究完全采用了质性研究取向，对研究对象的课堂话语进行录音和分析（如 MacArthur & Littlemore，2008；Piriz，2008）。

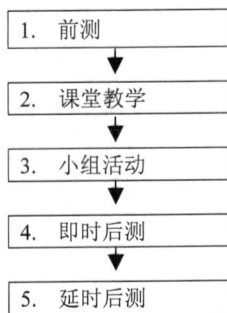

图 1 实验研究的基本实施步骤

综上所述，经过了长约十二年的积累阶段，认知语言学介入二语多义词教学的研究进入了发展阶段，研究者们已取得了初步的成果。多数实验研究规模虽然不大，但已开始积累有力的证据，推动认知语言学在二语教学中的应用。

3. 认知语言学介入多义词教学的原理

在实际教学情境中，认知语言学理论极少被考虑和采纳；事实上，其许多观点和假设可以与现行的语言教学研究相得益彰。Boers 和 Lindstromberg（2006）认为，语言在多个层面上是有意义和理据的，对于语言教学最具应用价值的就是认知语言学对语言结构理据的探索，因为有理据的语言表征既可以提高学习者对语言的理解和记忆，又能提高其跨文化意识，改善学习效果。就词汇教学而言，对词汇语言理据的显性解释可以加强学习者对词汇的深层处理（greater depth of processing）和双重代码（dual coding）（包含对非语言事物的信息加工和语言加工）的认知过程，从而深化理解，改善和延长记忆（Boers & Lindstromberg，2008c）。

多义词的各义项之间存在着理据性关系，但这种理据性仅存在于不同义项之间，多义词的词形与义项之间的关系是任意的（林正军、杨忠，2005）。多义词的义项可分为核心义（core meanings）（或原型义、原义、本义）和边缘义（peripheral meaning）（或延伸义、派生义、比喻义），且义项的延伸不是任意的，而是有体系的、有理可据的。核心义是人类将对世界的最初体验概念化的结果；而边缘义是通过隐喻、转喻、意象图式等语义产生机制从核心义延伸而来的（李瑛、文旭，2006）。简言之，随着人类社会的不断进化，人们对世界的认识由近到远、由此及彼、由具体到抽象，于是旧词被赋予了新义，词义被不断拓展，产生了一词多义现象。目前，认知语言学界认为有三种多义词的词义派生模式：链锁状、辐射状及综合状（张建理，2003）。

现有认知语言学介入多义词教学的实证研究使用了不同的认知语言学理论或概念作为教学原理，包括原型范畴理论（如曹巧珍，2010）、意象图式理论（如 Morimoto & Loewen，2007；刘艳、李金屏，2011）、概念隐喻或转喻（如 MacArthur & Littlemore，2008；张绍全，2010）、语言理据（如 Boers，2000b；Boers et al.，2008）、认知语义学分析（如 Tyler, Muller & Ho，2011）等。但是，实质上这些理论的应用都是通过在教学介入中向学习者展现多义词的核心义和引申义之间的理据性关系，即各义项间在意义上的联系，促进学习者对词汇义项的理解和记忆，进而改善词汇的产出。

4. 目标多义词

在认知语言学介入多义词教学的实证研究中，目标词汇集中于以下两类：
（1）常用的空间介词；（2）其他词性的多义词，包括动词、名词和形容词等。
表2统计了现有研究中所涉及的目标词汇。以下将在这两类多义词的教学研究
中分别挑选一个案例，进行比较细致的介绍，主要内容包括研究对象、研究设
计、教学介入和研究发现等。

表2　认知语言学介入多义词教学实证研究中的目标词汇

多义词	研究	目标词汇
空间介词	1. 刘艳、李金屏（2011）	in
	2. Tyler，Mueller & Ho（2011）	to、for、at
	3. 陈晓湘、许银（2009）	on、over、above
	4. Lam（2009）	por、para（西班牙语，以下简称西语）
	5. Boers et al.（2008）	beyond
	6. Morimoto & Loewen（2007）	over
	7. Boers & Demecheleer（1998）	beyond、behind
动词、名词、形容词	1. 曹巧珍（2010）	5个大学英语词汇（lap、keen、breeze、porter、tender）
	2. 张绍全（2010）	3个专业英语词汇（crawl、rise、crown）
	3. Beréndi, Csabi & Kövecses（2008）	2个常用动词（hold、keep）

（待续）

（续表）

多义词	研究	目标词汇
动词、名词、形容词	4. Boers et al.（2008）	dilute、ignite、embrace、spawn、pitfall
	5. MacArthur & Littlemore（2008）	14 个英语名词及类似的西语名词
	6. Piriz（2008）	3 个表身体部分的名词（hand、head、mouth）
	7. Morimoto & Loewen（2007）	常用动词（break）
	8. Lindstromberg & Boers（2005）	24 个表运动方式的动词（hobble、stagger、veer 等）
	9. Csabi（2004）	2 个常用动词（hold、keep）
	10. Verspoor & Lowie（2003）	18 个多义词（bulge 等）
	11. Boers（2000b）	6 个表上升、下降的动词（soar、skyrocket、plunge、dive、slide、peak）

4.1 空间介词

　　人类对空间的体验基本相同，空间介词在语言中是普遍存在的。但是，即使是属于同一语系的两种语言，其介词也会存在跨语言和跨文化的差异。因此，介词被认为是二语词汇习得中最困难的部分。在传统的介词教学中，学习者通常按照字典中的义项和相应例句，逐一学习，分别记忆。Lingstromberg（2001）发现，只有大约一成的高水平二语学习者能够准确掌握介词的意义和使用。因此，这一词性的多义词教学引起了研究者的关注。

目前，以空间介词为目标词汇的教学研究多以英语作为目标语。然而，Lam（2009）以西语介词 por 和 para 作为目标词汇，以中等水平西语学习者为受试，探究了认知语言学介入的课堂教学。受试被分成了两组实验组（11 人和17 人）和一组对照组（19 人），前测成绩显示三组西语水平相当。在教学中，教师让两组实验组阅读一篇包含两个目标介词的故事，并在包含目标介词的句子中附上诠释句义的图片，图片中还标有箭头，以显示介词的空间核心义。故事读完后，教师仅演示图片，让受试总结目标介词的空间核心义与延伸义。随后，教师又整体展示介词空间核心义与其他义项的联系。接着，通过填空练习帮助实验组受试复习介词的各个义项。第二天，再次复习，并要求学生完成即时后测，后测包括选择题和看图造句等产出任务。四周后，实验组完成延时后测，此外，教师还要求受试完成一篇 300 字的自选题写作任务，但不强求他们使用目标介词。与此同时，对照组在课堂教学中阅读同样的故事，也附有图片，但图片中显示介词空间核心义的箭头都被删除。故事读完后，每人得到一张包含介词各义项的清单。教师让对照组根据清单分别找到故事句子中介词的词义，但不指明其空间核心义和其他义项的联系。接着，对照组受试接受与实验组相同的练习、复习和后测。三组的课堂教学时间完全一样。研究发现，两组实验组和对照组在即时后测中产出的精确度都有所提高并且成绩相当，但在延时后测中实验组能保持甚至提高精确度，对照组的成绩却明显下降。此外，通过问卷调查发现，实验组的受试对自己在做选择题时选择的答案更加确定，并在自由写作时对两个介词的词义差异更加明晓。

4.2 其他词性的多义词

认知语言学理论不仅运用于空间介词的教学，研究者也对其他词性多义词的教学进行了探讨。和上文刚介绍的这个具体研究比较相似，这一块的教学研究多数也采用了量化研究方法，其中以非等值组的准实验设计为主。然而，下面这个针对名词多义词的教学研究使用了不同的研究范式。

MacArthur 和 Littlemore（2008）采用了质性研究方法，通过对学习者小组讨论的课堂话语录音和分析，考察了学习者是如何利用语料库资源发现多义词各义项之间的语义联系并体验词汇的多义性的。研究对象包括西班牙某大学的 12 名中高水平英语学习者，以及英国某大学的 6 名中高水平西语学习者，两组研究对象年龄相当。研究的目标多义词包括 14 个比喻义比较丰富的英语名词（如 snake、head、mushroom 等），以及类似的 13 个西语名词。研究者选择使用的语料库分别是英国国家语料库（BNC）和西语语料库（CREA）。首先，英语学习者分别参加了三次活动，每次活动间隔一周，每次一小时。期间，研究者先发给学习者一组名词，并要求他们猜测：这组名词若被当作动词使用会有什么词义？然后，学习者将自己的猜测和语料库中语境共现行（concordance lines）的例子进行比较，接着两人或三人一组进行讨论。最后，在第三轮活动中，研究者用一组填空题考察学习者对这些词汇的记忆情况，完成后让他们讨论各自的答案。西语学习者也参与了类似的活动过程。研究者将所有讨论过程录音并转写，以便考察学习者在多大程度上能够利用语料库发现目标多义词各义项之间的意义联系。研究发现，在教学中利用多义词在语料库中的语境共现行能够帮助学习者探索词汇的比喻义，提高他们对多义词比喻义的理解和记忆。此外，对课堂讨论的分析也发现，多重因素决定了学习者的表现，这些因素包括学习者特性、母语迁移、语境共现的内容和形式以及教师的提示量。

5. 研究局限与展望

上述文献梳理表明，在认知语言学介入多义词教学研究的领域中，近年来研究者已取得了一些成果，但未来研究还有很大的提升和拓展空间。为了将该领域的实证研究推向纵深，我们需要分析现有研究的局限性，以明确未来研究的发展方向。

第一，从研究数量来看，现有认知语言学介入多义词教学的实证研究明显不多。从第一项研究的出现（1996 年）到 2011 年底约 16 年的时间，仅有 17 篇研究论文发表，而国内学者自 2009 年至今只有 4 篇文章发表。虽然发展阶段的研究数量有逐渐增长之势，但是，相对于认知语言学蓬勃发展的现状，其理论在语言教学中的应用情况相形见绌。换言之，认知语言学理论在实践中的应用远远落后于其理论本身的发展。Robinson 和 Ellis（2008）认为，认知语言学介入语言教学将是对传统教学方法的有益补充。但是，新教学方法的引进和实施不能仅依据个人经验和思辨，需要基于大量的实证研究来验证其可行性。因此，未来研究可以尝试不同的研究对象和规模、教学设计及研究方法等，加大研究力度，以充分地考察认知语言学介入多义词教学的可行性。

第二，从研究对象来看，目前研究的对象群体比较单一，并且对学习者个体差异的研究不足。现有研究主要针对中高水平的成人学习者，仅 Piriz（2008）研究了 5—11 岁的西班牙儿童对英语身体名词 hand、head 和 mouth 的学习。他发现，其实儿童也具有一定的隐喻能力，在成人的协助下，也能够推断出词汇的延伸义。因此，儿童也可以获益于认知语言学介入的词汇教学。此外，现有研究多数未考虑学习者变量对多义词习得的影响，仅 Boers 和 Lindstromberg（2006）提出，对多义词语义延伸的理解要求学习者本身具备一定的比喻思维（figurative thought）能力。Boers 等（2008）还发现，多义词教学中运用图片释义（pictorial elucidation）有利于意象型认知的学习者（higher imagers），但此举并不适合言语型认知的学习者（lower imagers/verbalisers）。未来研究需要考虑这些学习者变量，包括学习者年龄、本族语、二语水平、认知风格、比喻思维能力、语言学能、情感动机等个人因素，为这个领域的研究添加新的维度，以优化认知语言学理论指导下的课堂教学。

第三，从教学介入的设计来看，现有研究多数采用短时集中、以教师为中心的显性教学，并且教学目标比较单一。首先，现有研究教学介入的时长从 15 到 50 分钟不等，但还没有研究者将认知语言学介入的多义词教学融入真实的语言课程中，对研究对象进行历时较长的教学介入。其次，现有研究主要采用显性教学介入，方式主要有两种：(1) 教师通过元语言解释（多数使用本族语）多义词的核心义、比喻义及这两者之间的语义联系；(2) 教师通过元语言解释并辅以视觉手段呈现这种语义联系，这些手段包括图片（如 Boers et al.，2008）或学生参与的哑剧表演（如 Lindstromberg & Boers，2005）等。仅少数研究者使用了隐性教学介入，例如，MacArthur 和 Littlemore（2008）利用语料库中丰富的例句，让学习者自己推断多义词的比喻义，并归纳多义词义项间的意义联系。最后，现有研究的教学目标比较单一，分别关注了学习者对目标多义词的理解、短时或长时记忆或产出情况。未来研究可在现有研究的基础上，设计更加严谨、切实可行的多种教学方法，并进行历时较长的、规模较大的、基于真实课堂的教学。并且，可从多重目标考察教学。例如，新教学法是否能促进学习者对语言形式的记忆？是否提高他们对词义的理解、记忆和推断能力？是否提高学习者对多义词的产出和语用能力？此外，在教学介入中，需谨慎使用元语言，因为过于学术的教学语言会影响教学效果。最后，研究还需谨慎选择目标词汇，因为一些词汇的理据过于抽象、缺少透明度，并不适合用于考察认知语言学介入多义词教学的可行性。

第四，从研究方法来看，现有研究以量化实验研究为主，研究设计还有待完善，质性研究的数量明显较少。首先，量化研究的设计还不够严谨。例如，多数研究并未提及实验中对两种教学介入的时长控制问题。又如，一些实验研究没有对受试进行前测，有的没有使用对照组。由此可能会令人质疑研究的信度和效度。其次，只有个别研究从学习者的文化主位视角了解新教学法（如Lam，1999；曹巧珍，2010；刘艳、李金屏，2011）。此外，目前还缺少纵向研究，未能在历时较久的教学介入中对学习者进行重复研究，以考察其比较完整的多义词习得过程以及过程中的关键转折点。未来研究可更多地尝试质性研究，从结果和过程等维度考察认知语言学介入多义词教学的可行性。首先可以从学习者的文化主位视角考察新的教学方法相对于传统教学方法的效果，其次可以更加细致深入地考察学习者在教学介入中多义词的习得过程。

此外，现有实证研究极少考察将认知语言学运用于特殊用途语言的多义词教学。仅 Boers（2000b）验证了在商务英语教学中认知语言学介入动词多义词教学的有效性。此外，Caballero 和 Suarez-Toste（2008）讨论了在葡萄酒行业中认知语言学介入英语多义词教学的可行性，但并未进行实证研究验证其实际教学效果。未来研究可尝试将认知语言学介入特殊用途语言的多义词教学，并且可以扩大行业范围。除了商务和葡萄酒行业，还可以考虑医学、体育和法律等行业。

6. 结语

认知语言学的发展改变了人们对多义词的认识。本章对现有认知语言学介入多义词教学的实证研究进行了梳理和分析。结果表明，通过突显多义词各义项间的语言理据能够在一定程度上促进学习者对词汇的深层加工，进而深化理解，改善和延长记忆，甚至促进产出，增强学习者的自信。然而，目前的实证研究数量不多，并在研究对象、教学设计、研究方法以及实际应用等方面均有一定的提升或拓展空间。Geeraerts（2006）也曾预言，认知语言学的发展将对实证研究有更多的需求，包括基于语料库的研究、实验研究、问卷调查等。未来研究可在这些方面加大教学实证研究的力度和规模，以深入探讨认知语言学介入多义词真实教学情境中的可行性，由此丰富经实证研究检验过的多义词教学方法。

第十二章　多词单位教学研究

1. 引言

近些年来，多词单位（multiword units）或多词表达法（multiword expressions）教学逐渐引起二语习得领域各方学者的普遍重视。多词单位也被称为"词汇短语"（lexical phrases）、"固定序列"（formulaic sequences）、"预制词块"（prefabricated chunks）、"预制表达"（ready-made utterances）（Howarth，1998；Nattinger & DeCarrico，1992；Pawley & Syder，1983；Schmitt，2004；Wray，2002，以上转引自 Boers，Eyckmans & Stengers，2006）。多词单位数量庞大，种类繁多，包括填充词（fillers）、近似合成词（near-compounds）、介词表达法（prepositional expressions）、短语动词（phrasal verbs）、各种搭配（collocations）、习语（idioms）、谚语（proverbs）等。本章旨在综述国内外认知语言学和二语教学相结合的多词单位实证研究，介绍其研究方法并对未来研究有所展望。因篇幅所限，只重点涉及习语、短语动词等多词单位的研究。

传统语言学认为短语动词、习语等多词单位的语义透明度差，意义不可预知，缺乏系统性和理据性，因此一直是教学难题之一。克服困难的常用方法就是强迫学生死记硬背。认知语言学为解决这一难题提供了新视角和新途径。该理论认为语言是一个从单词到多词再到更复杂语言单位的连续体（Langacker，1991），这些语言单位的意义是有理据的（Boers，Eyckmans & Stengers，2006）。语言的理据性为多词单位的显性教学提供了有力的理论支持。虽然理据性不能让我们从其组成部分完全推测其修辞意义，但至少有可能解释其修辞意义是怎样产生的（Lakoff，1987/1990）。在此基础上，我们较为系统地教授或学习这样的多词单位就有了可能。

Boers 等（2006）提出掌握多词单位对学习者学习语言有三大益处：第一，很多多词单位既不遵循语法规则，也无法从组成它的单个词来猜测其意义，它们似乎遵循的是 Sinclair（1991）提出的"习语原则"，因而在习语维度上掌握自然语言对学习者尽快接近母语者语言水平有很大帮助。第二，多词单位被普遍认为是作为预制词块从记忆中整体提取的，因而会对实时环境下语言的流利产出起到帮助作用。第三，多词单位构建的"安全区"会使学习者所犯错误产生于多词单位之间，而不是多词单位内部，从而减少错误几率。由此，为更好地使用语言，教师有必要采用一定认知语言学理论指导下的教学方法帮助学习者系统地学习诸如习语一类的多词单位。本章对这一类多词单位的教学实证研究进行介绍、梳理和评价，并对该领域的未来研究进行初步展望，为广大外语教师开展多词单位的教学与研究提供参考。

2. 研究概述

　　本章将评述 12 篇基于认知语言学理念的二语习语、短语教学实证研究，其中短语动词教学研究 4 篇，习语教学研究 8 篇。所涉及的文献来自国内外主要外语类核心期刊及重要数据库。其中仅有一项研究为国内学者所做，以个人专著形式发表；其余均为国外学者所做，分别发表在 *The Modern Language Journal*、*TESOL Quarterly*、*Applied Linguistics*、*Language Teaching Research* 等国际应用语言学核心期刊，以及认知语言学与二语教学论文专辑。这些研究涉及的认知语言学原理及概念大致有原型理论、概念隐喻（主要是方位隐喻）、意象及意象图式、词源理据性等，鉴于篇幅有限，下文只参照具体研究对相应原理作简要解释，如有需要，请参照第一章、第四章和第九章的相关部分。为使读者一目了然，表 1、表 2 分别列出了短语动词、习语教学实证研究的基本信息。

　　表 1　短语动词实证研究一览表

研究	认知理论	语言项目	研究对象	研究发现
Condon (2008b)	原型理论	28 个短语动词	160 名母语为法语的比利时大一学生；4 名老师	认知理据性知识能帮助学生学习半产出性短语动词，但学生不能将其迁移到其他短语动词的处理和记忆中去。
Yasuda (2010)	方位隐喻	21 个短语动词	115 名日本大一学生	提高方位隐喻意识，比单纯记忆，更能促进短语动词的学习。

（待续）

（续表）

研究	认知理论	语言项目	研究对象	研究发现
Boers (2000a)	方位隐喻	多个短语动词	74名母语为法语的19—20岁大学生	方位隐喻意识无法迁移至对未知短语动词的处理中。
Kövecses & Szabó (1996)		短语动词	30名匈牙利中级英语学习者	方位隐喻的方法优于单纯记忆。

表2 习语实证研究一览表

研究	认知理论	语言项目	研究对象	研究发现
Boers, Demecheleer & Eyckmans (2004)	词源理据性	实验1：400个英语习语；实验2：274个英语习语	实验1：200名大一和大二学生；实验2：215名大学生	实验1：识别习语的来源有助于学生解释习语的喻意；学生独立猜词时，词源释义只对语义透明度高的习语的词义猜测有帮助。实验2：词源释义对语义透明度高或低的习语的词义猜测均有帮助。
Boers, Eyckmans & Stengers (2007)		165个英语习语	多名19—21岁母语为荷兰语的大二、大三英语专业学生	习语的词源知识可以有效地帮助学习者理解其比喻意义，并猜测习语是否适合非正式文体。
Skoufaki (2008)	概念隐喻	12个VP习语和6个NP习语	30名希腊大学生	概念隐喻归类与猜词义混合法的记忆效果好于单一概念隐喻归类法。
Beréndi, Csabi & Kövecses (2008)		22个英语习语	43名19—22岁匈牙利英语专业一年级大学生	习语背后的概念隐喻可以帮助理解习语；用概念隐喻归类可提高隐喻意识，有助于理解和记忆习语；与隐喻意义联系紧密的习语易于记忆。

（待续）

（续表）

研究	认知理论	语言项目	研究对象	研究发现
李福印(2004)	概念隐喻、意象及意象图式	习语研究实验：16 个英语短语；谚语研究实验：16 个英语谚语	习语研究实验：127 名二年级英语专业大学生；谚语研究实验：90 名二年级英语专业大学生	概念隐喻和意象可以帮助英语习语和谚语的学习；概念隐喻和意象可以帮助理解习语或谚语的理据，意象还能帮助组织隐喻表达。
Boers, Lindstromberg, Littlemore, Stengers & Eyckmans(2008)	意象	100 个英语习语	34 名大二学生	使用图片和言语解释习语意义有助于习语意义的识别和记忆；图像不敏感型学习者更能从图片释义法中获益；但图片也会使学习者忽略言语释义。
Boers, Piriz, Stengers & Eyckmans(2009)		100 个英语习语	38 名 19—21 岁母语为荷兰语或荷—法双语的语言专业大一、大二学生	带图片释义的习语更易于学生记忆；图片释义对受试已熟悉的构成习语的词汇的记忆影响较小；图片释义对学生记忆词汇有干扰效应，尤其是对图像记忆较好的学生。

　　综合上述研究，我们可以看出，上述二语教学的实证研究大多基于概念隐喻 / 方位隐喻、原型理论、意象及意象图式、词源理据性等认知语言学原理，考察认知语言学教学方法的介入对多词单位的习得速度和效果、目标习语的理解和记忆、习语意义的猜辨等的影响，介入的时间与习语记忆效果的关系，以及学习者认知风格或习语词源的透明度与记忆有效性的关系等问题。下面两节将介绍四个不同认知原理指导下的短语动词和习语教学研究。

3. 短语动词教学研究

3.1 Yasuda（2010）的研究

3.1.1 认知理论

　　本研究所涉及的认知理论是方位隐喻（orientational metaphor）。方位隐喻指参照空间方位而组建的一系列隐喻概念。空间方位来源于人们与大自然的相互作用，是人们赖以生存的最基本的概念：上—下，前—后，深—浅，中心—边缘等。方位概念是人们较早产生的、可以直接理解的概念，在此基础上，人们将其他抽象的概念，如情绪、身体状况、数量、社会地位等投射于这些具体的方位概念上，形成了用表示方位的小品词表达抽象概念的语言（赵艳芳，2001），如本研究中的 MORE VISIBLE is UP，LOWERING is DOWN。

3.1.2 语言项目

研究选取了包含 up、down、into、out 和 off 等五个小品词的 21 组短语动词，因为这些短语动词是在日本高中教科书中出现的高频短语，大一学生已经熟悉，但作者认为这些短语动词是作为不可分解的单位（noncompositional units）存储在学生的心理词汇中，而不是长期记忆中。相对于二语环境，外语环境下的学生不可能"完全浸泡"在这些短语中，且学生习得速度较慢，达到的水平较低。

3.1.3 受试

研究选定东京一所私立大学的 115 名日本大一学生作为研究对象，他们均已学习英语 6 年，托福平均成绩为 450 分。

3.1.4 研究设计

研究将实验前课堂经历（主要指教材内容和教学目的）相同的受试分为两组，包括实验组 59 人，控制组 56 人，整个干预时间为 10 分钟。实验组的老师采用认知原理指导下的教学法，根据方位隐喻概念将 21 组短语动词归类并举例解释，强调小品词的方位隐喻是如何解释整个短语动词的意义的。学生参照单词表（以小品词 into 为例，见下页图 1）记忆短语动词。

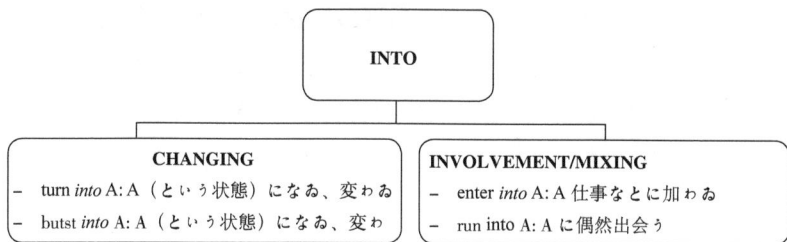

图 1　into 的单词表

控制组的老师采用传统教学方法，学生的单词表按短语动词首字母排序，英日对照，学生单纯记忆短语的日语意思。

根据不同方法学习之后，实验进入后测阶段。后测试卷包含 30 个句子填空题，要求学生填入空缺的小品词；句子选自 *Longman Dictionary of Phrasal Verbs*（Courtney，1983）、*Collins Cobuild Dictionary of Phrasal Verbs*（Collins COBIULD，1989）、*NTC's Dictionary of Phrasal Verbs and Other Idiomatic Verbal Phrases*（Spears，1993）以及谷歌搜索引擎。前 15 个句子中的短语动词是教学干预中出现过的，后 15 个句子中的短语动词是干预中未出现过的，目的是要观察学生是否可以且多大程度上能够将不熟悉的短语动词的隐喻概念总结出来。后 15 个短语动词在日本高中课本中不常出现，不作为短语或固定表达法存储在学生的心理词汇中，因此学生不能直接从记忆中提取词义，这样，学生就需要依靠概念隐喻产出合适的小品词，补全整个句子。因为担心产生"提示效应"（facilitating effect），所以实验未进行前测。

3.1.5 研究发现

研究者通过统计两组受试 30 道填空题的答题情况发现，对于已知词汇的习得，认知教学法和传统教学法无区别，因为学生可直接从记忆中提取已知词汇，无需加工词串；对于未知词汇的习得，实验组比控制组表现好，也就是说增强方位隐喻意识，比单纯鼓励记忆，更能促进短语动词的学习，因为当目标词语没有以多词单位的形式存储在心理词汇中，学生不能从记忆中提取词串意义时，学生就转向运用认知方法，将注意转移到方位隐喻上，并将隐喻运用到其他短语的学习中。

研究结果支持 Kövecses 和 Szabó（1996）的结论，即认知语义学方法可以成功地帮助语言学习者学习新的短语。研究者还从外语学习注意和意识、短语教学策略、元语言知识以及二语学习中的教学有效性等方面进行讨论，最终认为，应在学生主动理解和产出合适的短语动词之前，将方位隐喻概念显性地教授给学生。

3.2 Condon（2008b）的研究

3.2.1 认知理论

本研究涉及的认知理论为原型理论。原型是一个范畴的典型实例，其他成员是由于它们被感知到与原型相似而被纳入同一范畴的。范畴成员由于相似性不同有相似程度之分（Langacker，1987）。原型样本会因不同的社团、不同的文化背景、不同的时代而又有较大的变化，如说到"鸟"，英国人一般会马上想到 robin，中国人更多地会想到"麻雀"（王寅，2007）。再如本研究涉及小品词 out，讲解顺序是以 out 的最典型意义开始（OUT is leaving a container. 1.1 OUT: entities moving out of containers），逐步向非典型意义扩散的（1.2 OUT: eat or inviting to eat away from home; 1.3 OUT: sets, groups are containers; 1.4 OUT: bodies, minds, mouths are viewed as containers; 1.5 OUT: states/situations are containers; 1.6 OUT: trajectors increasing to maximal boundaries）（Ostyn，2003）。

3.2.2 语言项目

研究者选择了 48 个短语动词，包含 up、down、in、into、out、off 等小品词。

3.2.3 受试

本研究选取 160 位具有中等英语水平的比利时大学生，他们是一年级经济学专业的学生，母语为法语。研究还有 4 名授课教师，两男两女。

3.2.4 研究设计

本研究将实验研究融入了真实的课堂教学。英语作为必修课，每周上两个小时。第一小时在语音实验室授课，主要以听力和词汇学习为主，第二小时在普通教室上课，为师生互动的口语课。

先导研究在 49 名比利时大一学生中进行。在课程的第一周进行了前测。前测由 30 个句子的选词填空题构成。接下来的教学介入历时八周，研究对象分为实验组和控制组。实验组每周在课上通过教师讲解学习短语动词中小品词的语言理据。短语动词理据参照 Rudzka Ostyn 于 2003 年编写的 *Word Power* 一书，如书中对 up 的解释是这样的：

UP is positive verticality.

4.1 UP: position at a high place or moving up to a higher one

4.2 UP (to): aiming at or reaching a goal, an end, a limit

4.3 UP: moving to a higher degree, value or measure

4.4 UP: higher up is more visible, accessible, known

4.5 UP: covering an area completely/reaching the highest limit.

控制组由教师按照传统方式提供短语动词的词义翻译和解释。4 名授课教师都接受了专门训练，确保教学风格和内容一致，最大程度上控制了教学实验中教师这个变量，以提高研究的效度。两组学生的课堂学习时间保持一致。教学介入结束一周后和六周后，研究对象分别接受了与前测形式相同的即时后测和延时后测。正式研究在 111 名比利时大一学生中进行，其步骤与先导研究完全相同。

3.2.5 研究发现

认知语言学理论在教学中的应用能促进学习者对短语动词的学习和记忆，并且这种教学方法可以成功地融入英语课程，但并非所有短语动词都适合用认知语言学介入的教学方法教授。相对于传统教学方法而言，认知语言学介入的短语动词教学更适合用于教授语言理据较为具体和透明的小品词，因为这些小品词的引申义与核心义之间的联系比较直接，容易被发现和理解。

4. 习语教学研究

4.1 Boers、Demecheleer 和 Eyckmans（2004）的研究

作者在文章中回顾了于 2002 年和 2003 年做的两项研究，这里只重点介绍 2002 年的研究。

4.1.1 认知理论

本研究所涉及的认知原理为词源理据性。Boers 等（2006）将理据性分为三类：语义理据（semantic motivation）、语音理据（phonological motivation）和语言理据（linguistic motivation）。词源理据属于语言理据的一种。语言理据与记忆联系紧密，主要通过"语义释义"（semantic elaboration）和"结构释义"（structural elaboration）的方法实现。语义释义指学习者将学习目标与其意义紧密联系进行加工的过程（the learner's active and rich processing of an item with regard to its meaning）（Cohen et al., 1986）；而词源释义（etymological elaboration）作为语义释义的一种，指学生通过识别习语的始源域来记忆习语的意义的过程，如本研究练习中，习语 to show someone the ropes 的始源域为 boats/sailing。

4.1.2 语言项目

研究涉及 400 个英语习语，将这些习语依据 *Collins Cobuild Dictionary of Idioms* 分级，给不同英语水平的受试学习。

4.1.3 受试

200 名比利时弗拉蒙地区某教育学院英语专业四个年级的大学生参与了本次研究，年龄在 19 至 22 岁之间。

4.1.4 研究设计

研究借助在线计算机软件"习语教师"（Idiom teacher）进行。"习语教师"可以帮助我们利用计算机和网络技术实现大规模教学实验，体现学习者自主的理念。这款软件中包括关于 400 个习语的 1200 项练习，学生在任何地方，只要登录相关网站，即可开始学习。软件中的习语选自 *Collins Cobuild Dictionary of Idioms*。软件练习包括三种形式：其中两种为多项选择题，分别测试学生对习语的理解和对习语来源的了解，即测试学生的接受性知识，研究者希望通过将习语始源域与习语理解相结合的方式，提升学生的习语理据性意识及概念隐喻意识；另外一种是填空题，测试学生在阅读段落后能否在合适的语境下产出相应习语，即测试学生的产出性知识。如果学生回答错误，屏幕上会提供正确反馈。

研究者将每个年级的受试随机分为控制组和实验组，控制组只做习语理解的选择题，实验组只做识别习语始源域的选择题。根据 *Collins Cobuild Dictionary of Idioms* 将习语分级，一年级学生所做的练习涉及最高频的习语，二年级学生做较高频习语的练习，依此类推。一周后，所有学生参加后测，题型为填空题，目标习语不变。实验没有前测，因为研究者担心前测会提示学生习语的比喻用法，而影响研究结果。

4.1.5 研究发现

大多数比喻性习语都可以较为容易地识别其始源域，这也间接证明了认知语义学的观点，即尽管习语的意义不是完全可以预测的，但大部分比喻性习语都是有理据的。

实验后测的数据证明，输入阶段如果只有理解性任务（识别意义或始源域），不足以帮助学习者记忆习语的形式，尤其是以产出为目的的记忆。另外，两种输入都只进行语义释义，没有结构释义，因而不能帮助学生记忆习语的形式特征。

实验还证明，对习语的始源域的理解可以帮助学习者解释习语的比喻意义。

4.2　李福印（2004）的研究

本研究从专著形式出版，书中收录了一系列关于概念隐喻和意象图式的研究。研究者提出了 5 大假设，其中前三个假设是关于单词学习的，后两个假设是关于习语和谚语的。本节只重点介绍关于习语和谚语的假设的研究。

4.2.1 认知理论

本研究涉及的认知原理有概念隐喻、意象及意象图式。Lakoff 和 Johnson（1980）把隐喻看作是人们思维、行为和表达思想的一种系统的方式，即隐喻概念或概念隐喻（metaphorical concept or conceptual metaphor）。在日常生活中，人们往往参照他们熟知的、有形的、具体的概念来认识、思维、经历，形成了一个不同概念之间相互关联的认知方式。概念隐喻在一定的文化中又成为一个系统的、一致的整体，即概念隐喻体系，在人们认识客观世界中起着主要的和决定性的作用（赵艳芳，2001）。

"意象"常作为心理学的术语，是感觉和知觉的心智表征，指人在某物不在场时仍能在心智中想象出该物的形象，这是在没有外界具体实物刺激输入的情况下，人在心智中依旧能够获得其印象的一种认知能力（王寅，2007），如闭上眼睛后依旧能想象出刚刚吃过的生日蛋糕的样子等。

动觉意象图式（kinesthetic image schema），简称为意象图式（image schema）（Lakoff，1987/1990），指人们通过完形感知、动觉和意象三种互动方式认识外界事物之间基本关系而获得的一种认知模式，是人类经验和理解中一种联系抽象关系和具体意象的组织结构，是人们通过对具有相似关系的多个个例反复感知体验、不断进行概括而逐步形成的一种抽象的框架结构，如：部分—整体图式（The PART-WHOLE Schema）、连接图式（The LINK Schema）、中心—边缘图式（The CENTER-PERIPHERY Schema）、起点—路径—目标图式（The SOURCE-PATH-GOAL Schema）、上—下图式（The UP-DOWN Schema）、前—后图式（The FRONT-BACK Schema）、线性图式（The LINEAR ORDER Schema）、力图式（The FORCE Schema）等（赵艳芳，2001；王寅，2007）。

4.2.2 语言项目

本研究涉及 16 个英语习语（idioms）和 16 个英语谚语（proverbs）。

4.2.3 受试

习语研究中研究者选取了 127 名中国大学英语专业二年级学生。
谚语研究中研究者选取了 90 名中国大学英语专业二年级学生。

4.2.4 研究设计

习语实验研究：研究者将 127 名受试分为三组，其中控制组 38 人，实验一组 45 人，实验二组 44 人，每组都经历如下实验流程：

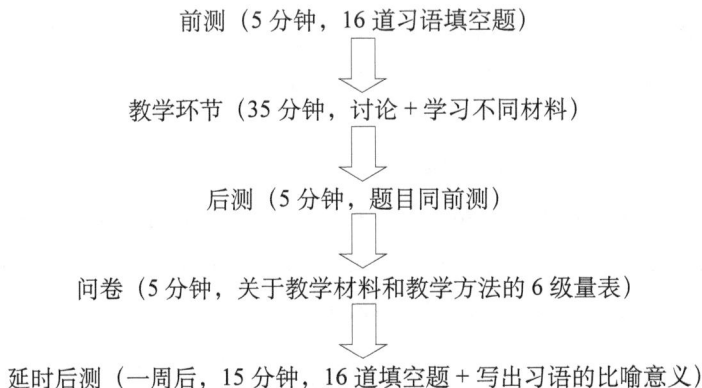

前测（5 分钟，16 道习语填空题）

⬇

教学环节（35 分钟，讨论＋学习不同材料）

⬇

后测（5 分钟，题目同前测）

⬇

问卷（5 分钟，关于教学材料和教学方法的 6 级量表）

⬇

延时后测（一周后，15 分钟，16 道填空题＋写出习语的比喻意义）

　　控制组师生首先简单讨论习语的语义主题，然后学习根据语义主题归类的习语材料，如：第一组习语主题为 Anger，共有三个习语，其中第一个为 hit the ceiling，其比喻意义为 to become very angry。

　　实验一组师生首先讨论习语涉及的概念隐喻，然后学习根据概念隐喻原理归类的习语材料，材料中在习语主题和习语举例之间加入了这组习语的概念隐喻归类（如 Metaphors: Mind Is a Container. Anger Is Heat.），其余内容同控制组材料。

　　实验二组师生讨论习语的意象。老师从《南华早报》上摘出一幅图，引导学生探究其背后的意象图式，然后引导学生对 16 个习语的意象进行讨论，每个习语的讨论都伴随着类似如下四个启发性问题：Q1: What image do you have in your mind when you read "hit the ceiling"? Q2: Where does this force come from? Q3: What's the result after the ceiling was hit? Q4: Who hits the ceiling? 之后，学生学习根据概念隐喻和意象原理归类的习语材料。

　　谚语实验研究：研究者将 90 名受试也分为控制组和两个实验组，每组 30 人，实验流程及时间与上述习语实验研究完全相同。

　　控制组只学习 16 个英语谚语的的英文形式及其比喻意义，如：

1. A rolling stone gathers no moss.

Figurative meaning: a person who never settles down in life and collects few amenities (things needed to make life comfortable).

　　实验一组的老师先介绍谚语和概念隐喻之间的联系，接着给学生看 16 个英语谚语、谚语的比喻义及概念隐喻归类，如：

1. A rolling stone gathers no moss.

(Metaphors: Life Is a Journey. Experiencing Something Is Possessing It.)

Figurative meaning: a person who never settles down in life and collects few amenities (things needed to make life comfortable).

　　实验二组的老师先像实验一组的老师一样解释谚语与其概念隐喻之间的联系，接着仍借用《南华早报》的意象图（同习语实验研究）引导学生对谚语与其意象之间的关系进行讨论，每个谚语的讨论都伴随着类似如下几个启发性问题：Q1: What image is in your mind when you read "A rolling stone gathers no moss"? Q2: Who is the stone? Q3: What is the moss? Q4: Why is it rolling? Q5: Where does it start? Q6: Where does it end?

4.2.5 研究发现

习语实验研究发现，三个组在前测、后测中的表现无显著性差异，但在延时后测中的表现有差异，意象图式组好于概念隐喻组和控制组。谚语实验研究发现，两个实验组的表现都好于控制组，但两实验组间无显著性差异，延时后测中实验二组的表现好于实验一组，实验一组好于控制组。研究者得出如下结论：在帮助学生学习英语习语和谚语方面，概念隐喻方法（metaphoric method）和意象方法（image method）优于语义解释方法（semantic method），而意象方法又优于概念隐喻方法。因为很难用意象示意图（image schematic diagrams）的形式概括所有习语和谚语，研究者实际上探究的是学习者的心智图像（mental image）。

5. 研究评价

本章重点介绍多词单位的教学研究。多词单位可视为认知语言学中"构造或构式"的一部分。目前的习语或短语动词实证研究中还只涉及其语义部分，对于语用和语篇功能方面尚未涉及。只有 Boers 等（2007）的研究中有一个实验涉及词源知识是否可以帮助学生识别非正式语境下使用的习语，但未对其语用或语篇功能作更为详细的解读和分析。

具体到各个研究应用的认知语言学原理来看，大多集中在概念隐喻、意象图式、词源理据性和原型理论上，这与其研究内容或研究目的是密切相关的。而有些认知语言学原理，如象似性，目前尚未有研究将其应用到二语教学中。

从各个研究中所涉及的教学内容来看，目前研究者所使用的教学材料不够系统，随意性较强，真实材料较少，大多是研究者为实验专门选取的多词单位（如 Yasuda，2010），除个别研究（如 Condon，2008b）参照认知语言学理论指导下的课本（*Word Power*）外，大多数研究的教学选材不能纳入教学大纲，成为日常教学的一部分，这样，实验所使用的教学方法和结果对真实课堂的指导作用和借鉴意义就非常有限。同时，有的实验使用的是受试熟悉的短语动词（如 Yasuda，2010），这样在考察受试通过隐喻思考进行抽象概括的能力时，便不能宣称其结果完全是由教学方法导致的。再有，很多实验并未对从多词单位的语义透明度和隐喻文化差异进行区分，如：有的短语动词在意义上更接近原型，更容易理解，有的则更抽象一些，需要更多隐喻思维；有的短语动词其隐喻意义有明显的文化差异，可能需要采用不同的认知原理指导下的教学方法。

从各个研究所用的教学方法来看，目前实验的教学干预时间长短不一。有的研究教学干预时间较长，如李福印（2004）的两项实验干预时间均为 35 分钟，而有些研究的教学干预时间仅为 10—15 分钟（如 Boers，2000a；Kövecses & Szabó，1996；Yasuda，2010），且不在常规教学环节当中，这样的实验结果还需在真实教学中进行验证，不能直接指导真实教学。我们知道，教学时间要足够长才有可能保证学生真正习得一定数量的目标习语或短语，而不是只为实验目的，教学时长过短，或没有连续性，导致在延时后测中测得的长期记忆效果均不佳。

从测试方法来看，研究者选择使用的测试方法与研究目的是否相符直接关系到研究结果及分析的有效性。

上述部分研究设计较为完整，包括前测、实验教学、后测及延时后测。前测控制了实验前受试的英语水平及对目标习语的知晓程度，延时后测大多在 6 周乃至更长（如 5 个月）的时间后进行（如 Beréndi，Csabi & Kövecses，2008），这样能较好地避免测试效应，即受试不会凭借前测中的短时记忆来回答后测的题目，从而科学地测出受试的长期记忆效果。有两项研究（Boers，Demecheleer & Eyckmans，2004；Yasuda，2010）没有进行前测，是因为担心前测会产生"提示效应"，即前测可能会提示受试注意到实验的主题或内容，从而影响研究的内部效度。

有些研究设计的测试时间和次数有考虑不周之处，如 Yasuda（2010）的研究在教学干预 10 分钟后立即对受试做了后测，且未设计延时后测，这样的研究结果只能测出学习者的短期记忆效果，并不能验证方位隐喻知识是否发生了真正的迁移，并存储于受试的长期记忆中。

　　当然其他方面的问题也会对研究结果产生影响，如受试的情况。大多数已有研究的受试为在读大学生或成人，其优势在于其认知水平及语言水平都达到了一定的高度，实验材料及方法的难度选择余地较大；但在读学生与其他社会群体相比，有着更强的学习动机，因而取得的实验效果不完全是教学方法作用的结果。其次，受试年龄层单一，实验结果的适用范围和推广价值就受到局限。再有，受试的外语水平大多为中高级英语水平。正如 Boers（2000a）所说，初级水平学习者缺乏基本的外语词汇，因而认知语言学原理介入下的二语教学方法较适用于高水平学习者。另外，受试的母语多为欧洲语言（如法语、荷兰语、荷—法双语、匈牙利语等），只有 2 项研究的受试母语为亚洲语言（汉语和日语），其余研究未汇报受试的母语情况。从类型学角度看，受试母语接近英语，对实验结果有利，但可惜的是，大多数研究者在结果分析的过程中并未考虑母语类型的影响。

　　已有研究还有一些不足，如：早期实证研究因受试数量太少而未进行数据统计及量化分析，缺乏数据支持，无法证明结论的统计学意义（Kövecses & Szabó，1996）；语言意识研究中未考虑语域意识（register awareness）（Boers et al.，2007）；较少考虑受试个体因素，如心理因素、情感因素、认知风格、性别等（Boers et al.，2008）。

6. 未来研究展望

　　从整体研究现状来看，相对于国外学者来说，国内学者在多词单位的认知语言学与二语教学实证研究方面较为薄弱，本章涵盖的 12 项实证研究中只有一项为中国学者李福印（2004）所做，其余国内学者大多进行理论性探讨，在理论付诸实践方面还有很大的研究空间。

　　第一，从教学内容来看，未来的研究需要尽可能多地使用真实的语料，融入日常教学大纲，进行实际教学，考察教学的长期效果，才能进一步提高隐喻意识教学在 EFL 学习者多词单位习得中的效果。其次，未来的研究可以考虑使用学生不熟悉的短语动词，不仅可以考察学习者的隐喻思维能力，还可以考察认知语言学指导下的教学方法在学习者短语动词习得方面的有效性。再有，未来的研究可以考察同一小品词的不同方位隐喻短语，或不同小品词的同一方位隐喻短语，以及探讨如何处理隐喻意义方面文化差异明显的短语动词，隐喻主题的跨文化差异对学生隐喻意识的影响等方面的问题。同时也可研究学习者对隐喻意义的理解程度和方式的不同，以及不同的隐喻选择传递出的价值取向等。

第二，从教学方法来看，未来的研究者可多一些实用的考虑，尽量多地在真实环境下结合不同的研究对象、研究材料研究认知语言学原理指导下的二语教学方法，这样会更有意义。其次，对于不同的认知原理指导下的教学方法，可以有不同的研究视角，如可以研究基于隐喻的教学法是如何帮助学生发展隐喻意识的，还可研究认知语言学的理据性的呈现方式问题，可以组织哪些课堂活动辅助教学等。

第三，从测试方法来看，未来的研究可根据研究假设或研究目的，周全地设计研究程序，例如，若要考察提高隐喻意识对短语动词学习的长期效果，就需要设计延时后测。当然，未来的研究可尽可能做到样本充足，并根据研究问题进行合理科学的量化分析。同时，还应特别强调学习者因素的影响。在第16届世界应用语言学大会闭幕式上，著名应用语言学家、美国密歇根大学教授 Larsan-Freeman 作了具有开拓性和革命性的发言，强调第二语言的发展不仅仅是习得问题。其中一个很重要的理由就是，第二语言的发展不仅包含语言的因素，更重要的是包含了学习者因素。教授第二语言不仅要教授语言，更要重视学习者的个体差异。因而，认知语言学介入下的二语教学实证研究也应重视学习者的认知风格、性别、心理等各方面因素。

第十三章　构式语法教学研究

1. 引言

在过去 20 年间，认知语言学研究者所推出的构式语法（construction grammar，简称 CG）不断发展，为二语习得研究提供了新的思路。根据其形式的复杂程度，构式可以分为词素（morpheme）、短语（phrase）、小句（clause）、句子（sentence），甚至语篇（discourse）等多个类别。由于篇幅所限，本章将着重讨论小句层面的构式。这类构式主要体现单个动词和宾语名词成分之间的搭配关系（argument structure，即论元结构）。

实证研究表明，在一语环境下，具有体验基础的语境和多频次的输入可以使儿童习得构式；而在二语环境下，英语动词论元结构却是一个明显的难点，其中突出的问题是区分致使—收到构式（cause to receive construction，简称 CR，即传统语法中的"双及物"或"双宾语"结构）和致使—移交构式（transfer-caused motion construction，简称 T-CM，即传统语法中的"带 to 的介词宾语"结构）。初级和中级学习者一般误以为这两种构式属于同义结构，可以任意选用，因此时常出现搭配错误，例如：*John denied the book to Mary; *I gave Sam it; *Max contributed the museum a statue. 导致学生出错的原因有多个，其中一个原因是传统的语法教学只教授孤立的语法规则，不关注构式的认知基础及其理据。针对传统教学的不足，构式语法提出了新的教学思路。该理论主张：教学应该以体验认知为理论基础，使用恰当的方式向学习者讲解这些构式网络，将这些意义与学习者的体验基础相联系，为理解语言提供更充分的理据，从而增强习得效果。这种积极的观点引起了学术界热烈的讨论，其范畴也远远超过了英语这一种语言。有少数研究者已经开始开展实证研究，来验证认知理论指导下构式教学的有效性。

本章将综述和评价以 Goldberg（1995，2006）所提出的构式语法理论为基础、在 EFL 环境下进行英语论元构式教学的实证研究。本章分为三部分：第一部分对现有的小句层面的构式教学研究进行简要介绍，第二部分依次介绍 4 项研究的设计与研究结果，第三部分探讨这些研究对中国教师及学者的启示与未来研究的走向。

2. 研究概述

笔者通过文献检索，只发现了四项相关的教学实证研究（见表1）。这些研究均发表于最近五年，其中两篇分别出自 *IRAL*（*International Review of Applied Linguistics*）与 *Modern Language Journal*；另外两篇为学术会议论文，其详细介绍来自 Andrea Tyler 在 2012 年出版的学术专著《认知语言学与第二语言学习：理论基础及实证》（*Congitive Linguistics and Second Language Learning: Theoretical Basics and Experimental Evidence*）。

表 1　论元构式教学实证研究概况

分类	序号	研究	语言项目	认知理论	研究问题	研究结果
A.	1	Year & Gordon (2009)	CR 构式与 T-CM 构式（双及物与介宾构式）	偏态输入假说	以偏态形式输入的、含有原型高频动词（give）的双及物构式能否促进韩国儿童对英语双及物构式的习得？	未获得显著效果
B.	2	Kim (2007, 2010)	CR 构式与 T-CM 构式（双及物与介宾构式）	认知的体验性和理据性；构式多义网络；句法—语义—语用的意义融合；无同义原则；显性教学。	以论元构式作为教学目标，与基于动词词义方法相比较，构式语法方法的教学效果是否更为显著？	未获得显著效果
	3	Tyler, Ho & Mueller (2011)				获得显著效果
C.	4	Holme (2010a)	论元构式	意象图示；构式多义网络；显性教学；基于使用。	构式教学法是否对构式习得有促进作用，并对笔头产出的准确度具有促进效应？	获得显著结果

以上四项研究都是经过不同程度控制的实验研究，即研究对象均被分为实验组和控制组；在教学干预之前有前测，实验过后有后测或延时后测；为验证

实验教学法的有效性，都通过量化分析方法进行了组间或组内比较。

这些研究的另一个值得注意的共同点是：其研究对象都是来自亚洲（韩国、越南、中国香港等）的 EFL 学习者。从年龄上看，教学研究对象大多为中学生，只有 Tyler、Ho 和 Mueller（2011）使用了大学水平的学习者。这也意味着，以上研究对我国关注中学英语教学的研究者们的启发性尤为突出。

从另一角度看，这些研究又各自具有不同的特点。A 类研究主要检验构式语法核心理论中的代表性理论假说——"偏态输入"（即原型词的高频次输入可以促进构式习得），具有一定的理论意义。但是该研究并不关注其他促进学生理解和掌握论元构式的教学手段，对课堂实践的启发意义相对较小。B 类研究的重点在于验证基于构式语法的教学方法是否优于传统的基于动词词义的教学方法，并且研究 3 在研究 2 的基础上对教学材料及讲解方法进行了改进，因此对 EFL 教师在实际课堂中如何讲解论元构式具有较大的借鉴意义。相较于前两者，C 类研究的独特之处在于其课堂环境和教学材料的"自然性"：在以内容为依托（content-based）的广告及新闻课程中，从自然选取的真实材料中抽取英语动词论元构式，引导学生分析和理解，进而提高其笔语产出时的准确性。该研究的意义在于可以更为广泛地适用于不同的英语课程。

3. 实证研究评述

基于前文已做的介绍，本节将从认知语言学理论、研究设计、研究结果及讨论等方面对各个研究进行分析和评价。

3.1 Year 和 Gordon（2009）的研究

3.1.1 认知理论

作为语言学习的主要数据来源，输入（input）是二语习得过程中至关重要的影响因素（VanPatten & Benati，2010：36）。认知语言学认为："学习者需要通过大量的、具有代表性的语言样本来概括出抽象的、理性的语言使用模型"（Ellis，2007：88）。构式语法的代表人物 Goldberg 则进一步提出："当类别（type）与案例频次（token frequency）保持整体恒定时，偏态输入（skewed input）的方式，即某个类别的案例占据多数，领先呈现，可能产出更为准确的概括效果"（Goldberg & Casenhiser，2008：201）。

作为一种理论假说，偏态输入的有效性在一语习得的实证研究中得到了验证。研究者们通过语料库研究以及英语母语者对人造假词构式的习得训练实验，证明高频的原型英语论元构式输入能够促进习得（Casenhiser & Goldberg，2005；Goldberg，Casenhiser & Sethuraman，2004；Goldberg，Casenhiser & White，2007；以上转引自 Year & Gordon，2009：400）。但是这一假说受到一定的质疑——其他研究证明，在儿童对论元构式的后期习得中，多样化的动词类型更有利于构式习得（如 Bybee，2007）。更为重要的是，偏态输入是否适用于儿童二语习得者，尚无实证定论。正是在这一背景下，Year 和 Gordon（2009）开展了他们的研究。

3.1.2 研究设计

3.1.2.1 受试

本文的基础是在美国哥伦比亚大学进行的一项博士研究。该研究在韩国经济文化条件相对落后的一所乡村中学进行。教学对象是 174 名 12 至 13 岁的初中一年级学生，这些学生在学校以外极少接触英语，在前期学习中也未习得英语双宾语结构。

3.1.2.2 教学材料

教学干预所使用的材料完全由研究者设计，并利用课堂时间对学习者进行输入。输入材料的主体是包含了双宾和介宾结构的英语句子，每个句子以 PPT 幻灯片的方式呈现，同时配以与句子内容相对应的录像（不超过 30 秒，播放两遍）和场景文字介绍；在看到句子的同时，学习者会听到母语者对句子的示范朗读并被要求跟读。

输入材料中的目标构式所涉及到的英语动词共有 18 个，分为真实动词

(real verbs) 和新创假词 (novel verbs) 两类。真实动词包括 5 个双及物动词 (give、pass、sell、throw、toss) 和 5 个非双及物动词 (move、drive、donate、carry、push)；新创假词分为 4 个双及物动词（其中 pell、greem 近似于 give 的用法；feen、doak 近似 throw 的用法）和 4 个非双及物动词（与 move 用法近似的 krine、bape；与 carry 用法近似的 norp、tam)。

3.1.2.3 教学方法

根据目标输入频次和干预时长的不同，教学实验分七个组进行，程序安排见下表：

表 2　偏态频次输入研究设计（改编自 Year & Gordon，2009：405）

组别	前测	周期	中测	周期	后测	延时后测	日均句子数
8 周干预：SF（23 人）BF（23 人）	第 1 周	20 天	第 5 周	20 天	第 9 周	第 15 周	1 双宾 1 介宾
4 周干预：SF（28 人）BF（29 人）	第 1 周	10 天	第 3 周	10 天	第 5 周	第 11 周	2 双宾 2 介宾
4 天干预：SF（23 人）BF（24 人）	第 1 周	2 天	第 3 天	2 天	第 3 周	第 9 周	10 双宾 10 介宾
控制组	第 1 周	-	第 4 周	-	第 4 周	第 10 周	

注：BF = 均衡频次组；SF = 偏态频次组。

在这七组中，控制组不接受任何教学干预，只参加前、中、后、延时后测 4 次测试。各实验组（即 SF）均观看了 80 段录像，学习总时长相同，累积达到 200 分钟。

3.1.2.4 测试方法

本研究的测试手段有两种：(1) 刺激产出任务 (elicited production task) ——观看与目标构式相对应的录像 (18 段)，回答问题："X（施事者的名字）做了什么？"要求研究对象最多写出三个句子，不足三个时用韩语注明"没有其他说法"。(2) 语法判断——观看录像，通过 Likert 七级量表对相对应的句子进行可接受度判断 (1 = 完全不接受，4 = 不知道，7 = 完全接受)，学习总时长 15 分钟，共计 50 个题项。上述测试涵盖了所有已教动词和构式。

3.1.3 研究结果及讨论

令人稍感意外的是，本研究得出的结果并不支持偏态频次假说，其偏态组和均衡组在后测中的表现都明显好于控制组，但是这两类实验组在各个目标项目的习得效果上却没有显著差异；在延时后测中，均衡组的表现甚至超过了偏态组。

在本研究的"讨论"部分，Year 和 Gordan（2009）对比了本研究与前人研究（尤其是 Goldberg et al.，2007）在实验背景和研究方法上的不同，详细地分析了其结果异于假设的原因，这其中包括：一语习得与二语习得的习得难度差异；研究对象接触目的语的程度（exposure）；显性学习和隐性学习的比重；习得目标项目的数量、呈现顺序、学习时长等。最后，这两位研究者指出：偏态频次输入可能利于对小批量、易于区分和记忆的目标构式进行隐性学习；但是在目标项目数目更大、多样化更高、容易混淆、主要依赖显性教学的学习环境下，偏态频次的优势却不明显。因此，在制定二语教学策略时，不应忽视该方法的局限性，同时应考虑其他影响习得效果的因素。

笔者认为，除了对研究结果的合理解释，上述研究还有两个方面值得借鉴：一是对权威假说的检验；二是对干扰变量的控制。偏态频次输入的理论提出后，因其符合常人直觉，受到许多学者的推崇，在母语者习得新构式的实证研究中也得到了验证，但是 Year 和 Gordan 在变换研究对象和学习条件后发现，偏态频次输入并不是一剂随处可用的"良药"。从研究设计上看，本研究对受试进行了细致的筛选，所有在实验前和实验中因外部环境而习得双及物构式的学生都被排除在外，体现出实验设计的严谨。比较遗憾的是，本研究论文未说明其四轮测试题目是否始终未变，如果是这种情况，那么其练习效应（practice effect）[1] 会对研究结果形成一定干扰。

1　练习效应：先前做过的练习对后来成绩的效应。如果同样的题项在前后测中都出现，则后测成绩可能较优，这仅仅是因为学生曾经练习过这些题项，而不是因为在课程中学有所得（Richards et al.，2005：529）。

3.2 Kim（2007，2010）的研究

3.2.1 认知理论

基于在美国乔治城大学所做的博士研究，Kim（2007，2010）首次尝试以较为系统的构式教学法促进 EFL 学习者对英语论元构式的习得。这一开创性的研究以"双宾语"和"带 to 的介词宾语"为教学目标，对比了构式教学设计与以动词词义及语法规则为基础的传统方法的教学效果。

本研究主要理论依据来自于 Goldberg（1995：38）所创立的构式多义网络（polysemy network）。其中，双宾构式（即 CR 构式）的核心意义和拓展意义的归类及动词例句如下（转引自 Tyler，2012：175）：

a. 核心含义（Cause to receive，促使移交）：give, hand, pass, throw, toss, bring, take, etc.

　例句：Bill gave her a book.（比尔给了她一本书。）

　隐喻拓展：Bill gave the reporter his opinion.（比尔给了记者他的观点。）

b. 有条件移交（Conditional transfer）：guarantee, promise, owe, etc.

　例句：Bill promised her a book.（比尔承诺给她一本书。）

c. 施事者阻止移交（Agent prevents transfer）：refuse, deny, etc.

　例句：Bill denied her a book.（比尔拒绝给她书。）

d. 未来移交（Future transfer）：leave, bequeath, reserve, grant, etc.

　例句：Bill bequeathed her a book.（比尔遗赠给她一本书。）

e. 创造移交条件（Enabling conditions for transfer）：permit, allow, etc.

　例句：Bill allowed her one book.（比尔允许她（得到）一本书。）

f. 意愿移交（intended transfer）：bake, build, make, get, grab, win, earn, etc.

　例句：Bill wrote her a book.（比尔给她写了一本书。）

通过构式网络图及动画图示，研究者为教学对象呈现了理解论元构式的另类途径，这也构成了其研究中最核心的教学设计。正如引言中所介绍

的，通过描述典型体验的图示和动画、包含讲解与讨论的显性教学（explicit teaching），可以将构式意义与学习者的体验基础相联系，激活其意象图式，为理解语言提供更充分的理据，从而增强习得效果。

3.2.2 研究设计

3.2.2.1 受试

本研究的教学对象是 85 名韩国高中 EFL 学习者。他们被分为三组：认知组（构式教学法）、动词组（传统教学法）和控制组（无教学干预）。教学过程分三天进行，每天一小时。认知组和动词组教学所涉及的动词全部相同。

3.2.2.2 教学方法

认知组的教学内容以"构式自身具有意义"为理论指导，引导学生将构式与构式中的动词进行意义匹配。基于 Goldberg（1995）提出的构式多义网络，通过幻灯片、动画等形式，对双宾与介宾构式各自的核心意义及扩展意义进行了对比介绍。该组教学环节还介绍了语篇中信息焦点与构式意义的关系。

动词组的主要教学活动是，引导学习者从输入材料中推理概括不同类型动词的词义。例如，学生在看了包含 fax、give、mail、send、hand、buy、email、win 等动词的多个例句以后，尝试将这些词进行语义归类。按照 Pinker（1989）的动词分类方法，这些动词属于四类，分别对应"获得"（buy、win）、"给予"（give、hand）、"发送"（send、mail）、"信息传递"（fax、mail）。分类完成后，教师向学生介绍每类动词所适用的句法规则，即与双宾或介宾结构的匹配关系。该组教学例句也都配合了幻灯片和动画。由于在解释环节用时较少，给动词组学生提供的例句总量多于认知组。

3.2.2.3 测试方法

所有教学对象都参加了前测、后测，以及两周后的延时后测。测试方法分为三种：（1）语法判断（Grammaticality Judgment Test，简称 GJT）—— 通过 Likert 六级量表对给定的 40 个句子进行句法可接受度判断；（2）看图完成句子（picture completion）——12 幅图片，每幅场景给定一个动词，先将未完成句子的宾语成分补足，再依据构式转换的可能性，写出另外 1 至 2 个以给定动词描述该场景的句子；(3) 看图写话（picture description）—— 根据图片自主写出描述句子，共 6 幅图片，其中 4 个场景可用双宾构式表达，2 个不能。

3.2.3 研究结果及讨论

研究发现：比较三种测试的前后测结果，认知组和动词组的习得效果都明显优于控制组，但是两组组间无显著性差异。这个结果表明，通过认知教学法和词义教学法都可以取得显著的教学效果，但是二者之间并没有明显的优劣。

虽然这一开创性的实验研究未能取得预期结果，但它为今后构式教学法的改进提供了有益的参考，尤其是在教学干预方法和测试手段两方面。Tyler (2012：188) 则认为，Kim (2007，2010) 未得到预想的研究结果，可能源于其教学设计中的一些问题，如认知组教学仍沿用传统语法术语、动词组的概括推理练习优于认知组的显性讲解、例句输入量不对等、匹配构式核心意义的图示设计尚有缺陷等。因此，同样来自乔治城大学的 Tyler 及其同事在 Kim (2007，2010) 的研究的基础上对研究设计进行了改进，进行了一轮新的教学实验，以期再次验证构式教学法对英语动词论元构式的教学效果，详见下文介绍。

3.3 Tyler、Ho 和 Mueller（2011）的研究

3.3.1 认知理论

除了本章已经提到的体验基础、构式的多义性和辐射范畴，该研究还明确呼应了其他一些构式语法理念，首先是"句法—语义—语用"的意义融合，即将这三方面的意义都同时运用到对构式意义的理解中。例如，在意愿移交

(intended transfer) 构式中，我们分析 build/cook 等词的体验基础就会发现，这类动词所对应的人类行为往往包含了明确的目的性，即"为谁而建"或"为谁烹饪"。这种包含在词义中的、未来将付诸实施的目的性参与塑造了其构式特征：与这类动词共现的介词多为 for，而不是 to，因为 to 仅能表示物体位置的转移，但无法表征"为谁而做"的目的性。

此外，构式语法还遵从"无同义原则"(principle of no synonymy)：语义相同的两个构式，在语用上一定存在不同 (Goldberg，1995：91)。例如：在双宾语与介词宾语这两种构式之间，虽然 X gives Y Z 与 X gives Z to Y 在基本含义上非常相近，但从语用的角度，处于句末位置的信息才是意义的"焦点"(focus)，因此上述两个构式分别强调的焦点信息有所不同。此外，由于代词一般指代非焦点信息，因此在这两种构式中很少出现代词作句尾，如 I gave Sam it. 就是一句句法正确但语用不当的句子。

除了语用考虑，构式语法在为构式意义解读提供理据时，也关注那些不符合既定规则的动词论元构式。例如，研究者们从历史语言学的角度，解释有拉丁语源的动词构式特征：donate、contribute、obtain、select 等词虽然包含了"移交"、"获得"的词义，但是它们并不出现在致使—收到构式中；表示"信息移交"的 announce、describe、explain 等词也不会出现在此类构式中。这也就是说，以上动词不适宜出现在双宾语结构中——这就解释了前文例句 *Max contributed the museum a statue. 的不合理性。

3.3.2 研究设计

3.3.2.1 受试及教学和测试程序

本研究的教学对象是来自越南的 65 名中高水平的成年 EFL 学习者，均已通过越南的大学入学考试。这些受试被随机分为认知组（31 人）和传统教学组（34 人）。实验历时一周，分三个时段进行，两组均按同样程序进行教学，过程概述如表 3 所示：

表 3　Tyler 、Ho 和 Mueller（2011）的教学和测试程序

第一日	第三日	第七日
40 分钟：前测（语法判断 40 题；图片描述 20 题）。	60 分钟：复习第一次课内容；介绍不适用于 CR 构式的例外动词。	40 分钟：延时后测
60 分钟：教学（教师讲解 + PPT 演示）	15 分钟：休息	
10 分钟：休息	40 分钟：后测	40 分钟：延时后测
20 分钟：两人小组练习；师生核对练习答案		

为了确保实验结果的有效性，除了遵循相同的教学程序和时长，两组教学所使用的动词、例句、情景描述图像完全相同。两种测试（语法判断和图片描述）都进行了抵消平衡（counter-balancing）[1]：测试共使用 A、B、C 三套题，前测时每组一半受试做 A 卷，一半做 B 卷；后测时已做过 A 卷的做 B 卷，已做过 B 卷的做 A 卷；延时后测时，统一使用 C 卷。

3.3.2.2 教学材料及方法

在设定好控制变量以后，研究真正的重点落在了两种教学理念及实践方法的对比上。吸取 Kim（2007，2010）的经验和教训，研究者们在两组教学中使用了不同体系的语法术语，并确保其各自的教学方法与其理念保持一致。下面分别介绍这两组的教学方法：

传统组的教学以语法规则和动词词义为基础，其讲解也依赖于普通 EFL 教材中的语法术语，如"不及物"、"单及物"、"双及物"等，又如"在单及物短语中，动词需要一个宾语来使其意义表达完整：Ross robbed a bank.（罗斯抢了一家银行）"。与 Kim（2007，2010）的动词组教学法一样，"给予"类动词和"信息传递"类动词被认为适用于双宾语结构；介宾则被作为双宾的替换结构介绍给学习者。动词用法按照"适用于双宾和介宾"、"只适用于双宾"、"只适用于介宾"分类，配以例句和图片呈现给学习者。在该组教学中，还介绍了关于"生命度"（animacy）和"实体性"（concretness）的语法规则，即主语和间接宾语通常为有生命的主体，而直接宾语多为具体的物体（有时也可以是情感或行为）。

1　抵消平衡：在实验中，为了去除变量呈现顺序的干扰作用而采取的一种方法。

与传统教学法相比，认知组的教学设计突出了以下几个特点：

（1）构式语法术语的体系性与连贯性：本研究的认知组教学放弃了传统的"双宾"、"介宾"称谓，代之以"致使—收到构式"；"主语"、"宾语"等也换作了"给予者"（giver）、"接受者"（receiver）、"被接受物"（thing received）；

（2）突出体验基础和概念隐喻：构式讲解的图示设计突出了"手"在原型构式传递行为（actual transfer）中的作用，同时将原型构式和拓展构式之间的隐喻关系作为讲解重点；

（3）完善 Goldberg 的构式分析：简化分析语言，通过改写 CR 构式意义网络增强其解释力（详见下文）。

在本研究中，教学的核心就是通过充分解读 CR 的构式网络，帮助学习者区分不同动词在 CR 与 T-CM 中的适用性。该网络的整体构成请见下图：

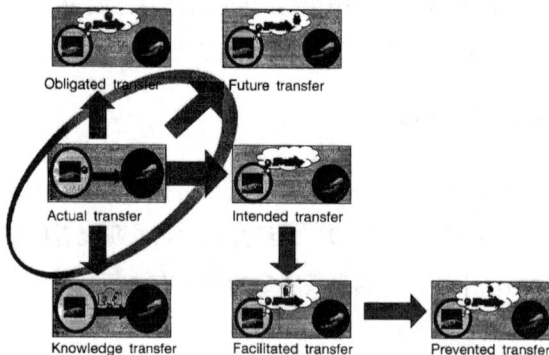

图 1　完善后的 CR 构式网络（转引自 Tyler，2012：199）

在上图中可以看到，具有核心意义的"实际传递"（actual transfer）构式居于中心，与 give、pass 等原型动词相匹配，由此核心构式再派生出其他拓展构式及意义。下面我们来介绍 Tyler、Ho 和 Mueller（2011）对各个拓展构式的图示及阐释方法。

1）意图传递（intended transfer）

该构式中的典型动词（如 make、bake、sew）所对应的行为都包含着一种意图性，即"为某人而制作／烹饪／缝制"。观察下页图 2，我们会发现左右两只手明确地体现了"给予"和"接受"的体验基础，"意念云朵"（thought cloud）代表"给予者"头脑中隐含的意图，而云中的箭头指引着圆形的代币符号向右侧的"接受者"移动，则代表着尚未付诸实施的传递行为。

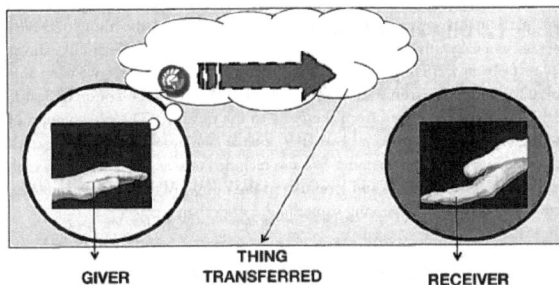

图 2　意图传递构式（转引自 Tyler，2012：194）

语料库检索显示，T-CM 构式中不会出现这些"意图动词"（verbs of intention）。结合动词词义和构式意义，构式语法教学法给出了这样的解释——意图只能由施事者发出，因此这些意图动词将信息焦点赋予了"给予者"；然而在 T-CM 构式中，只有"接受者"才能位于句末的焦点位置，因此语用意义上的冲突导致意图动词与 T-CM 难以共现。这一理据也同样适用于下面两个由"意图传递"拓展出来的构式。

2）促成传递（facilitated transfer）

该构式中的典型动词是 permit、allow。在其意念云朵中，箭头上方有一道门，门边扶着把手的是有权力使移交实现的"给予者"，如 Bill allowed her one book.（比尔准许她得到一本书。）该构式名称原为 Enabling conditions for transfer（为达成传递创造条件），Tyler、Ho 和 Mueller（2011）对其表述进行了简化。

3）阻止传递（prevented transfer）

该构式配图中，意念云朵里一个小人手持"停止"牌（STOP），代表该构式中 deny、refuse 等词的基本词义——"阻止"，如 Bill denied her the book.（比尔拒绝给她那本书。）在构式网络中（见图 1），"阻止传递"和"促成传递"都归于"意愿传递"的拓展构式，都与意愿动词共现，并且都不会出现在 T-CM 构式中。这也就解释了为什么英语母语者不会说出像前文例句 *John denied the book to Mary. 这样的句子。

4）承诺传递（obligated transfer）

与此构式搭配的常见动词是 owe、promise、guarantee 等。Goldberg（1995）曾将此构式命名为"条件构式"（conditional transfer），意思是传递行为往往带有附加条件，如 The teacher promised the students gold stars if they did well on the exam.（老师承诺，如果学生们考试考得好，就奖励给他们金星。）但是 Tyler（2012：195）认为，突出给予者的意愿（而非对附加条件的满足）更有助于对此类行为的理解，因此其配图中以 100% 的符号代表对传递行为的充分承诺，同时淡化了附加条件的存在。

5）未来传递（future transfer）

与该构式匹配的动词包括 bequeath、will、leave 等。值得一提的是，Goldberg 原本将 reserve 一词也归于"未来传递"构式，但是 Tyler、Ho 和 Mueller（2011）将其移到了"意愿传递"中——通过强调"预订"行为中的施事意愿，也很好地解释了 reserve 一词不能出现在 T-CM 构式中的原因。该构式配图中，以闹钟标志此类传递行为将在未来某个时间点实现。

6）信息传递（knowledge transfer）

该构式配图中，左侧的给予者通过说话将信息传递给右侧的接受者。基于概念隐喻"信息即物体"，Goldberg 把"信息传递"包含在 CR 的核心构式"实际传递"中，但是 Tyler（2012：198）认为，信息传递与实物传递在本质上存在着细微的差别——信息不会因为传递而失去——因此她建议将"信息传递"看作一个单独的拓展构式。在讲解该构式所涉及的动词时，需要注意区分 tell、ask、sing、teach 等常见词与 communicate、announce、explain 等拉丁语源动词：前者可同时与 CR、T-CM 搭配，后者则不会出现在 CR 构式中。

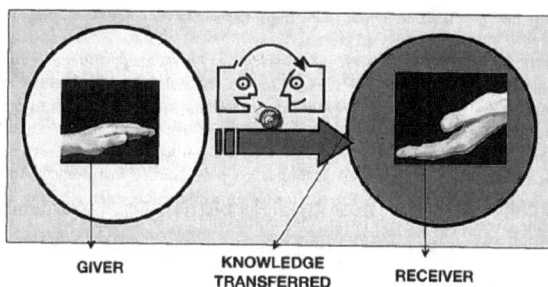

图 3　信息传递构式（转引自 Tyler，2012：198）

在 Tyler、Ho 和 Mueller（2011）的构式语法教学实验中，学习者借助图片、动画和讲解，逐一学习上述构式的意义及其与各类动词的搭配关系，然后再通过构式网络（见图 1）了解构式之间的拓展关系。位于网络右下角的三种构式（意图、促成、阻碍传递）都含有意愿动词，在语言使用中都不适合与 T-CM 构式搭配。这种建立在意义和理据上的学习内容虽然乍看起来耗时费力，但是一旦掌握，学习者就不必再依赖对规则的死记硬背或者盲目猜测。

3.3.3 研究结果及讨论

实验结果显示：两组前测水平相当，而在各项后测和延时后测中，构式组的得分都显著地高于传统组。这也证明，与依据动词词义和句法规则的传统教法相比，本研究所创制的构式教学方法对英语论元结构的习得更加有效。

如果将前后两个教学实验的研究者们看作一个团队，我们会发现其研究的整个进程延续了四五年的时间，这充分反映了一个事实：不论是教学还是研究，都需要一个试错和改进的过程。尽管中外学界一直热衷于讨论认知语言学对二语教学的启示，但是真正开发教学材料，从事设计严谨的实验研究的案例并不多。笔者认为，Tyler 和她的同事们在理论完善、教学实践、研究方法几个方面都作出了不小的贡献。

从理论角度看，本研究对 Goldberg 所提出的英语论元构式意义拓展网络提出了修订意见（如对"意愿传递"、"促成传递"、"阻止传递"等构式的重新归类，详见图 1），使其对构式的解释力有所增强。从教学实践角度看，Tyler 等研究者开发出与构式语法理论相对应的论元构式阐释体系，其教学材料不仅完整、详尽，并且生动地体现出意象图式对人类概念化的表征，为课堂讲解的顺利进行提供了可靠的基础。在研究方法上，他们也尽可能地对干扰变量进行有效的控制，如对测试题目进行抵消平衡（counter-balancing），保障了测试的效度。虽然受研究规模所限，该研究主要侧重于 CM 构式教学，对相对应的 T-CM 构式分析较为薄弱，其研究方法和结果还是为今后的研究提供了宝贵的参考。

3.4 Holme（2010a）的研究

3.4.1 认知理论

与 Tyler 等学者一样，Holme 主要关注短语和小句层面的构式。他认为，短语和小句是对单个词义及构式含义进行意义协商的结果。为此，他引用了乔治·奥威尔在《动物庄园》中的名句：Some animals are more equal than others.（某些动物比其他动物更加平等。）形容词 equal 原本不包含"层级"意义，但当它被放置在一个含有"比较"意义的构式当中的时候，它就被赋予了新的意义，并且和整个构式一起，表达出在特定语境下反讽的意味（Holme，2010a：356）。

Holme（2010a：358）还指出，构式的图式意义越广，概括性越强，其能产性越高。以英语中的论元构式为例，在整体上它可以与数量巨大的动词相搭配，给不同的名词赋予论元角色。在真实的语境使用（usage）中，我们接触到的是包含个体实例（token）的论元结构，这些具体动词的词义又反过来对构式含义加以限制，形成不同的论元构式类型（type）。对于外语教师来说，比较有效的方法就是通过某一构式类型的多个实例，结合体验基础，来帮助学习者建立具有能产性的构式图式。前文中提到的"意图传递"（intended transfer）构式就是一个很好的例子。

本研究的另一个理论基础是基于使用（usage-based）的构式观。这里的

"使用"主要指的是学习者在真实情境中所接触到的语言输入。听到或读到特定构式的语境以及频次决定了我们对这些构式的概括方式——对于经常光顾酒吧的人来说，the pub 比 the grocer 更能代表"定冠词 + 名词"这一构式。也正是出于这样的原因，Holme（2010a）没有依赖由教师制定的全封闭型构式教学材料，而是以学科知识教学中的自然语料为出发点，引导学习者去发现论元构式的意义，锻炼其找寻规律（pattern-finding）的能力，并期望他们能在自然产出语言的时候迁移这种能力。这种自下而上的方法虽然不适于严格控制的实验研究，但是更为接近大部分 EFL 的课堂情境，因此有其独特的启发意义。

3.4.2 研究设计

3.4.2.1 受试

本研究在中国香港一所高中进行，学习者来自香港学制六年级（sixth form），年龄在 16 至 17 岁之间。这些学习者虽然社会背景各不相同，但整体上具有较强的学习动机，语言水平也比较高。该校学科教学采用英语模式（English Medium of Instruction，简称 EMI）。校方同意参加该研究项目的主要目的是为了提高学生笔语表达的准确性。

教学实验涉及两个不同的英语学习任务：编辑制作一份班级报纸；设计并分析一则广告。担任报纸编辑的是商科（business studies）学生；负责设计广告的是科学（science）专业学生。每个学科都被分为实验组和控制组，每组人数均超过 30 人。

3.4.2.2 教学方法

教学实验持续了四周，每周三天，每天三课时。教学材料由学校任课教师准备，实验组和控制组所接触的教学材料相同，如在编辑报纸之前，两组都阅读了各种类型的新闻报道。在阅读过程中，控制组教师针对语法和词汇难点进行讲解，但不涉及与构式有关的知识。实验组教师则选取材料中的构式案例，在显性教学指导下，学习者探索课程材料中构式的形式特征、能产性和概念基础，并被引导使用这些构式。实验组的教学由 Holme 本人担任，控制组的教学由其他校内教师担任。

Holme（2010a）以报纸组的任务为例，介绍了他进行构式教学的五个步骤：

（1）构式识别（identification）：在主题为"科普报道"的课程材料中，选出目标构式。如从下面的例句中可以选出动词及物构式和 between/and 构式：

A new study shows an interesting link between exam success and the number of hours a day that a student studies.

一项新的研究表明，在考试成绩与学生每天的学习时长之间存在着有趣的关联。

（2）构式解读（specification）：分析动词 show 所引导的名词论元角色，引导学生关注单个构式的核心含义，用 this study shows an interesting result 作为其原型构式，概括此类构式的意义特征；同理，link between ... and ... 也被概括为一个更具有拓展性的原型构式。为了表示核心意义与拓展意义之间的关系，可将其以列表的方式表述：

表4　构式拓展（转引自 Holme，2010a：369）

A connection	between	Trend X	and	Trend Y
A link		exam success		the number of hours a student studies

从上表中我们可以看到，例句中原来的"考试成绩"与"学习时长"被更具有概括性的"趋势 X"与"趋势 Y"所代替，凸显出 link between ... and ... 的整体含义：两个事物变化趋势之间的关系。

（3）构式复制（reproduction）：在构式中进行词汇替换填空，如在上述及物构式中，study 可以被 report 或者 article 替代。在教师指导下，学习者通过小组竞赛的形式，尽可能多地提出替换方式。

（4）构式概念化（conceptualization）：这一步骤的目的是加强对意义的理解，例如通过图解对例句中所包含的概念隐喻进行阐释。动词 show 的使用就涉及到 UNDERSTANDING is SEEING（理解即看见）这一概念隐喻。同样，link 一词也是通过"两环相扣"的客观体验，映射出事物之间的抽象联系。这些概念可以形象地以下面的例图展示。

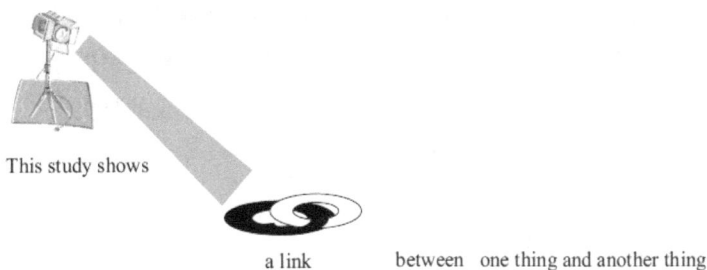

This study shows

a link   between one thing and another thing

图 4 通过概念隐喻强化意义（转引自 Holme，2010a：370）

在教学过程中，教师还鼓励学习者尝试以图解方式来描述他们所理解的构式意义。

（5）构式范畴意义表征（representing category meaning）：在最后这个环节，由学习者选出他们觉得最有意义的构式或构式组合，将其作为原型放置在一个构式网络的中心，然后填入拓展例句。

此外，据 Holme（2010a）介绍，本研究的课堂活动方式包括以下几种：

(1) 全班"头脑风暴"：由教师引导学生对构式中的词项进行替换
(2) 同伴构式听写：构式中词项被无意义词项替代
(3) 小组合作制作构式替代表，班级内交流、反馈
(4) 构式的分类和重组
(5) 篇章产出联系：什么样的构式与什么样的文体相匹配
(6) 小组和个人对原型构式图的探索
(7) 二人组填空练习：一人念出词汇空缺的文本，另一人口头填充
(8) 利用电脑设施，通过小组汇报和合作写作的方式产出构式

3.4.2.3 测试手段

Holme（2010a）为报纸任务组和广告任务组设定了不同的研究目的，因此也使用了不同的测试手段。报纸组数据是为了验证认知教学法能否提高对所学构式的掌握，该组所接受的前测、后测为完形填空，每空 1 分；以实验组、控制组组间及组内比较平均分的方式来观察水平变化。广告组数据是为了考察教

学干预对学习者笔语产出准确性的促进作用，该组的测试是命题段落写作，研究者对这些段落进行错误统计，通过计算错误频次与字数比率进行组内、组间比较；研究者同时还统计了目标构式在前后测中分别出现的频次——以此来表明学习者自主产出所学构式的能力（uptake）。

3.4.3 研究结果和讨论

测试数据表明，构式完形填空任务中，实验组准确率显著提高，控制组无变化。在写作任务中，在没有明显激发（explicit prompting）的情况下，实验组部分学习者准确地使用了已教授的构式；但是在整体进步的前提下，个体差异较为明显：9 人使用了两个以上所学构式，其中一人达到了 5 个；但也有 9 人没有使用所学构式。

与本章所介绍的其他研究相比，Holme（2010a）的研究并不是一个严格控制变量的实验研究。例如，教学干预前的测试表明，某些目标构式已被某些学习者了解，但没有一个受试掌握了所有构式，因此未对教学对象进行筛选排除。此外，因为篇幅所限，对教学过程只做了选择性报告，仅例举了两个构式，细节描述不够丰富，其研究可复制性不够强。

本研究与其他研究的最大不同在于其教学环境的自然性。虽然 Holme（2010a）研究的发表早于 Tyler、Ho 和 Mueller（2011）的研究，笔者将其归于最后一类研究，原因在于他的研究代表了一种更具有推广意义的教学研究走向，即在学科知识教学（content-based instructions）[1] 环境下，以自然教学材料中的论元构式为教学目标，"通过开发构式的能产性并促进其在情境中的使用，增进学习者的领会（uptake）以及笔头产出时的准确性"（Holme 2010a：356）。换句话说，这种教学和研究的方法可以被应用于各种专门用途英语课程中，而不必拘泥于英语语法课或写作课，这给 EFL 教师们提供了较为广阔的发挥空间。

---

1 学科知识教学：将英语作为教学语言，教授语言技能以外的数学、地理、生物等其他学科的知识。

4. 启示及未来研究展望

　　本章所综述介绍的 4 项研究，因其研究目的和研究方法各不相同，留给读者的启发意义也各不相同。

　　研究 1 对偏态输入假设的验证提醒我们，符合直觉的理论观点并不一定在任何实验条件下都会得到验证——因为语言习得本身是一个极为复杂的现象和过程，教学对象的一语背景、教学干预的方式、习得的心理过程等等因素，都会对习得结果产生影响。对于外语教师来说，在借鉴一语习得研究成果时应避免盲目照搬。

　　研究 2 与研究 3 不仅论证了构式语法"形式—意义匹配"的核心内涵，还向我们展示了理论与实践相结合的重要意义：不论如何备受推崇的理论都有可能存在着瑕疵，实践才是最可靠的依据；而一套成熟的教学方案需要假以时日，不断地试错和改进。

　　研究 4 则阐释了一个也许被我们许多人所忽视的道理："每一位语言教师都是语法教师"（Holme，2010a：373）。构式视角下的语法早已不是生硬机械的规则合集，语法教学也不必拘泥于专门的课程讲解——只要是以英语为载体的课堂，只要有真实自然的语言材料，随时都可以为学习者提供掌握构式"形式—意义"匹配的机会。虽然，"学习一门语言就如同建造这门语言的构式储备库，这是一项几乎需要持续终生的工程"（同上），有意识的构式探索无疑可以促进这一工程的进度和效率。

　　对于中国的 EFL 教师来说，独立进行英语构式教学实验具有一定困难。最主要的原因是作为非英语母语者，我们大多不具备与母语者相近的"语感"，或者说关于英语句法—语义—语用的深层知识尚有欠缺，对自身或者学生的使用错误（odd/marked usage）难以始终保持准确的判断，也不容易随时给出分析的理据以及修正方案。笔者认为，作为教师，我们首先要接受自身同时也是EFL 学习者的事实，对语言知识始终怀有不断精进的愿望。

　　此外，在我国目前的英语教学中，双宾构式和介宾构式的区别并不是公认的教学重点，二者如果混用，造成的结果往往只是"不太自然"，但并不影响意义表达，可能不会引起教师太多的注意。笔者则认为，本文所介绍的构式语法"非同义原则"值得广大英语教师关注——语言形式的不同预示着语义和语用的差别；细微的语言形式差异背后，往往蕴含着与我们的实际体验密切相关的理据；探求这些理据是深刻理解语言构成的必由之路。如果教师自身不首先改变观念，那么进行教学和研究创新的条件还远不具备。

同时，我们也应当看到，中国的 EFL 教师具有一个特殊的优势。汉语母语知识可以帮助我们有效地分析 EFL 学习者所普遍面对的一语迁移问题——参考已有研究对英语构式的意象图式描述，从句法、语义、语用各个层面进行英汉构式对比，确认共同点，凸显差异，或能起到较为理想的教学效果。例如，汉语中的"致使—移交"构式同样以"给"（give）为核心动词（"我给了她一个苹果"），但是在汉语中，"给"还可以担当介词的角色（"我写给她一封信"）。由于在汉语中很多与"移交"有关的动词（如写、递、送、捐献、预定）都需要和介词或者宾语从句搭配，受一语迁移影响，可以预见，中国学习者用英语表达"移交"时，介宾结构可能成为首选，双宾构式则可能出现使用不足（under-use）的情况。也就是说，在 I wrote Mary a letter. 和 I wrote a letter to Mary. 之间，中国学习者不仅大多倾向于使用后者，而且意识不到这两种表述方式在语用上的差异。针对这种情况，具备构式语法知识的教师就可以提供有益的指导和帮助。

关于我国 EFL 教学环境下对论元构式的教学，笔者有一些并不成熟的想法。考虑到不同语言水平学习者的实际情况，或可考虑分阶段实现各有侧重的教学和研究目的：

(1) 小学：注重输入原型构式，突出核心动词及相关构式的偏态输入，但不以分析性讲解为重点，主要探查目标构式的可习得性（learnability）；

(2) 中学（构式教学的重点阶段）：在学习者具备基础词汇量和分析、对比能力的基础上，引导学生对论元结构进行归类；探查构式的教学可行性（teachability）；

(3) 大学：鉴于学习者词汇基础已具规模，针对语言实践中的错误用法进行补救性干预，探查纠正效果（remedial effect）。

值得一提的是，对外汉语教学中的构式语法教学也同样大有可为，教师可以利用汉语母语深层知识，借鉴构式语法理论，充分发挥理论与实践相结合的潜力——苏丹洁（2011）题为《构式语块教学法的实质：以兼语句教学及实验为例》的研究就是一个很好的例子。

　　本章结尾，笔者想引用著名认知语言学家 Langacker（2008a：66）的话来表达对未来研究发展的信心："语言学理论往往无法在语言教学实践中体现出真正的价值，认知语言学能否有助于教学实践，仍需拭目以待。但是认知语言学相较于其他理论，具有全面、解释力更强、描述充分的优势。"作为教学研究者，我们应充分把握这个机会。

附录　重要术语

范畴化（categorization）

人们为了认识丰富而杂乱的客观事物，往往从客观事物的特性出发，形成感性认识，然后进一步分析、判断，对客观事物进行分类，形成主观的抽象认识。这种主客观相互作用对事物进行分类的心理过程被称为范畴化。人们通过范畴化这一心理过程对客观事物进行分类和定义，并在此基础上形成概念，进行思考和推理等认知活动。也就是说，范畴化是"人类对世界万物进行分类的高级认知活动，在此基础上人类才具有了形成概念的能力，才有了语言符号的意义"（赵艳芳，2001：55）。范畴化实质上是人类的一种基本认知能力，也是人类概念系统的基本组织原则之一。

在西方哲学史上亚里士多德第一个比较系统地研究和整理了范畴体系，并建立了经典范畴理论。亚里士多德认为范畴是客观事物在大脑中的机械反映，概念来源于客观世界既定的范畴，而范畴的归属是由概念的本质属性决定的。经典范畴理论被现代科学普遍接受，并广泛应用于人文学科各领域。在语言学界，结构主义语言学以经典范畴理论为基础建立了语义特征理论，把词语的意义分析为一组区别性语义特征集合，推进了语义学的研究。

但是，亚里士多德的经典范畴理论具有局限性，绝对二分法以两极化的思维模式认识事物，不能全面、正确地反映客观实际。20世纪50年代，维特根斯坦提出了家族相似性理论，对经典范畴理论提出挑战。之后，20世纪60、70年代的人类学家Berlin和Kay以及认知心理学家Rosch对颜色的研究证明家族相似性理论适用于自然界的许多范畴。Rosch的一系列心理学实验证明，焦点色在感知和记忆中是突显的，比其他颜色更容易辨别，更容易分类。在对其他物体的研究中，Rosch发现了同样的现象，并且使用了prototype一词描述这种具有认知凸显性的范畴成员。在此基础上，Rosch及其同事提出了"基本层次范畴和原型理论"，范畴化遂成为认知心理学和认知语言学中的重要概念。

Lakoff（1987：350-351）认为，对经典范畴理论进行批判，就是改变把人类理性看成是符号运算，把大脑看成是机器的观点。改变对范畴的认识也会改变我们对世界的理解。在挑战经典范畴理论的基础上，现代范畴理论提出了一些新的观点。Lakoff认为，除了通过原型和典型性示例界定范畴，理想化认知模型（ICM）也可以用来解释原型效应。以bachelor（单身汉）为例，对bachelor的理解是以婚姻的理想化认知模型为基础的，年轻的未婚男子比离婚者或教皇更有典型效应。

Lakoff（1987：378）认为范畴化普遍存在于语言范畴之中，对范畴认识的变化必将带来语言研究的转向。认知语言学家认为，范畴化理论可以应用于语言的研究，尤其是实词、量词及介词等多义范畴的研究。词汇的不同义项就是范畴内的不同成员，成员义项之间的联系体现了家族相似性。

概念化（conceptualization）

概念化是认知语言学的重要概念之一。Evans和Green（2006：157）认为，意义的建构就是概念化。Langacker（2008b：30）指出："从广义上讲，概念化包括了心智体验的各个方面。它包括：（1）新奇的和原有的概念；（2）不仅包括智力概念，也包括感觉、运动和情感经历；（3）对物理、语言、社会和文化语境的把握；（4）沿着时间发展、展开的概念（而非即时呈现）。概念是静态的，而概念化却不是静态的。"可以说，概念化是人们对外部世界的动态认知加工过程，具有动态性、交互性、意象性和想象性的特点。人们通过概念化形成概念、概念结构和概念系统。

语言通过概念化间接反映客观世界。束定芳（2008：105）认为："概念化的世界是一个已经经过人类认知过程折射的世界，或者说是一个'人化'的世界，它与真实世界之间存在差异，这两个世界之间没有直接的对应关系。"同时，概念化也体现了人们的认知能力和认知方式。

对于概念化的方式，认知语言学家有不同的观点。按照Langacker（1987）的理解，识解是概念化的重要方式之一，主要内容包括详略度、辖域、背景、视角和突显五个方面。Langacker（2000：27）认为，识解"就是我们用不同的方式感知和描述同一情景的能力。……语言意义包含了内容和识解两个方面"。

Croft 和 Wood（2000）提出了识解操作的模型，并在 2004 年对该模型进行了修订。该模型把认知方式和手段分别归入"注意力 / 显著性"、"判断 / 对比"、"视角 / 情景化"和"组成 / 格式塔"四类范畴，为解释认知方式和语言之间的关系提供了新的框架。另外一些认知语言学家认为，意象图式也是概念化的重要方式，例如"路径"、"来源"、"上下"、"前后"、"中心—边缘"和"容器"等。Talmy（2000）把意象图式分为四大类：构形系统（configuration system）、视角系统（perspectival system）、注意力系统（attention system）和力动态系统（force dynamics system）。此外，Lakoff 和 Johnson 的隐喻理论也被认为是概念化的一种重要方式。

概念化在语言上主要体现在语法和词汇两方面。Talmy（2000：24）认为：语法形式组织概念，而词汇提供概念内容，也就是说，语法构成概念结构，而词汇构成概念系统。

基本层次范畴（basic-level category）

现代范畴化理论认为范畴的各个层次在认知中的地位并不相同，其中间层次在人们的心理中占有特别显著（salient）的地位。Rosch（1975）等学者把这一层次定义为基本层次范畴（basic-level category）。在此层面上，人们的认知分类与客观主义的自然分类最接近，而且我们能以最小的认知努力收获最大的信息量。处于基本层次上的事物更易于被区分和指认。基本层次范畴是人们区分事物最基本的心理等级，是认知的参照点。

基本层次范畴体现了人类的完形感知、身体运动能力和形成丰富心理意象的能力（Lakoff，1987：371）。对于人类的范畴化而言，这个层次上的范畴化具有最大的内包性，且信息量最多，因而对人类的认知最为重要（Evan & Green，2006：260）。那些具有最明显的区别性物理特征、名称简洁、运用频率最高，且首先被人们命名和记忆的事物往往属于基本层次范畴。

Taylor（1989/1995：49）认为，在没有具体原因时，我们总是在基本层次范畴上讨论事实。因此，基本层次范畴词汇的使用频率高于上位范畴词和下位范畴词。基本层次范畴词汇往往由单一词项构成，一般形式较短，结构简单，单音词较多，最早为儿童所习得。通过基本层次范畴词汇，我们可以比较容易地感知事物的差异，更好地了解外部世界。例如，在"植物—花—菊花—杭白菊"的结构中，"花"是基本层次范畴；在"交通工具—汽车—小汽车—法拉利"结构中，"汽车"是基本层次范畴。

家族相似性（family resemblance）

20 世纪 50 年代，英国哲学家维特根斯坦对亚里士多德的经典范畴论提出了质疑，他发现高度理想化、抽象化的认识方式不能反映复杂的客观现实；范畴的界限模糊，并不能通过一组区别性特征截然分开，范畴具有中心和边缘的区别以及最佳示例程度的差异。以 spiel（游戏）为例，有些成员具有更多的 spiel（游戏）特征，属于典型成员；而其他一些成员的特征较少，属于非典型成员。据此，维特根斯坦提出了著名的家族相似性理论（family resemblance）：范畴的所有成员都在一个集合中，由复杂、交叉的相似网络连接在一起。其相似性可以是总体上的相似性，也可以是细节上的相似性。20 世纪 60、70 年代，人类学家 Berlin 和 Kay 及认知心理学家 Rosch 的颜色词实验研究证明家族相似性理论适用于自然界的许多范畴。认知语言学认为，语义范畴的边缘是模糊的；语义范畴成员之间有最佳示例程度的差异，成员之间存在家族相似性，家族相似性是原型范畴理论的基础。

理想化认知模型（idealized cognitive model，ICM）

理想化认知模型（idealized cognitive model）是由 Lakoff（1987/1990）提出的。他认为理想化认知模型是建立在多个认知模型之上具有完形结构的复杂认知模型，是特定的文化背景中说话人对某领域的经验和知识的抽象、统一、理想化的理解。它是不同程度的抽象化结果，具有开放性、选择性、互动性和动态性。理想化认知模型的构建包括命题结构、意象图式结构、隐喻映射和转喻映射。Lakoff（1987/1990）认为，人们通过理想认知模型这一认知结构来组织知识，范畴结构和原型效应是理想认知模型的副产品。因此，理想化认知模式被用于语言研究的很多方面：解释范畴化，解释语义范畴和概念结构，分析语篇连贯性，分析转喻及其认知理据，分析语言中的预设，分析指示语及指称等。

Lakoff（1987：74-75）采取理想化认知模型对 mother 的语义进行了分析。mother 这一概念的形成和理解是基于一个复杂的理想化认知模型，它是一组个别的认知模式综合起来形成的集束，其涉及的认知模式包括：（1）遗传模式；（2）生殖模式；（3）养育模式；（4）谱系模式；（5）婚姻模式。Lakoff 认为，符合以上所有模式的 mother 是这一范畴中的原型，但是 stepmother、surrogate mother、adoptive mother、foster mother、biological mother、donor mother 则属于边缘成员，因为他们不完全符合以上所有模式的要求。可以想象一个复杂的情况，如某人说："我有四个 mother，一个提供我基因的供卵女性，一个生我的女性，一个养育我的妇女，一个我父亲的现任妻子。"以上五个认知模式可以用来解释符合 mother 模式的原型成员和突显部分模式的边缘成员。

理想化认知模型是我们进行范畴化、理解概念和语义的基础。

力动态图式（force dynamics schema）

力动态图式是指描写事物与力量相互作用方式的意象图式。最早由 Talmy（1981）引入认知语言学，之后在其 1985、1988、2000 年的论著中进一步作了阐述。力有不同的分类，不但有物理力，还包括心理力和社会方面的力。力动态图式包括力量的施加、阻碍、克服、除阻等，可以对致使（causative）概念作出精细的分析，从而使我们对"致使性"概念的复杂性有更深刻的理解。力动态图式在语言中普遍存在，可以通过封闭类语法词汇或动态动词体现，是连词、介词及情态动词的重要意义范畴。

力动态图式已经被融入到 Mark Johnson（1987）等学者的理论框架之中，并应用于各种语言情态动词的分析、语篇分析、词汇语义的分析等。

认知模型（cognitive model，CM）

认知语言学认为，认知模型（cognitive model）是人们认识事物过程中形成的连贯性知识结构。人类的认知过程开始于感知、体验，形成意象图式，建立认知模型，并在此基础上组织概念，进行范畴化和概念化。

Lakoff（1987：13）在原型范畴的基础上提出了认知模型理论。他认为：认知模型理论具有体验性、完形性和内在性。Ungerer 和 Schmid（1996：45-49）认为认知模型理论是基于一组相关情景和语境，储存在大脑中关于某一领域知识的表征，是形成范畴和概念的基础，具有开放性、选择性、关联性和普遍性。例如，我们对周二、周六的理解是基于"一个星期"这一语义框架，它们不能孤立存在；on the beach 总是和 weekend、holiday 联系在一起；France 总是和它的地理特征、文化背景和政治制度联系起来。

认知模型可以是有关概念性实体的连贯性知识；也可以是程序性知识，如到餐馆就餐的文化脚本；还可以是有关抽象实体的知识，如容器、关爱等。认知模型包括基本认知模型，如：空间、时间、颜色、温度、感知、情感等；也包括复杂认知模型，如：结构性结合，其整体意义是所包含成分的意义函数，以及完形融合，其整体意义并非构成成分意义的简单相加，而必须通过心智的整合运作（Taylor，2002：96-116，转引自王寅，2007：206）。

认知模型可以为词汇概念的理解提供框架和参照点。

识解（construal）

Langacker（2008b：43）将识解定义为："识解，就是我们用不同方式感知和描述同一情景的能力。语言成分——语汇和语法——将特定的意象结构强加在它们所唤起的概念'内容'之上。"此外，Lakoff（1987/1990）、Talmy（2000）、Croft 和 Cruse（2004）也都曾对识解操作作过阐述。

例如，对同样的情景可以有如下四种描述：

(1) the glass with water in it；
(2) the water in the glass；
(3) the glass is half-full；
(4) the glass is half-empty.

（Langacker，2008b：43）

(1) 突显了容器；(2) 突显了容器所包含的液体；(3) 突显了如下关系：容器

中的液体占据了容器的一半；（4）突显了如下关系：容器中空置的空间占据了容器的一半。

Langacker（1991）认为语义是语言表达的基础，句法是语义的重组，而语义来源于概念化过程，概念结构决定语义结构。语言表达式不仅取决于它的概念内容，还取决于这一概念内容被观察、感知和理解的方式。也就是说，人的认知方式决定概念结构，概念结构决定语言的表达方式，因此认知方式决定了语言的句子结构。在人的认知方式中，识解这一用不同的意象来建构和理解概念结构的能力，发挥了重要的作用。

认知语法的一个重要观点就是语言词语和语法结构体现意象。在选择某一具体的词语或结构时，说话者以某种方式来识解被感知的情景，也就是说，他（从一系列的选项中）选择某一特定的意象组织其概念内容来用于表达。

一方面，人们不同的体验可以通过不同的语言结构来表达；另一方面，人们也可以根据语言表达的目的按特有方式识解场景，或者突出它的某些侧面而消弱另一些侧面（Langacker，1987：39）。

按照 Langacker（1991，2000）的理解，识解的内容主要包括详略度、辖域、背景、视角和突显五个方面。所谓详略度就是指语义特点描述中细节的精细程度。详略度越高，识解方式越少，识解结果越单一。从认知语言学的角度看，详细程度等级在语言上的体现，从上义词到下义词，详细程度成正比例变化，反之抽象程度不断增强。例如，可卡犬→西班牙猎犬→狗→犬类→动物→生物→物体。辖域和认知域相近，是指被激活概念内容的配置，包括基体和侧面。认知主体的背景知识来自于认知主体和客观世界的互动。由于个人经验的差异，决定了人们采用不同的方式对同一事体进行识解，形成不同的识解方式。视角则是人们观察、描述事体的角度。从不同的角度观察事体会影响语言表达，得出不同的语法结构。突显则建立在人们确定注意力方向和焦点的认知能力之上，可以分为两种类型：侧显和基体（profile-base）；射体和界标（trajector-landmark）。Langacker（1999）认为，每种识解都将一个侧面加于一个基体之上。认知主体从不同的角度出发来观察同一情景或事件会突出同一情景的不同侧面，产生不同的认知过程及不同的语言表达。表达式语义覆盖的认知域范围叫基体。侧面是基体内被最大突显的部分，是词语所标示的语义结构。一个词语的意义是基体和侧面结合的结果。在单位较大的述义结构中，被突显的物体是不对称的。最突显的参与者，称为射体。另一个为界标，是被次突显的实体，为射体的定位提供参考。

识解关系在词义解释、词类划分、分析所有格的构造、描写基本句型和语法构造以及解释隐喻和转喻等方面都具有很强的解释力。

心理空间（mental spaces theory）

心理空间理论是一种以虚拟的心理空间来解释词际、语际语义关系的认知理论。心理空间这一术语最早由 Fauconnier（1985）提出。他将其定义为"小概念包"（small conceptual package/small conceptual packet），是指在人们思考和谈话时为服务于当下语篇交流而建立的包含特定信息的概念结构，并受到语法、语用和文化因素的制约。在认知语言学家看来，心理空间是语言使用者用以暂时储存信息的容器，它不依赖于语言形式结构与语义结构而存在。在交际过程中，为了准确理解说话人表达的话语，听话人在破译语法信息的基础上，还要根据语法指令即时构建相应的心理空间。人们在语言交流中在以往的心理空间基础上不断构建新的心理空间，只有说话人与听话人构建的心理空间有重合时，语言交际才能顺利进行。Fauconnier（1985/1994）认为，语言使用的过程是一个不断构建心理空间的过程，这一过程通过能够触发构建心理空间的语言单位来完成，这些语言单位称为空间构造单位（space builder）。通过空间构造单位，人们把现实构造成一个个虚拟的心理空间。人们构造的主要空间类型有：时间空间、地理空间、域空间以及假设空间等。Fauconnier 和 Turner（1998，2002）基于心理空间理论，提出了概念整合理论。

意象和意象图式（image & image schema）

"意象"源于认知心理学，多指一种心理表征。在没有外界具体实物刺激输入时，人的大脑中仍然能活动并回忆、想象相关的知觉感觉，如知觉意象、听觉意象和视觉意象等；同时，人们出于不同的思想和表达目的对感知的同一情景可能从不同的方式形成不同的意象（Langacker，1987：110）。图式则源于完形心理学，是指组织思维和行为的固定认知模式。通过图式，人们把经验和信息进行加工，组织成某种常规性的认知结构，建立相对固定的类型并较长期地储存在记忆之中（王寅，2011b：55）。

意象图式（image schema）这一概念由 Lakoff 和 Johnson（1980）在《我们赖以生存的隐喻》中首先提出，并用于隐喻分析。之后，Lakoff 和 Johnson 在他们各自的著作中分别阐述了意象图式。Lakoff（1987：267）认为："意象图式是我们日常身体体验中反复出现的比较简单的结构。"Johnson（1987：xiv）认为，它是"感知互动及感觉运动活动中不断出现的动态模式，这种模式赋予我们的体验以连贯性和结构性"。可见，意象图式是基于身体经验的前概念构架（pre-conceptual configuration），是处于感知经验和概念结构之间的一种抽象结构，具有动态性、体验性、抽象性和想象性。通过意象图式，人们把具体的体验投射到抽象概念中，从而建立人类的抽象概念。

Lakoff（1987：282-283）介绍了七类意象图式，而 Johnson（1987：126）对其分类更为详细，共列出 27 个颇具代表性的意象图式。在此基础上，Croft 和 Cruse（2004：45）将 Lakoff 与 Johnson 所论述的意象图式概括为七个大类，分别是空间、等级、容器、施力、整体/多样、辨认和存在。

由于意象图式是在源于身体体验的动态模式中形成的抽象结构，它可以对词汇的多义性和语义扩展作出很好的解释。例如，over 的语义变化，可以从不同的意象图式来解释。如在 The balloon is flying over the house. 中，over 的意象图式指射体相对于界标的上方运动的关系。而在 The picture is over the blackboard. 中，over 的意象图式则指射体相对于界标的静态居上关系。同时，高度结构化的意象图式也可以对英语的情态动词（can、may、must、could、might 等）作出统一的解释。Johnson（1987：42-56）对"施力"（force）这一人类经验中常见的完形结构中相互关联的要素进行了分析并归纳出代表施力结构的七种主要意象图式：迫动、阻碍、反作用、偏移、除阻、使能、吸引。在情态动词中，can 符合"使能"图式，体现了施动者实施行为的潜力；may 符合"除阻"图式，表示不存在内在或外在阻力；must 符合"迫动"图式，表示某一主体发出行为的强制力量。

人们在意象图式的基础上建立认知模型和理想化认知模型，形成范畴、概念和概念结构，因此意象图式是理解意义和推理分析的基础。

隐喻（metaphor）

认知语言学把隐喻看成是人类组织概念系统的认知和思维方式，认为隐喻在范畴化、概念结构和思维推理中发挥了重要作用。

一般认为，Lakoff 和 Johnson（1980）的《我们赖以生存的隐喻》一书开创了从认知角度研究隐喻的先河。他们认为，隐喻的本质是通过一类事物来理解和体验另一类事物（Lakoff & Johnson，1980：5）。同时，他们认为，隐喻在我们的日常生活中无处不在：隐喻不仅存在于语言中，而且存在于我们的思维和行动中。同时，他们认为隐喻是系统的，不是个别的、孤立的，可以形成某种结构化的隐喻群；隐喻更是一种思维方式，我们赖以思考和行动的概念系统大多是通过隐喻建构的。隐喻是人类最为重要的认知机制之一，也是抽象概念的生成机制之一。

Lakoff 和 Johnson 讨论的概念隐喻（conceptual metaphor）与修辞学上的隐喻完全不相同。修辞学家更为关注的是新奇隐喻（novel metaphor），即语言创新，但没有关注它们的认知功能。Lakoff 和 Johnson 所讨论的概念隐喻往往是人们在语言层面下的隐喻，是隐喻性的认知模式。

在隐喻的运作机制上，Lakoff（1987：278）提出了概念映射理论，即跨概念域（cross-domain）的系统映射，通过"源域"和"目标域"来说明二者互动关系的方向性。映射具有单向性，一般是由源域到目标域。源域一般是为人们熟悉的、具体的概念域，目标域一般是抽象的概念域。概念映射是指源域的结构系统地映射到目标域中，在与目标域结构一致的前提下，保留源域的意象图式结构。

Johnson 和 Lakoff（2003）将概念隐喻分为三大类：结构性隐喻、方位性隐喻和本体性隐喻。结构性隐喻是指隐喻中源域的结构可以系统地映射到目标域中，使我们可以依照源域理解目标域结构。方位性隐喻是运用上下、内外、前后、远近等空间概念组织另一概念系统。本体性隐喻是指用物体的概念来认识、理解我们的经验。

Johnson 和 Lakoff（2003：8）认为，在概念隐喻 TIME IS MONEY 中，我

们把"金钱"这个源域的特征映射到"时间"这个目标域上，即源域的结构模式可以用于建构后一范畴。这一观念体现在以下例句中：

(1) You're wasting my time.

(2) This gadget will save you hours.

(3) I don't have the time to give you.

(4) How do you spend your time these days? That flat tire cost me an hour.

(5) I've invested a lot of time in her.

(6) I don't have enough time to spare for that. You're running out of time.

(7) You need to budget your time.

(8) Put aside some time for ping pong. Is that worth your while?

(9) Do you have much time left?

(10) He's living on borrowed time.

(11) You don't use your time profitably. I lost a lot of time when I got sick.

Thank you for your time.

结构隐喻中比较典型的例子是 Johnson 和 Lakoff（2003：89）对 ARGUMENT 的分析：它包含四个成分，即 ARGUMENT IS A JOURNERY；ARGUMENT IS WAR；ARGUMENT IS A CONTAINER；ARGUMENTS ARE BUIDINGS。这四个隐喻分别突出 ARGUMENT 的某一方面：过程、方法和结果、内容、质量。这四个成分各自都可视为结构隐喻。例如，在 ARGUMENT IS WAR 中，战争的各环节都可以映射到争论上：

(1) It matters to one or both of you that the other give up his opinion (surrender) and accept yours (victory). (He is your adversary.)

(2) The difference of opinion becomes a conflict of opinions. (conflict)

(3) In response to his questions and objections, you try to maintain your own position. (defense)

(4) As the argument progresses, maintaining your general view may require some revision. (retreat)

(5) You may raise new questions and objections. (counterattack)

(6) Either you get tired and decide to quit arguing (truce), or neither of you can convince the other (stalemate), or one of you gives in. (surrender)

(Johnson & Lakoff，2003：79)

隐喻作为重要的认知方式，在人类抽象概念的形成、概念结构的构建、语言的发展方面都发挥了重要作用。

原型理论（prototype theory）

在现代范畴理论中，原型占有重要的地位。原型是范畴中的典型示例，其他成员是由于它们与原型之间存在着能被感知的相似性而归入同一范畴，同时这些成员与原型之间的相似性程度存在差异（Lakoff，1987/1990）。原型在范畴化中起了关键作用，对于范畴的划分可以起到认知参照点的作用。Rosch（1975）认为原型是范畴内的最佳成员或典型代表，拥有更多的共同特征。同时，原型也是一个特定的对象，是一个语言群体意识中最典型的个体所形成的心理映像，是辨别同类事物的认知参照点。所有概念的建立都是以原型为中心的，原型对于范畴的识别起重要作用。原型理论认为，在一个范畴内部的各个成员之间存在最佳示例程度的差异，有些成员具有典型性和样板性，具有这一范畴的所有典型特征，成为典型成员；有些成员只具有部分典型特征，成为非典型成员。

对于原型范畴，人们普遍认为，语义范畴是放射性结构，语义范畴的边缘是模糊的；语义范畴成员之间有最佳示例程度的差异，成员之间存在家族相似性；语义范畴是放射状结构，体现在语言的各个层次。Kövecses（2006）也认为原型效应也存在于词汇意义、语言概念等语言结构中。一些认知语言学家把范畴化的原型理论扩展到语言研究的诸多领域，包括语音学、形态学、语义学、句法学、语法学等。

在语言多义现象的阐释中原型理论和认知模式理论比传统的语义分析有明显的优势。多义范畴往往不能用共同的语义特征来概括，而是通过家族相似关系与之相连，形成一个意义链，这被 Lakoff（1987/1990）称为"辐射状范畴"，

Taylor（1989/1995/2003）称之为"家族相似范畴"。

例如，Taylor（1995：105-108）分析了英语动词 CLIMB 的意义：

(1) The boy climbed the tree.
(2) The locomotive climbed the mountainside.
(3) The plane climbed to 30,000 feet.
(4) The boy climbed down the tree and over the wall.
(5) The temperature climbed into the 90s.
(6) The prices are climbing day by day.

在以上例句中，(1) 中的 CLIMB 是最典型的核心意义，涵盖了两层意义：(a) ascend；(b) clamber。(2) 中 CLIMB 的意义含有 (a)，但是 (b) 的含义已经改变，不是通过四肢的运动，而是通过车轮转动爬升。(3) 中 CLIMB 的意义含有 (a)，但是几乎没有 (b) 的含义。(4) 中 CLIMB 的意义含有 (b)，但是由于动词后面的方向介词 down，CLIMB 不含有 (a) 的含义。(5) 和 (6) 中 CLIMB 的意义包含 (a)，并增加了渐变的含义。同时，经过隐喻转换，(a) 的语义域从空间转换到数值等级。由此可见，(1) 中的 CLIMB 是语义范畴的典型成员，而其他句中的 CLIMB 则偏离了核心，但是与 (1) 具有相似性，构成了一个复杂的辐射状范畴。

转喻（metonomy）

隐喻的基础是事物的相似关系，而转喻的基础是事物的相邻关系。认知语言学中的转喻开始于 Lakoff 和 Johnson（1980）。他们认为转喻和隐喻一样，也是一种概念机制，在人类的思维和语言中发挥着中心作用。Kövecses（2002：145）将其定义为"同一个域中的一个概念实体（源域）为另一个概念实体（目标域）提供心理通道的认知过程。与隐喻的相似性不同，转喻涉及同一个域的整体和部分或部分和部分的关系，源域和目标域的关系是邻近性，源域的功能是为目标域提供心理可及性"。

因此，隐喻往往通过某一事物理解和解释另一个事物；而转喻是利用该事物的某一部分或特征指代该事物，包括部分—整体、容器—功能、具体—抽象之间的替代关系。例如，用克林姆林宫替代俄罗斯政府，鲁迅替代鲁迅的作品，枪杆子替代军队等。

认知语言学家认为转喻不仅是一种修辞工具，也是人类最为重要的认知机制和基本认知手段之一。转喻是概念、思维层面的问题，对人类推理和抽象思维起着重要的作用（Johnson & Lakoff，2003：36-39）。因此，转喻也被认知语言学家称为概念转喻。

参考文献

Achard, M. & Niemeier, S. (Eds.). (2004). *Cognitive Linguistics, Second Language Acquisition, and Foreign Language Teaching*. Berlin: Mouton de Gruyter.

Alejo, R., Piguer, A. & Reveriego, G. (2010). Phrasal verbs in EFL course books. In de Knop, S., Boers, F. & de Rycker, A. (Eds.). *Fostering Language Teaching Efficiency through Cognitive Linguistics* (pp. 59-78). Berlin/New York: Mouton de Gruyter.

Allen, L. Q. (1995). The effects of emblematic gestures on the development and access of mental representations of French expressions. *The Modern Language Journal*, 79 (4): 521-29.

Bergen, B., Chang, N. & Narayan, S. (2005). Simulated action in an embodied construction grammar. In Östman, J. O. & Fried, M. (Eds.). *Construction Grammars: Cognitive Grounding and Theoretical Extensions*. Amsterdam: John Benjamins.

Beréndi, M., Csabi, S. & Kövecses, Z. (2008). Using conceptual metaphors and metonymies in vocabulary teaching. In Boers, F. & Lindstromberg, S. (Eds.). *Cognitive Linguistic Approaches to Teaching Vocabulary and Phraseology* (pp. 65-100). Berlin/New York: Mouton de Gruyter.

Biber, D., Johansson, S., Leech, G., Conrad, S. & Finegan, E. (1999). *Longman Grammar of Spoken and Written English*. Harlow: Longman.

Biber, D., Johansson, S., Leech, G., Conrad, S., & Finegan, E. (2000). *Longman Grammar of Spoken and Written English*. Beijing: Foreign Language Teaching and Research Press.

Bobrow, S. A. & Bell, S. M. (1973). On catching on to idiomatic expressions. *Memory & Cognition*, 1 (3): 343-6.

Boers, F. (2000a). Metaphor awareness and vocabulary retention. *Applied Linguistics*, 21 (4): 553-71.

Boers, F. (2000b). Enhancing metaphoric awareness in specialized reading. *English for Specific Purposes*, 19 (2): 137-47.

Boers, F. & Demecheleer, M. (1998). A cognitive semantic approach to teaching prepositions. *ELT Journal*, 52 (3): 197-204.

Boers, F. & Lindstromberg, S. (2005). Finding ways to make phrase-learning feasible: The mnemonic effect of alliteration. *System*, 33 (2): 225-38.

Boers, F. & Lindstromberg, S. (2006). Cognitive linguistic applications in second and foreign language instruction: Rationale, proposals, and evaluation. In Kristiansen, G., Achard, M., Dirven, R. & de Mendoza, F. R. (Eds.). *Cognitive Linguistics*: *Current Applications and Future Perspectives* (pp. 305-55). Berlin: Mouton de Gruyter.

Boers, F. & Lindstromberg, S. (Eds.). (2008a). How cognitive linguistics can foster effective vocabulary teaching. In Boers, F. & Lindstromberg, S. (Eds.). *Cognitive Linguistic Approaches to Teaching Vocabulary and Phraseology* (pp. 1-61). Berlin: Mouton de Gruyter.

Boers, F. & Lindstromberg, S. (Eds.). (2008b). From empirical findings to pedagogical practice. In Boers, F. & Lindstromberg, S. (Eds.). *Cognitive Linguistic Approaches to Teaching Vocabulary and Phraseology* (pp. 375-94). Berlin/New York: Mouton de Gruyter.

Boers, F. & Lindstromberg, S. (Eds.). (2008c). *Cognitive Linguistic Approaches to Teaching Vocabulary and Phraseology*. Berlin: Mouton de Bruyter.

Boers, F., de Rycker, A. & de Knop, S. (2010). Fostering language teaching efficiency through cognitive linguistics: Introduction. In de Knop, S., Boers, F. & de Rycker, A. (Eds.). *Fostering Language Teaching Efficiency through Cognitive Linguistics* (pp. 1-28). Berlin/New York: Mouton de Gruyter.

Boers, F., Demecheleer, M. & Eyckmans, J. (2004). Etymological elaboration as a strategy for learning idioms. In Bogaards, P. & Laufer-Dvorkin, B. (Eds.). *Vocabulary in a Second Language*: *Selection, Acquisition and Testing* (pp. 53-78). Amsterdam: John Benjamins.

Boers, F., Eyckmans, J. & Stengers, H. (2006). *Motivating Multiword Units*:

Rationale, Mnemonic Benefits, and Cognitive Style Variables. EUROSLA Yearbook (6). Amsterdam: John Benjamins Publishing Company.

Boers, F., Eyckmans, J. & Stengers, H. (2007). Presenting figurative idioms with a touch of etymology: More than mere mnemonics? *Language Teaching Research*, 11 (1): 43-62.

Boers, F., Lindstromberg, S., Littlemore, J., Stengers, H. & Eyckmans, J. (2008). Variables in the mnemonic effectiveness of pictorial elucidation. In Boers, F. & Lindstromberg, S. (Eds.). *Cognitive Linguistic Approaches to Teaching Vocabulary and Phraseology* (pp. 189-218). Berlin/New York: Mouton de Gruyter.

Boers, F., Piriz, A., Stengers, H. & Eyckmans, J. (2009). Does pictorial elucidation foster recollection of idioms? *Language Teaching Research*, 13 (4): 367-82.

Broccias, C. (2008). Cognitive linguistic theories of grammar and grammar teaching. In de Knop, S. & de Rycker, T. (Eds.). *Cognitive Approaches to Pedagogical Grammar—A Volume in Honour of René Dirven* (pp. 67-90). Berlin/NewYork: Mouton de Gruyter.

Brugman, C. M. (1981). *The Story of Over*. Berkeley, CA: UC-Berkeley Master's Thesis.

Bybee, J. (2007). *Frequency of Use and the Organization of Language*. Oxford: Oxford University Press.

Bybee, J. (2008). Usage-based grammar and second language acquisition. In Robinson, P. & Ellis, N. C. (Eds.). *Handbook of Cognitive Linguistics and Second Language Acquisition* (pp. 216-36). New York/London: Routledge.

Bybee, J. & Thompson, S. (2000). Three frequency effects in syntax. *Berkeley Linguistic Society*, (23): 65-85.

Byrd, R. J., Calzolari, N., Chodorov, M. S., Klavans, J. L., Neff, M. S. & Rizk, O. (1987). Tools and methods for computational lexicology. *Comupational Linguistics*, 13 (3): 219-40.

Caballero, R. & Suarez-Toste, E. (2008). Translating the senses: Teaching the metaphors in winespeak. In Boers, F. & Lindstromberg, S. (Eds.). *Cognitive*

Linguistic Approaches to Teaching Vocabulary and Phraseology (pp. 241-59). Berlin/New York: Mouton de Gruyter.

Cadierno, T. 2008. Motion events in Danish and Spanish: A focus on form pedagogical approach. In de Knop, S. & de Rycker, T. (Eds.). *Cognitive Approaches to Pedagogical Grammar—A Volume in Honour of René Dirven* (pp. 259-94). Berlin/New York: Mouton de Gruyter.

Casenhiser, D. & Goldberg, A. E. (2005). Fast mapping of a phrasal form and meaning. *Developmental Science*, 8 (6): 500-8.

Charteris-Black, J. (2002). Second language figurative proficiency: A comparative study of Malay and English. *Applied Linguistics*, 23 (1): 104-33.

Clahsen, H., Martzoukou, M. & Stavrakaki, S. (2010). The perfective past tense in Greek as a second language. *Second Language Research*, 26 (4): 501-25.

Coates, J. (1983). *The Semantics of the Modal Auxiliaries*. London: Croom Helm.

Cohen, G., Eysenck, M. W. & Le Voi, M. E. (1986). *Memory: A Cognitive Approach*. Milton Keynes: Open University Press.

Condon, N. (2008a). Cognitive linguistics and learning phrasal verbs. In Boers, F. & Lindstromberg, S. (Eds.). *Cognitive Linguistic Approaches to Teaching Vocabulary and Phraseology*. Berlin/New York: Mouton de Gruyter.

Condon, N. (2008b). How cognitive linguistic motivations influence the learning of phrasal verbs. In Boers, F. & Lindstromberg, S. (Eds.). *Cognitive Linguistic Approaches to Teaching Vocabulary and Phraseology* (pp. 133-58). Berlin/New York: Mouton de Gruyter.

Cook, V. 1999. Going beyond the native speaker in language teaching. *TESOL Quarterly*, 33 (2): 185-209.

Cook, V. & Cook, V. (1993). *Linguistics and Second Language Acquisition*. London: Macmillan.

Cooper, T. C. (1998). Teaching idioms. *Foreign Language Annuals*, 31 (2): 255-66.

Cooper, T. C. (1999). Processing of idioms by learners of English. *TESOL Quarterly*, 33 (2): 233-62

Craik, F. I. M. & Lockhart, R. S. (1972). Levels of processing: A framework for memory research. *Journal of Verbal Learning and Verbal Behavior*, 11 (6): 671-84.

Craik, F. I. M. & Tulving, E. (1975). Depth of processing and the retention of words in episodic memory. *Journal of Experimental Psychology*, 104 (3): 268-94.

Croft, W. (2001). *Radical Construction Grammar: Syntactic Theory in Typological Perspective*. Oxford: Oxford University Press.

Croft, W. & Cruse, D. A. (2004). *Cognitive Linguistics*. Cambridge: Cambridge University Press.

Croft, W. & Wood, E. (2000). *Construal Operations in Linguistics and Artificial Intelligence*. Amsterdam/Philadelphia: John Benjamins.

Csabi, S. (2004). A cognitive linguistic view of polysemy in English and its implications for teaching. In Achard, M. & Niemeier, S. (Eds.). *Cognitive Linguistics, Second Language Acquisition, and Foreign Language Teaching* (pp. 233-56). Berlin/New York: Mouton de Gruyter.

Danesi, M. (1992). Metaphorical competence in second language acquisition and second language teaching: The neglected dimension. In Alatis, J. (Ed.). *Georgetown Uniuersity Round Table on Language and Linguistics*. Washington, DC: Georgetown University press.

Diessel, H. & Tomasello, M. (2000). The development of relative constructions in early child speech. *Cognitive Linguistics*, (11): 131-52.

Dirven, R. & Verspoor, M. (1998/2004). *Cognitive Exploration of Language and Linguistics*. Amsterdam: John Benjamins.

Ellis, N. (2001). Memory for language. In Robinson, P. (Ed.). *Cognition and Second Language Instruction* (pp. 33-68). Cambridge: Cambridge University Press.

Ellis, N. (2002). Frequency effects in language processing: A review with implications for theories of implicit and explicit language acquisition. *Studies in Second Language Acquisition*, 24 (2): 143-88.

Ellis, N. (2003). Constructions, chunking, and connectionism. In Doughty, C. & Long, M. (Eds.). *The Handbook of Second Language Acquisition* (pp. 63-103). Oxford: Blackwell Publishing Ltd.

Ellis, N. (2006). Language acquisition as rational contingency learning. *Applied*

Linguistics, (27): 1-24.

Ellis, N. (2007). The associative-cognitive CREED. In VanPatten, B. & Williams, J. (Eds.). *Theories in Second Language Acquisition*. Mahwah, NJ: Lawrence Erlbaum.

Ellis, N. C. & Cadierno, T. (2009). Constructing a second language. *Annual Review of Cognitive Linguistics*, (7): 111-39.

Ellis, N. C. & Sagarra, N. (2010). Learned attention effects in L2 temporal reference: The first hour and the next eight semesters. *Language Learning*, 60: 85-108.

Evans, V. & Green, M. (2006). *Cognitive Linguistics: An Introduction*. Mahwah, NJ: Lawrence Erlbaum Associates.

Fauconnier, G. (1985/1994). *Mental Spaces: Aspects of Meaning Construction in the Natural Language*. Cambridge: Cambridge University Press.

Fauconnier, G. & Turner, M. (1998). Conceptual integration network. *Cognitive Science* 22 (2): 133-187.

Fauconnier, G. & Turner, M. (2002). *The Way We Think: Conceptual Blending and the Mind's Hidden Complexities*. New York: Basic books.

Fillmore, C. J. 1977. Topics in lexical semantics. In Cole, R. (Ed.). *Current Issues in Linguistic Theory* (pp. 76-138). Bloomington: Indiana University Press.

Fillmore, C. J., Kay, P. & O'connor, M. C. (1988). Regularity and idiomaticity in grammatical constructons: The case of *let alone*. *Language*, 64: 501-38.

Gardner, H., & Winner, E. (1978). The development of metaphoric competence: Implications for humanistic disciplines. *Critical Inquiry*, 5 (1): 123-41.

Geeraerts, D. (2006). Methodology in cognitive linguistics. In Kristiansen, G., Achard, M., Dirven, R. & de Mendoza, F. R. (Eds.). *Cognitive Linguistics: Current Applications and Future Perspectives* (pp. 21-50). Berlin/New York: Mouton de Gruyter.

Gibbs, R. W. (1980). Spilling the beans on understanding and memory for idioms in conversation. *Memory & Cognition*, 8 (2): 149-56.

Gibbs, R. W. (1992). What do idioms really mean? *Journal of Memory and Language*, 31 (4): 485-506.

Gibbs, R. W. & Matlock, T. (2001). Psycholinguistic perspectives on polysemy. In Cuyckens, H. & Zawada, B. (Eds.). *Polysemy in Cognitive Linguistics* (pp. 213-40). Amsterdan/Philadelphia: John Benjamins.

Glucksberg, S. B. et al. (1992). Metaphor understanding and accessing conceptual schema. *Psychological Review*, 99 (3): 578-81.

Goldberg, A. E. (1995). *Constructions: A Construction Grammar Approach to Argument Structure*. Chicago: University of Chicago Press.

Goldberg, A. E. (2002). Surface generalizations: An alternative to alternations. *Cognitive Linguistics*, 13 (4): 327-56.

Goldberg, A. E. (2003). Constructions: A new theoretical approach to language. *Trends in Cognitive Sciences*, 7 (5): 219-24.

Goldberg, A. E. (2006). *Constructions at Work: The Nature of Generalization in Language*. Oxford: Oxford University Press.

Goldberg, A. E. & Casenhiser, D. M. (2008). Construction learning and second language acquisition. In Robinson, P. & Ellis, N. C. (Eds.). *Handbook of Cognitive Linguistics and Second Language Acquisition* (pp. 197-215). New York/London: Routledge.

Goldberg, A. E., Casenhiser, D. M. & Sethuraman, N. (2004). Learning argument structure generalizations. *Cognitive Linguistics*, (15): 289-316.

Goldberg, A. E., Casenhiser, D. M. & White, T. (2007). Constructions as categories of language. *New Ideas in Psychology*, 25: 70-86.

Halliday, M. A. K. (2000). *An Introduction to Functional Grammar*. Beijing: Foreign Language Teaching and Research Press.

Halliday, M. A. K., MicIntosh, A. & Strevens, P. (1964). *The Linguistic Science and Language Teaching*. London: Longman.

Hantrakul, C. (1990). English tense and aspect usage in controlled written discourse by nonnative speakers. Ph.D. dissertation. Normal: Illinois State University.

Hinkel, E. (2004). Tense, aspect and the passive voice in L1 and L2 academic texts. *Language Teaching Research*, 8 (1): 5-29.

Hiraga, M. (1991). Metaphor and comparative cultures. *Cross-cultural*

Communication: East and West, (3): 140-66.

Holme, R. (2009). *Cognitive Linguisitcs and Language Teaching*. New York: Palgrave Macmillan.

Holme, R. (2010a). A construction grammar for the classroom. *International Review of Applied Linguistics in Language Teaching*, 48 (4): 355-77.

Holme, R. (2010b). Construction grammars towards a pedagogical model. *AILA Review*, 23: 115-33.

Holme, R. (2011). *Cognitive Linguistics and Language Teaching*. Beijing: Foreign Language Teaching and Research Press.

Hudson, R. (2008). Word grammar, cognitive linguistics, and second language learning and teaching. In Robinson, P. & Ellis, N. C. (Eds.). *Handbook of Cognitive Linguistics and Second Language Acquisition* (pp. 89-113). New York/London: Routledge.

Hunston, S. (2004). We can broke the forest: Approaches to modal auxiliaries in learner corpora. Paper presented at TALC6, Granada, July 2004.

Hyde, T. S. & Jenkins, J. J. (1973). Recall for words as a function of semantic, graphic, and syntactic orienting tasks. *Journal of Verbal Learning and Verbal Behavior*, 12 (5): 471-80.

Hyland, K. & Milton, J. (1997). Qualification and certainty in L1 and L2 students' writing. *Journal of Second Language Writing*, 6 (2): 185-205.

Ijaz, H. (1986). Linguistic and cognitive determinants of lexical acquisition in a second language. *Language Learning*, 36 (4): 401-51.

Irujo, S. (1993). Steering clear: Avoidance in the production of idioms. *IRAL*, 31 (3): 205-19.

Izquierdo, J. (2009). L'aspect lexical et le développement du passé composé et de l'imparfait en français L2: Une étude quantitative auprès d'apprenants hispanophones. *The Canadian Modern Language Review*, 65 (4): 587-613.

Jackendoff, R. (1997). *The Architecture of the Language Faculty*. Cambridge, MA: The Massachusetts Institute of Technology Press.

Jarvis, S. & Odlin, T. (2000). Morphological type, spatial reference, and language transfer. *Studies in Second Language Acquisition*, (22): 535-56.

Johnson, M. (1987). *The Body in the Mind: The Bodily Basis of Meaning, Imagination, and Reason*. Chicago: The University of Chicago Press.

Johnson, M. & Lakoff, G. (2003). *Metaphors We Live By*. Chicago: University of Chicago Press.

Kim, Y. (2007). Learning L2 argument structure: The role of construction grammar-based L2 instruction in the acquisition of English dative construction. Ph.D. dissertation. Washington DC: Georgetown University.

Kim, Y. (2010). Learning L2 argument structure: The role of construction grammar-based L2 instruction in the acquisition of English dative construction. Paper presented at Annual ICLC, Krakow, Poland.

King, K. (1999). *The Big Picture: Idioms as Metaphors*. Boston: Houghton Mifflin Company.

Kövecses, Z. (2002). *Metaphor: A Practical Introduction*. New York: Oxford University Press.

Kövecses, Z. (2006). *Language, Mind, and Culture: A Practical Introduction*. Oxford: Oxford University Press.

Kövecses, Z. (2010). *Metaphor: A Practical Introduction*. Oxford: Oxford University Press.

Kövecses, Z. & Szabó, P. (1996). Idioms: A view from cognitive semantics. *Applied Linguistics*, 17 (3): 326-55.

Labadi, Y. T. (1990). A contrastive study of tense and aspect in English and Japanese: Pedagogical implications. Ph.D. dissertation. Austin: The University of Texas at Austin.

Lado, R. (1957). *Linguistics across Cultures: Applied Linguistics for Language Teachers*. Ann Arbor: University of Michigan Press.

Lai, W. (2011). Concept-based foreign language pedagogy: Teaching the Chinese temporal system. Unpublished Ph.D. dissertation. State College: The Pennsylvania States University.

Lakoff, G. (1987/1990). *Women, Fire and Dangerous Things: What Categories*

Reveal about the Mind. Chicago: University of Chicago Press.

Lakoff, G. (1993). The contemporary theory of metaphor. In A. Ortony (Ed.). *Metaphor and Thought* (2nd Ed.) (pp. 202-51). Cambridge: Cambridge University press:

Lakoff, G. & Johnson, M. (1980). *Metaphors We Live by.* Chicago/London: University of Chicago Press.

Lakoff, G. & Johnson, M. (1999). *Philosophy in the Flesh—The Embodied Mind and Its Challenge to Western Thought.* New York: Basic Books.

Lakoff, G. & Turner, M. (1989). *More than Cool Reason: A Field Guide to Poetic Metaphor.* Chicago: University of Chicago Press.

Lam, Y. (2009). Applying cognitive linguistics to teaching the Spanish prepositions *por* and *para. Language Awareness*, 18 (1): 2-18.

Langacker, R. W. (1987). *Foundations of Cognitive Grammar.* Stanford: Stanford University Press.

Langacker, R. W. (1988). An overview of cognitive grammar. In Rudzka-Ostyn, B. (Ed.). *Topics in Cognitive Linguistics* (pp. 3-48). Amsterdam: John Benjamins.

Langacker, R. W. (1991). *Foundations of Cognitive Grammar* (Volume 2). Stanford: Stanford University Press.

Langacker, R. W. (1999). *Grammar and Conceptualization.* Berlin: Mouton de Gruyter.

Langacker, R. W. (2000). Why mind is necessary. In Albertazzi, L. (Ed.). *Meaning and Cognition.* (pp. 25-50). Philadelphia: John Benjamins.

Langacker, R. W. (2007). *Ten Lectures on Cognitive Grammar* (Ed. by Langacker, R. W., Yuan, G. & Li, F.). Beijing: Foreign Language Teaching and Research Press.

Langacker, R. W. (2008a). Cognitive grammar as a basis for language instruction. In Robinson, P. & Ellis, N. (Eds.). *Handbook of Cognitive Linguistics and Second Language Acquisition* (pp. 66-88). New York/London: Routledge.

Langacker, R. W. (2008b). *Cognitive Grammar*: *A Basic Introduction.* Oxford: Oxford University Press.

Langacker, R. W. (2008c). The relevance of cognitive grammar for language pedagogy. In de Knop, S. & de Rycker, T. (Eds.). *Cognitive Approaches to Pedagogical Grammar—A Volume in Honour of René Dirven* (pp. 7-36). Berlin/ NewYork: Mouton de Gruyter.

Langacker, R. W. (2009). *Investigations in Cognitive Grammar*. New York: Mouton de Gruyter.

Lantolf, J. P. (2011). The sociocultural approach to second language acquisition: Sociocultural theory, second language acquisition, and artificial L2 development. In Atkinson, D. (Ed.). *Alternative Approaches to Second Language Acquisition* (pp. 26-47). Oxford: Routeledge.

Larreya, P. (2004). Types of modality and types of modalisation. http://www.univ-pau.fr /ANGLAIS/modality/posters/larreya.pdf.

Lieven, E. & Tomasello, M. (2008). Children's first language acquisition from a usage-based perspective. In Robinson, P. & Ellis, N. C. (Eds.). *Handbook of Cognitive Linguistics and Second Language Acquisition* (pp. 168-98). New York/ London: Routledge.

Lindstromberg, S. (1996). Propositions: Meaning and method. *ELT Journal*, 50 (3): 225-36.

Lindstromberg, S. (2001). Preposition entries in the UK monolingual learner's dictionaries: Problems and possible solutions. *Applied Linguistics*, 22: 79-103.

Lindstromberg, S. & Boers, F. (2005). From movement to metaphor with manner-of-movement verbs. *Applied Linguistics*, 26: 241-61.

Littlemore, J. (2009). *Applying Cognitive Linguistics to Second Language Learning and Teaching*. New York: Palgrave Macmillan.

Littlemore, J. (2011). The sociocultural approach to second language acquisition: Sociocultural theory, second language acquisition, and artificial L2 development. In Atkinson, D. (Ed.). *Alternative Approaches to Second Language Acquisition* (pp. 26-47). New York: Routledge.

Littlemore, J. & Juchem-Grundmann, C. (2010). Introduction to the interplay between cognitive linguistics and second language learning and teaching. *AILA Review*, 23: 1-6.

Littlemore, J. & Low, G. (2006). Metaphoric competence, second language learning, and communicative language ability. *Applied Linguistics*, 27 (2): 268-94.

Llopis-García, R. (2010). Why cognitive grammar works in the L2 classroom: A case study of mood selection in Spanish. *AILA Review*, 23 (1): 72-94.

Lyons, J. (1995). *Linguistic Semantics: An Introduction*. Cambridge: Cambridge University Press.

MacArthur, F. & Littlemore, J. (2008). A discovery approach to figurative language learning with the use of corpora. In Boers, F. & Lindstromberg, S. (Eds.). *Cognitive Linguistic Approaches to Teaching Vocabulary and Phraseology* (pp. 159-88). Berlin/New York: Mouton de Gruyter.

MacLennan, D. H. G. (1994). Metaphors and prototypes in the learning/teaching of grammar and volabulary. *International Review of Applied Linguistics*, 32 (2): 97-110.

Maldonado, R. (2008). Spanish middle syntax: A usage-based proposal for grammar teaching. In de Knop, S. & de Rycker, T. (Eds.). *Cognitive Approaches to Pedagogical Grammar—A Volume in Honour of René Dirven* (pp. 155-96). Berlin/NewYork: Mouton de Gruyter.

McLaughlin, B. (1990). Restructuring. *Applied Linguistics*, 11 (2): 113-28.

Meunier, F. (2008). Corpora, cognition, and pedagogical grammars: An account of convergences and divergences. In de Knop, S. & de Rycker, T. (Eds.). *Cognitive Approaches to Pedagogical Grammar—A Volume in Honour of René Dirven* (pp. 91-120). Berlin/NewYork: Mouton de Gruyter.

Mondria, J. & Boers, W. (1991). The effect of contextural richness on the guessability and the retention of words in a foreign language. *Applied Linguistics*, 12 (3): 249-67.

Morimoto, S. & Loewen, S. (2007). A comparison of the effects of image-schema-based instruction and translation-based instruction on the acquisition of L2 polysemous words. *Language Teaching Research*, 11 (3): 347-72.

Nation, P. (2001). *Learning Vocabulary in Another Language*. Cambridge: Cambridge University Press.

Nattinger, J. (1988). Some current trends in vocabulary teaching. In Carter, R. & McCarthy, M. (Eds.). *Vocabulary and Language Teaching* (pp. 62-82). London: Longman.

Nunberg, G. (1978). *The Pragmatics of Reference.* Bloomington, Indiana: Indiana University Linguistics Club.

Osoba, G. A. (2008). Alliteration and assonance in Niyi Osundare's songs of the market-place: A phonetic analysis. *California Linguistics Notes*, 33 (1): 1-11. (Retrieval from http://hss.fullerton.edu/linguistics/cln/W08%20pdf/Osoba-Allit. pdf. on Feb. 7, 2013).

Ostyn, G. A. (2003). *Word Power: Phrasal Verbs and Compounds: A Cognitive Approach.* Berlin: Walter de Gruyter.

Paivio, A. (1971). *Imagery and Verbal Processes.* New York: Holt, Rinehart & Winston.

Paivio, A. (1986). *Mental Representations.* Oxford/New York: Oxford University Press.

Palmer, F. (2001). *Mood and Modality.* Cambridge: Cambridge University Press.

Patard, A. & Brisard, F. (Eds.). (2011). *Cognitive Approaches to Tense, Aspect, and Epistemic Modality.* Philadelphia: John Benjamins.

Piriz, A. M. P. (2008). Reasoning figuratively in early EFL: Some implications for the development of vocabulary. In Boers, F. & Lindstromberg, S. (Eds.). *Cognitive Linguistic Approaches to Teaching Vocabulary and Phraseology* (pp. 65-100). Berlin/New York: Mouton de Gruyter.

Pulvermüller, F., Härle, M., & Hummel, F. (2001). Walking or talking?: Behavioral and neurophysiological correlates of action verb processing. *Brain and Language*, 78 (2): 143-68.

Quirk, R., Greenbaum, S., Leech, G. & Svartvik, J. (1985). *A Comprehensive Grammar of the English Language.* London: Longman.

Radden, G. & Dirven, R. (2007). *Cognitive English Grammar.* Amsterdam/ Philadelphia: John Benjamins.

Radden, G. & Panther, K. U. (Eds.). (2004). *Studies in Linguistic Motivation.* Berlin/

New York: Mouton de Gruyter.

Reichenbach, H. (1947). *Elements of Symbolic Logic*. New York: Macmillan.

Richards, J. C., Schmidt, R., Kendrick, H. & Kim, Y. (Eds.). (2005). *Longman Dictionary of Language Teaching and Applied Linguistics* (3rd Ed.). Beijing: Foreign Language Teaching and Research Press.

Richardson, J. T. E. (1999). *Imagery*. Hove: Psychology Press.

Richardson, D. C. & Matlock, T. (2007). The integration of figurative language and static depictions: An eye movement study of fictive motion. *Cognition*, 102 (1): 129-38.

Robinson, P. & Ellis, N. C. (2008). *Handbook of Cognitive Linguistics and Second Language Acquisition*. London: Routledge.

Rosch, E. (1975). Cognitive reference points. *Cognitive Psychology*, 7: 532-47.

Rosch, E. (1978). Principles of categorization. In Rosch, E. & Lloyd, B. B. (Eds.). *Cognition and Categorization* (pp. 27-48). Hillsdale, NJ: Lawrence Erlbaum Associates.

Schmidt, R. W. (1990). The role of consciousness in second language learning. *Applied linguistics*, 11 (2): 129-58.

Schmitt, N. (1997). Vocabulary learning strategies. In Schmitt, N. & McCarthy, M. (Eds.). *Vocabulary Description, Acquisition and Pedagogy* (pp.199-277). Cambridge: Canbridge University Press.

Sinclair, J. (1991). *Corpus, Concordance, Collocation*. Oxford: Oxford University Press.

Skoufaki, S. (2008). Conceptual metaphoric meaning clues in two idiom presentation methods. In Boers, F. & Lindstromberg, S. (Eds.). *Cognitive Linguistic Approaches to Teaching Vocabulary and Phraseology* (pp. 101-32). Berlin/New York: Mouton de Gruyter.

Slobin, D. (1996). From "thought and language" to "thinking for speaking". In Gumperz, J. J. & Levinson, S. C. (Eds.). *Rethinking Linguistic Relativity* (pp.70-96). Cambridge: Cambridge University Press.

Slobin, D. (1997). *The Cross-linguistics Study of Language Acquisition* (Volume 5).

Hillsdale, NJ: Lawrence Erlbaum Associates.

Strauss, L., Lee, J. & Ahn, K. (2006). Applying conceptual grammar to advanced-level language teaching: The case of two completive constructions in Korean. *The Modern Language Journal*, (6): 185-209.

Sweetser, E. (1990). *From Etymology to Pragmatics: Metaphorical and Cultural Aspects of Semantic Structure.* Cambridge: Cambridge University Press

Swinney, D. A. & Cutler, A. (1979). The access and processing of idiomatic expressions. *Journal of Verbal Learning and Verbal Behavior*, 18 (5): 523-34.

Talmy, L. (1981). Force dynamics. Paper presented at Conference on Language and Mental Imagery, University of California, May 1981, Berkeley.

Talmy, L. (1985). Force dynamics in language and thought. In Eilfort, W. H., Kroeber, P. & Peterson, K. (Eds.). *Papers from the Parasession on Causatives and Agentivity.* Chicago: Chicago Linguistic Society.

Talmy, L. (1988). Force dynamics in language and cognition. *Cognitive Science*, 12 (1): 49-100.

Talmy, L. (2000). *Towards a Cognitive Semantics,Volume I:Concept Structuring System.* Cambridge: MIT Press.

Tanaka, S. (1987). Analysis of polysemy. *Ibaraki University Bulletin*, 19: 58-123.

Taylor, J. R. (1989/1995/2003). *Linguistic Categorization: Prototypes in Linguistic Theory.* Oxford: Oxford University Press.

Taylor, J. R. (1999). Cognitive semantics and structural semantics In Black, A. & Koch, P. (Eds.). *Historical Semantics and Cognitive* (pp.17-48). Berlin: Mouton de Gruyter.

Taylor, J. R. (2002). *Cognitive Grammar.* Oxford: Oxford University Press.

Taylor, J. R. (2003). *Linguistic Categorization: Prototypes in Categorization.* Oxford: Oxford University Press.

Taylor, J. R. (2008). Some pedagogical implications of cognitive linguistics. In de Knop, S. & de Rycker, T. (Eds.). *Cognitive Approaches to Pedagogical Grammar—A Volume in Honour of René Dirven* (pp. 37-66). Berlin/NewYork: Mouton de Gruyter.

Tinkham, T. (1997). The effects of semantic and thematic clustering on the learning of second language vocabulary. *Second Language Research*, 13 (2): 138-63.

Tomasello, M. (2003). *Constructing a Language: A Usage-based Theory of Language Acquisition*. London: Harvard University Press.

Tyler A. (2008). Cognitive linguistics and second language instruction. In Robinson, P. & Ellis, N. C. (Eds.). *Handbook of Cognitive Linguistics and Second Language Acquisition* (pp. 456-88). New York/London: Routledge.

Tyler, A. (2012). *Cognitive Linguistics and Second Language Learning: Theoretical Basics and Experimental Evidence*. New York: Routledge.

Tyler, A. & Evans, V. (2003). *The Semantics of English Prepositions: Spatial Scenes, Embodied Meaning and Cognition*. Cambridge: Cambridge University Press.

Tyler, A. & Evans, V. (2004). Applying cognitive linguistics to pedagogical grammar: The case of *over*. In Achard, M. & Niemeier, S. (Eds.). *Cognitive Linguistics, Second Language Acquisition, and Foreign Language Teaching* (pp. 257-80). Berlin/New York: Mouton de Gruyter.

Tyler, A., Ho, V. & Mueller, C. M. (2011). Using cognitive linguistics to teach the double object construction. Paper presented at AAAL annual conference, Chicago (March 2011).

Tyler, A., Mueller, C. M. & Ho, V. (2010). Applying cognitive linguistics to instructed L2 learning: The English models. *AILA Reviews,* 23: 30-49.

Tyler, A., Mueller, C. M. & Ho, V. (2011). Applying cognitive linguistics to learning the semantics of English *to, for* and *at*: An experimental investigation. *Vigo International Journal of Applied Linguistics*, (8): 181-205.

Ungerer, F. & Schmid, H. J. (1996). *An Introduction to Cognitive Linguistics*. London: Longman.

Ullmann, S. (1962). *Semantics: An Introduction to the Science of Meaning*. Oxford: Basil Blackwell.

VanPatten, B. & Benati, A. G. (2010). *Key Terms in Second Language Acquisition*. London: Continuum International Publishing Group.

Verspoor, M. & Lowie, W. (2003). Making sense of polysemous words. *Language*

Learning, 53 (3): 547-86.

Wright, J. (2002). *Idiom Organizer*. Boston: Heline.

Yasuda, S. (2010). Learning phrasal verbs through conceptual metaphors: A case of Japanese EFL learners. *TESOL Quarterly*, 44 (2): 250-73.

Year, J. & Gordon, P. (2009). Korean speakers' acquisition of the English ditransitive construction: The role of verb prototype, input distribution, and frequency. *Modern Language Journal*, 93 (3): 399-417.

Zanotto, M. S., Cameron, L. & Cavalcanti, M. C. (Eds.). (2008). *Confronting Metaphor in Use: An Applied Linguistic Approach*. Amsterdam: John Benjamins.

蔡金亭、朱立霞（2010），认知语言学角度的二语习得研究：观点、现状与展望，《外语研究》（1）：1-7。

蔡龙权（2003），隐喻在二语习得中的应用，《外国语》（6）：38-45。

曹巧珍（2010），原型范畴理论应用于课堂一词多义教学的实验研究，《山东外语教学》（2）：37-44。

陈万会（2008），《中国学习者二语词汇研究——从认知心理的视角》。青岛：中国海洋大学出版社。

陈晓湘、许银（2009），意象图式理论对多义介词 on，over，above 习得作用的实证研究，《外语与外语教学》（9）：18-23。

程琪龙（2000），认知功能语言观及其理论，《外语与外语教学》（4）：4-7。

董燕萍、周彩庆（2003），多义熟词的理解性和产出性词汇知识的习得，《解放军外国语学院学报》（6）：49-52。

方经民（1999），汉语空间方位参照的认知结构，《世界汉语教学》（4）：32-8。

高黎、曾洁（2009），概念隐喻理论在英语习语教学中的应用研究，《中国外语教育》（3）：20-5。

韩存新、樊斌（2007），英语写作中的现在完成时错误分析，《基础英语教育》（1）：20-3。

胡江（2010），对大学生习得英语现在完成时的语料库研究，《解放军外国语学院学报》（6）：55-60。

胡学文（2007），中国学生英语双宾构式的习得——一项基于语料库的对比研究，《外语研究》(5)：48-53。

胡益军 (2012)，英语情态动词的距离性范畴，《西南民族大学学报》(S1)：145-8。

胡壮麟 (1997)，语言　认知　隐喻，《现代外语》(4)：51-9。

胡壮麟 (2004)，《认知隐喻学》。北京：北京大学出版社。

黄洁 (2008)，语言习得研究的构式语法视角，《四川外语学院学报》(4)：38-45。

黄曙光 (2007)，英语情态动词的认知分析，硕士学位论文，长沙理工大学。

姜孟 (2006)，英语专业学习者隐喻能力发展的实证研究，《国外外语教学》(4)：27-34。

姜孟 (2009)，概念迁移：语言迁移研究的新进展，《宁夏大学学报（人文社会科学版)》(3)：166-70。

靳琰、王小龙 (2006)，英汉仿拟的心理空间理论阐释，《外语教学》(4)：15-8。

李福印(2004)，《应用认知语言学：概念隐喻与意向图式在英语学习中的应用》。北京：中国文史出版社。

李福印 (2007)，意象图式理论，《四川外语学院学报》(1)：80-5。

李基安 (1998)，情态意义研究，《外国语》(2)：57-60。

李佳 (2008)，英语专业学习者句法错误分析，硕士学位论文，曲阜师范大学。

李佳、蔡金亭 (2008)，认知语言学角度的英语空间介词习得研究，《现代外语》(2)：185-93。

李平 (2002)，语言习得的联结主义模式，《当代语言学》(3)：164-75。

李小华、王立非(2010)，第二语言习得的构式语法视角：构式理论与启示，《外语学刊》(2)：107-11。

李瑛、文旭 (2006)，从"头"认知——转喻、隐喻与一词多义现象研究，《外语教学》(3)：1-5。

梁茂成 (2008)，中国大学生英语笔语中的情态序列研究，《外语教学与研究》(1)：51-8。

梁晓波 (2001)，情态的认知阐释，《山东外语教学》(4)：23-6。

廖光蓉 (2005)，多义词意义关系模式研究，《外语教学》(3)：56-9。

林正军、杨忠 (2005)，一词多义现象的历时和认知解析，《外语教学与研究》(5)：362-7。

刘国兵（2012），情态动词教学过程的认知分析，《内蒙古师范大学学报》（5）：115-8。

刘国兵（2013），认知理论对情态意义的阐释及在情态动词教学中的应用，《西安外国语大学学报》（1）：32-6。

刘秋芬（2006），基于语料库的中国学习者情态助动词使用情况研究，硕士学位论文，上海交通大学。

刘喜芳（2009），高职高专英语写作中动词使用偏误分析，硕士学位论文，首都师范大学。

刘艳、李金屏（2011），在介词教学中运用概念隐喻的可行性研究，《解放军外国语学院学报》（2）：61-4。

刘正光（2004），任意性与分解性—惯用语研究之争，《外语学刊》（2）：67-73。

刘正光（2009a），认知语言学的语言习得观，《外语教学与研究》（1）：46-53。

刘正光（2009b），认知语言学对外语教学的启示，《中国外语》（5）：29-35。

刘正光（2010），认知语言学的语言观与外语教学的基本原则，《外语研究》（1）：8-14。

刘正光、周红民（2002），惯用语理解的认知研究，《外语学刊》（2）：7-14。

马刚、吕晓娟（2007），基于中国学习者英语语料库存的情态动词研究，《外语电化教学》（3）：17-21。

马书红（2007），中国学生对英语空间介词语义的习得研究，《现代外语》（2）：173-83。

马书红（2010），英语空间介词语义成员的分类与习得——基于范畴化理论的实证研究，《解放军外国语学院学报》（4）：64-9。

毛智慧（2005），从认知角度看英语介词 within 的空间隐喻，《宁波大学学报（人文科学版）》（4）：46-50。

牛保义（2011），《构式语法理论研究》。上海：上海外语教育出版社.

僕建忠（2003），《学习者动词行为：类联接、搭配及词块》。开封：河南大学出版社。

瞿云华、张建理（2005），英语多义系统习得实证研究，《外语研究》（2）：43-8。

任庆梅、杨连瑞（2010），中介语词汇概念迁移的认知范畴化阐释，《中国海洋大学学报（社会科学版）》（2）：91-4。

沈家煊（1994），R. W. Langucker 的"认知语法"，《国外语言学》（1）：12-20。

苏丹洁（2011），构式语块教学法的实质：以兼语句教学及实验为例，《语言教学与研究》（2）：16-22。

束定芳（2008），《认知语义学》。上海：上海外语教育出版社。

汤敬安、央泉（2008），《英语情态范畴的多视角研究》。西安：西北工业大学出版社。

唐玉玲（2007），从错误分析看英语习语的习得———一项横向研究，《湘潭师范学院学报（社会科学版）》（4）：78-81。

汪兴富、刘世平（2010），Goldberg 构式语法思想变迁跟踪——基于 1995 及 2006 著作的考察，《西安外国语大学学报》（2）：5-9。

王勃然(2007)，论介词空间隐喻的认知理据及其现实意义——以 at-on-in 为例，《东北大学学报（社会科学版）》（4）：359-62。

王寅（2002），Lakoff 和 Johnson 的体验哲学，《当代语言学》（2）：144-51。

王寅（2005），《认知语法概论》。上海：上海外语教育出版社。

王寅（2007），《认知语言学》。上海：上海外语教育出版社。

王寅（2009），语言体验观及其对英语教学的指导意义，《中国外语》（6）：63-8。

王寅（2011a），《构式语法研究》。上海：上海外语教育出版社。

王寅（2011b），《什么是认知语言学》。上海：上海外语教育出版社。

王寅、李弘（2004），语言能力、交际能力、隐喻能力三合一教学观，《四川外语学院学报》（6）：140-3。

维特根斯坦(1996/1953)，李步楼译，《哲学研究》。北京：商务印书馆。

文秋芳（2010a），《中国大学生英语口语能力发展的规律与特点》。北京：外语教学与研究出版社。

文秋芳（2010b），《二语习得重点问题研究》。北京：外语教学与研究出版社。

吴旭东、陈晓庆（2000），中国英语学生课堂环境下词汇能力的发展，《现代外语》（4）：349-60。

武和平、魏行（2007），英汉空间方所表达的认知语义分析——以"里""上"和"in""on"为例，《解放军外国语学院学报》（3）：1-5。

谢昆（2013），认知视角下的情态解读，《俄罗斯语言文学研究》（1）：41-7。

徐盛桓（2009），语言研究的复杂整体视角——对语言研究的方法论启示，《外语与外语教学》(3)：1-13。

严辰松（2006），构式语法论要，《解放军外国语学院学报》(4)：6-11。

杨丽琴（2010），基于语料库的中国英语学习者虚拟语气的习得研究，硕士学位论文，中国地质大学。

姚小平（1995），《洪堡特——人文研究和语言研究》。北京：外语教学与研究出版社。

易忠良（1987），论英语动词过去时态的实质，《外国语》(1)：16-9。

张道真（2003），《张道真英语语法》。北京：商务印书馆。

张建理（2003），英汉多义词异同研讨：以"脸、面"为例，《外国语》(4)：55-8。

张敏（1998），《认知语言学与汉语名词短语》。北京：中国社会科学出版社。

张庆宗（2011），《外语学与教的心理学原理》。北京：外语教学与研究出版社。

张绍全（2009），中国英语专业学生多义词习得的认知语言学研究，博士学位论文，西南大学。

张绍全（2010），英语专业学生多义词习得的认知语言学研究，《外国语文》(4)：101-7。

张镇华等（2006），《英语习语的文化内涵及其语用研究》。北京：外语教学与研究出版社。

章宜华（2005），多义性形成的认知机制与词典义项的处理，《广东外语外贸大学学报》(3)：13-8。

章振邦（1997），《新编英语语法》。上海：上海外语教育出版社。

章振邦（2009），《新编英语语法教程》（第五版）。上海：上海外语教育出版社。

赵翠莲、李绍山（2006），多义词心理表征之争，《外国语》(6)：22-7。

赵翠莲、罗炜东（2005），关注词汇的核心义项——多义词习得的有效途径，《外语教学》(6)：50-3。

赵艳芳（2001），《认知语言学概论》。上海：上海外语教育出版社。

赵永峰（2013），《时、体与认识情态的认知研究》述介，《外语教学与研究》(1)：146-50。

郑开春、刘正光（2010），认知语言学三个基本假设的语言习得研究证据，《外语教学》(1)：12-6。